COMMENT AMÉLIORER SA MÉMOIRE
à tout âge

DUNOD

➡ **Comment ...**

GREFFE
Comment se mettre à son compte
D. LAPP
Comment améliorer sa mémoire à tout âge
LEFEVRE
Savoir communiquer
L. LAURENT
Comment mener adroitement discussions et négociations
G. HOFFBECK, J. WALTER, CFPC
Savoir prendre des notes, vite et bien
J. RIVOIRE
Drôles de citations
J.-L. MARTINEAU, J.-L. MOREL, APEC
Comment réaliser lucidement vos ambitions professionnelles
CH. CLARK
Comment être créatif dans le travail
C. VALLON
Associations mode d'emploi
R. PIERRE, M. BOUTET
La Bourse à votre portée
L. PETER
Pourquoi tout va mal au travail...
G. DESAUNAY
Comment gérer efficacement son supérieur hiérarchique
Comment gérer intelligemment ses subordonnés
D. CHALVIN, F. EYSSETTE
Comment sortir des petits conflits dans le travail
APEC
Guide pour trouver un emploi
B. KRIEFF
Comment réussir votre carrière de cadre
J.-L. MARTINEAU
Changer de fonction

➡ **Les métiers :**

X. LECLERCQ
Les hommes de vente
S. COUREAU
Savoir vendre pour vendre plus
APEC
L'informatique, quels métiers ?
M. BADOC, A. MACQUIN, E. TISSIER-DESBORDES
Le marketing, quels métiers ?
APEC
La fonction personnel : quels métiers ?
CH. HARVEY, B. SYKES
Développez vos ventes

DANIELLE LAPP

COMMENT AMÉLIORER SA MÉMOIRE
à tout âge

BO·PRÉ

DUNOD

Danielle Lapp vit et travaille aux États-Unis depuis 1969. Elle participe depuis 10 ans à des recherches sur l'entraînement de la mémoire organisées par le Département de psychiatrie et sciences du comportement de l'université de Stanford.
Ses dons pédagogiques lui ont permis de mettre au point un programme dynamique et efficace qui a fait l'objet de nombreux articles scientifiques.

Traduction de l'ouvrage
paru en langue anglaise sous le titre
DON'T FORGET !
Easy exercises for a
letter memory at any age

publié par Mc Graw Hill Book Company

© 1987 by Danielle C. Lapp

© Bordas, Paris, 1989
ISBN 2-04-018809-6

"Toute représentation ou reproduction, intégrale ou partielle, faite sans le consentement de l'auteur, ou de ses ayants-droit, ou ayants-cause est illicite (loi du 11 mars 1957, alinéa 1er de l'article 40). Cette représentation ou reproduction, par quelque procédé que ce soit, constituerait une contrefaçon sanctionnée par les articles 425 et suivants du Code pénal. La loi du 11 mars 1957 n'autorise, aux termes des alinéas 2 et 3 de l'article 41, que les copies ou reproductions strictement réservées à l'usage privé du copiste et non destinées à une utilisation collective d'une part, et, d'autre part, que les analyses et les courtes citations dans un but d'exemple et d'illustration".

*A ma mère
toujours présente
dans mon souvenir.*

REMERCIEMENTS

Ce livre n'aurait pas pu être écrit sans le soutien moral du Docteur Jérôme Yesavage. Il m'a donné l'occasion d'expérimenter de nouvelles idées et a toujours été confiant sur l'issue de ce travail, m'encourageant à écrire et à utiliser le traitement de texte. Grâce à son concours, j'ai terminé le manuscrit plus tôt que je ne l'espérais. Je lui suis infiniment reconnaissante d'avoir passé tant de temps à mettre le manuscrit sous sa forme finale.

Je voudrais également exprimer ma gratitude au Docteur Michel Allard qui m'a si généreusement assistée dans la tâche ardue de la traduction de l'anglais.

Enfin il me faut remercier tous ceux qui m'ont encouragée à traduire le livre, me persuadant qu'il serait le bienvenu en France et dans les pays francophones.

AVANT-PROPOS

Ce livre est un texte sur la mémoire, sur l'art et la manière de retenir plus facilement et à bon escient les informations et de les rappeler en temps utile.

Si le fonctionnement intime de la mémoire n'a pas encore livré tous ses secrets aux scientifiques qui en étudient les mécanismes, point n'est besoin d'attendre une théorie parfaite pour améliorer les performances de son cerveau. Il existe déjà des certitudes sur cette faculté fondamentale de l'esprit et on peut apprendre à mieux s'en servir. Si l'école nous a apporté bien des choses, rien n'y est dit sur le fonctionnement de la mémoire et surtout sur son «mode d'emploi». Sans y avoir réfléchi nous appliquons des procédures mentales élaborées, partiellement et maladroitement dans bien des cas. C'est plus tard, lorsque surviennent des ratés (les «trous», appelés distractions chez les enfants), que l'on se préoccupe des explications et des solutions à apporter. Ce livre est là pour ça.

La quête du médicament miracle, comme celle de la fontaine de jouvence, continue et qui sait si on la trouvera un jour... En attendant il existe des méthodes psychologiques et des stratégies mentales éprouvées visant à accroître les capacités de se souvenir. Parfois leur simplicité apparente ou leur côté ludique amènent les sceptiques à sourire. Pourtant leur efficacité est parfaitement démontrée et les possibilités qu'elles offrent sont bien réelles. Les résultats en sont surprenants et remarquables.

Toutes les techniques développées ici ont fait l'objet d'un suivi scientifique rigoureux et poussé, sous l'égide du N.I.H.

(Institut National de la Santé). La méthode proposée dans cet ouvrage est issue de l'expérience pratique de l'équipe de recherche du Professeur Jerôme Yesavage de l'Université de Stanford en Californie, qui depuis dix ans compare des stratégies différentes. Celui-ci a évalué les résultats obtenus tant pour l'ensemble du programme que pour ses composantes. Les différentes parties font un tout séquencé selon une progression définie ; il apparaît difficile de fragmenter la méthode sans en compromettre l'efficacité globale. Les résultats obtenus de la sorte sont à la fois immédiats et rémanents et tous ces travaux ont donné lieu à de multiples publications scientifiques internationales. On a constaté qu'avec l'âge l'apprentissage des «mnémotechniques» ou techniques d'associations s'avérait difficile lorsqu'ils étaient présentés isolément. La cause en était l'anxiété et la difficulté de visualiser des associations d'images illogiques. Un «entraînement préliminaire» à plusieurs volets a été alors mis au point dans le but de restituer la capacité mnésique : Relaxation, Imagerie mentale, Elaboration verbale, etc. La méthode a fait ses preuves pour des centaines de sujets participant à des groupes «actifs» que l'on a comparés à des groupes «témoins».

Dans son livre, Danielle Lapp utilise ses dons pédagogiques pour rendre la méthode accessible à tous ceux qui ne peuvent bénéficier de son entraînement aux USA. Il comporte les caractéristiques suivantes : la simplicité d'un ton direct et familier, une détermination positive pour aboutir à son but, une conviction confiante dans la démarche et un important souci d'efficacité s'appuyant sur une spécialisation poussée.

C'est un livre pragmatique qui répond à des besoins précis car il propose des solutions simples et directes aux oublis de la vie quotidienne. Il a le mérite de présenter une méthode qui touche toutes les facettes de la fonction mnésique : les sens, l'affectivité et l'intellect en les harmonisant au profit du souvenir. Certains de ces aspects nouveaux peuvent paraître étranges de prime abord. C'est pourquoi la méthode requiert un certain degré de docilité, de coopération et de persévérance de la part du lecteur. Comme manuel pratique il peut avoir sa vie propre et être utilisé isolément ou pour organiser des stages d'entraînement de la mémoire. Nul n'est besoin d'être «spécialiste» pour enseigner la méthode. Il suffit de bien la connaître et d'être un tant soit peu pédagogue.

Bien que née de la recherche sur la mémoire et le vieillissement, la méthode peut s'appliquer à tous les âges, comme l'a constaté l'éditeur américain. Cela explique sans doute la diffusion considérable de l'ouvrage aux USA. Il apparaît de plus en plus net qu'il concerne tout le monde y compris les plus jeunes, élèves et enseignants en particulier. Découvrant comment fonctionne leur cerveau ils décuplent leurs capacités. Ils adoptent alors très vite des procédures mentales prodigieusement efficaces, parfois à partir de celles qu'ils pratiquaient empiriquement.

La formation littéraire de l'auteur explique le choix du matériel de l'entraînement : au lieu de s'en tenir aux seuls exercices formels souvent ennuyeux, Danielle Lapp a choisi des oeuvres d'art et des textes littéraires pour pratiquer la méthode.

Enfin on pourra s'étonner du nombre de développements et de ramifications qu'un livre sur ce sujet comporte dans des domaines très variés comme la littérature, la peinture, la musique et bien d'autres. Souvenez-vous alors que si les Grecs (les premiers à structurer notre fond commun de mythologie indo-européenne) ont donné Zeus pour père aux neuf Muses, c'était Mnémosyne leur mère, personnification de la mémoire.

Docteur Michel ALLARD

PRÉFACE

«*Le désir d'apprendre est diffus et général. La volonté d'apprendre est concentrée et spécifique. Le désir d'apprendre signifie que nous répétons une chose encore et encore en espérant que quelque chose se déclenchera. La volonté d'apprendre signifie que nous approfondissons la question et que nous l'analysons... Ainsi la volonté d'apprendre sous-entend une quête intelligente et persévérante des conditions nécessaires à l'amélioration et une concentration tout aussi intelligente et persévérante sur celles-ci.*»
James L. MURSELL

Il vous est peut-être arrivé de souhaiter avoir une meilleure mémoire tout en vous disant qu'il n'y avait sans doute rien à faire, car ne sachant pas comment procéder, il est tout naturel d'abandonner cette idée à première vue irréaliste. La plupart des gens ne perçoivent-ils pas la mémoire comme un don du ciel, un peu comme la beauté ? En fait la mémoire se cultive, et ce qu'il faut pour assurer un bon rendement est un minimum de curiosité et la volonté d'essayer une méthode spécifique qui s'appuie sur des bases scientifiques éprouvées dont les résultats ont été démontrés. Ce livre est le résultat de 10 années d'expérience passées à enseigner à des personnes de plus de 55 ans comment entraîner leur mémoire. Que vous soyez dans ce groupe d'âge ou plus jeune, vous pourrez en bénéficier car il est d'accès et de lecture faciles. La méthode qui suit s'appuie sur le fonctionnement naturel de la mémoire, qui va de la perception et de l'émotion à l'attention sélective et à la réflexion analytique organisée. Elle prend en compte les dernières découvertes de la recherche scientifique et explique de manière simple quelles en sont les applications dans la vie quotidienne. Si vous vous êtes posé la question «Que pourrais-je bien faire pour améliorer ma mémoire ?», vous apprécierez les suggestions proposées à la fin de chaque chapitre. L'ouvrage se structure autour de trois questions essentielles :

- Qu'est-ce qui entrave la mémoire ?
- Quels sont les moyens d'améliorer l'attention ?
- Est-il possible d'expliquer d'une manière simple et pratique les systèmes mnésiques et les méthodes qui en découlent ?

Dans la première partie, « Les conditions de la mémorisation», vous allez apprendre comment la mémoire fonctionne, ce qui l'empêche de travailler normalement et comment on peut facilement porter remède aux problèmes.

Dans la deuxième partie, «Améliorer la concentration», vous deviendrez un observateur plus attentif, et vous ne laisserez plus au hasard le soin de réaliser l'enregistrement de ce que vous voulez retenir.

Dans la troisième partie, «Améliorer l'organisation», vous apprendrez à faciliter le rappel qui est le point délicat à tous les âges mais encore plus chez les gens âgés.

Au terme de la partie sur la concentration, vous vous sentirez beaucoup plus à l'aise avec votre mémoire car vous réaliserez des enregistrements volontaires et conscients de ce qui vous vous tient à cœur. Vous comprendrez qu'un grand nombre de problèmes dits «de mémoire» ne sont pas des problèmes de rétention mais des problèmes d'attention. Après cet entraînement initial comprenant des exercices et des applications pratiques, vous serez à même d'utiliser des systèmes spécifiques, les moyens mnémotechniques (appelés mnémoniques), car vous vous serez alors familiarisé avec les méthodes qui les sous-tendent. J'ai évité de présenter ici des éléments trop abstraits ou trop complexes car l'objet de ce livre est de proposer un entraînement pratique de la mémoire. Une «Synthèse rapide» fait suite à chaque chapitre, donnant un résumé précis en vue d'un meilleur rappel. D'ici la fin de ce livre, vous aurez de la sorte acquis des habitudes et assimilé des techniques qui aideront considérablement votre mémoire. Il est surprenant de voir comment l'entraînement de la mémoire est efficace et combien les résultats sont spectaculaires. De plus, c'est beaucoup plus facile qu'on ne le croit a priori et plus intéressant aussi.

Le but de cet ouvrage est de vous montrer comment accroître votre contrôle sur votre mémoire en participant activement aux trois stades de la mémorisation : l'enregistrement, le rangement et le rappel. Vous laisserez derrière vous l'impression de blocage et d'impuissance qui fait souvent perdre confiance en soi-même. Vous apprendrez comment associer simultanément vos réactions émotionnelles et intellectuelles. En intégrant soigneusement tout ce dont vous disposez - l'éveil de vos sens, votre imagination autant que vos capacités d'organisation sélective - vous serez bientôt capable de conserver des souvenirs personnels extrêmement précis. Vous aurez la satisfaction de constater que **vous pouvez retenir ce que vous voulez retenir**.

Enfin, chaque fois que vous oublierez quelque chose, vous comprendrez alors pourquoi et vous serez mieux à même d'accepter les imperfections de la mémoire humaine. Vous ne pouvez certes pas briguer la mémoire idéale du prodige dont vous rêvez peut-être, mais vous allez perfectionner la vôtre au delà de vos espérances.

TABLE DES MATIERES

Avant-propos	IX
Préface	XIII
Comment utiliser ce livre	XIX

PREMIÈRE PARTIE
Les conditions de la mémorisation

1. Quelques faits sur la mémoire — 3
2. Comment fonctionne la mémoire — 13
3. Mémoire, âge et attitudes mentales — 32
4. Relaxation — 56

DEUXIÈME PARTIE
Améliorer la concentration

5. L'imagerie mentale : visualisation et imagination — 71
6. Réveil des sens : prise de conscience de la perception — 86
7. Attention sélective — 98

TROISIÈME PARTIE
Améliorer l'organisation

8. Techniques d'association — 121
9. La mémoire des noms et visages — 138
10. La méthode des loci ou «en premier lieu» — 161
11. Lire pour retenir — 177
12. Les nombres — 199
13. Les langues étrangères — 216
14. La distraction — 230

Conclusion — 253

COMMENT UTILISER CE LIVRE

Vous pouvez utiliser ce livre pour améliorer votre mémoire ou comme source d'idées pratiques pour aider quelqu'un d'autre qui a des problèmes de ce genre. Il vous faudra trouver votre rythme de progression personnel en fonction de vos besoins et de vos possibilités. Définissez quels sont vos objectifs en commençant cette lecture et accordez-vous suffisamment de temps pour appliquer vos nouvelles connaissances. Vous pouvez par exemple vouloir spécialement vous souvenir des noms propres. Dans ce cas, commencez d'abord par lire l'ensemble du livre en accordant une attention spéciale au chapitre qui concerne cette question et observez vos progrès dans ce domaine particulier. Puisqu'il s'agit d'un manuel pratique, vous y découvrirez comment appliquer les principes théoriques qui y sont exposés. Le simple fait de lire ce livre vous aidera car une connaissance même sommaire des processus mnésiques est déjà très profitable et cette méthode développe des habitudes qui facilitent la mémoire.

Si vous souhaitez accéder à une pratique plus approfondie et obtenir des résultats encore meilleurs, vous trouverez la fin de chaque chapitre des exercices qui vont consolider ce que vous venez d'apprendre et vous aider à l'intégrer dans votre vie quotidienne. Vous verrez très vite les bénéfices que vous en retirerez et la satisfaction que cela vous apportera. Pensez à appliquer ce que vous avez appris progressivement tout au long de la journée. Si vous êtes plus détendu, plus réceptif, plus éveillé à votre environnement, plus positif et plus sélectif, vous améliorerez automatiquement votre mémoire.

Pour obtenir les meilleurs résultats, je suggère de suivre trois étapes.

1. D'abord lire le chapitre et le revoir avec la «Synthèse Rapide».

2. Puis faire les exercices qui suivent le texte. Ils ont pour but :

— d'entraîner votre esprit à appliquer des méthodes qui facilitent la mémorisation. Elles vous apprendront à effectuer les opérations mentales reconnues comme particulièrement efficaces et vous mettront sur les rails pour continuer seul dans cette direction,

— de fournir des exemples des diverses façons d'appliquer ces méthodes dans votre vie quotidienne,

— de faciliter l'extrapolation et la généralisation de ces principes à d'autres domaines.

Pour en augmenter le degré de difficulté, il suffit de différer le rappel.

3. Enfin tenir à jour un «journal». Cela vous aidera à suivre votre progression et à continuer à mettre en application ce que vous avez appris dans les chapitres précédents, ce qui est bien l'objectif essentiel. N'écrivez que ce qui concerne votre mémoire, vos tentatives pour appliquer les méthodes proposées, vos impressions et vos résultats. Le suivi de vos acquisitions peut être particulièrement gratifiant si vous avez identifié vos problèmes. Pour vous aider à le faire, voici la liste des plaintes les plus communes ; si vous en avez d'autres, ajoutez-les, mais il est probable que vous vous reconnaîtrez dans celles des gens qui ont participé à nos études de recherche.

— la mémoire en général,
— les noms et visages,
— les mots et noms propres,
— les rendez-vous,
— les objets perdus,
— les lectures,

Comment utiliser ce livre   XXI

– perdre le fils lors d'une interruption,
– les propos des gens,
– les endroits,
– les directions et instructions.

Achetez un carnet de notes et consacrez un côté aux exercices et l'autre côté à votre journal de bord. Gardez-le à proximité du livre et essayez d'y consacrer quelques instants chaque jour. Persévérez, n'abandonnez pas avant d'avoir donné le meilleur de vous-même. Au début cela prendra du temps. Personne n'a jamais supprimé une vieille habitude en un seul jour ou acquis une compétence sans entraînement. La mémoire est un art qu'il vous faut pratiquer quotidiennement mais c'est aussi une tâche fort plaisante dont vous retirerez bien des satisfactions. Si vous êtes décidé à l'améliorer, vous y réussirez avec l'aide de ce livre.

PARTIE 1

LES CONDITIONS DE LA MÉMORISATION

QUELQUES FAITS SUR LA MÉMOIRE 1

« Si vous n'êtes pas motivé, vous n'allez pas acquérir les connaissances de base pour réussir. »
Bill CHASE

Quand nous disons « Je ne peux pas me souvenir des noms, ou des lieux où je suis allé, ou des choses que j'ai faites », nous devrions nous demander si nous avons vraiment essayé de nous rappeler ces choses. Il y a de fortes chances que nous n'avons pas eu vraiment besoin de nous en souvenir ou que nous n'avons pas fait l'effort nécessaire pour y parvenir. Inconsciemment nous sélectionnons les choses importantes à conserver en mémoire et nous omettons le reste. Le plus souvent nous sommes en situation d'automatisme où nous ne faisons rien consciemment pour en garder une trace dans notre mémoire. De manière surprenante, la plupart du temps cela fonctionne correctement sans participation consciente de notre part. Les problèmes surgissent quand on ne retient pas les informations utiles, ce qui devient gênant dans la vie quotidienne.

Si, pour une raison ou une autre, vous n'arrivez pas à réaliser les opérations mentales nécessaires pour vous remémorer ce que vous voulez, ne désespérez pas ! Vous avez seulement besoin de comprendre ce qui se passe quand vous vous rappelez et quand vous oubliez. Alors vous pourrez passer d'une situation d'automatisme à une situation d'intervention consciente : au lieu d'attendre que vos souvenirs surgissent spontanément vous provoquerez leur rappel. C'est en prenant conscience de votre passivité habituelle, que vous serez à même de corriger votre tendance à l'oubli. Vous apprendrez à être sélectif et plus efficace en vous concentrant spécifiquement sur ce qui compte pour une tâche précise. Vous deviendrez plus ouvert à l'observation et vous utiliserez des associations d'idées pour garder plus de détails en mémoire. En apprenant comment assurer des enregistrements de qualité vous allez accroître la maîtrise de votre mémoire. Pour faciliter le rappel des souvenirs, vous allez utiliser tout ce dont vous disposez : vos sens, vos facultés mentales et votre imagination. En procédant de la sorte vous améliorerez votre attention qui est souvent en cause.

Le but de ce livre est de vous apprendre à faire de manière consciente ce que votre cerveau ne fait plus de manière inconsciente. Les exercices vont vous permettre de vous évaluer et de découvrir ce que vous faites d'efficace et d'inefficace.

C'est seulement quand quelque chose ne fonctionne pas de manière satisfaisante que nous avons la curiosité de démonter son mécanisme. La mémoire n'est pas une machine mystérieuse qui fonctionne indépendamment de notre contrôle. S'il en était ainsi, il y aurait de quoi désespérer car bien peu de gens possèdent des mémoires prodigieuses ! C'est en comprenant le mécanisme de la mémoire qu'on en tire le meilleur parti. Enfants, nous ne nous sommes jamais demandé comment nous nous y prenions pour enregistrer un souvenir. Ainsi, nous procédions par tâtonnements, quelques uns réussissant instinctivement mieux que les autres. La méthode la plus répandue à l'école est celle de la répétition. Il y a pourtant bien d'autres méthodes qui, associées à la répétition, donnent de meilleurs résultats pour se souvenir de toutes sortes de choses, que ce soit des noms, des événements, des nombres, ou d'autres informations utiles.

Tout d'abord il convient d'examiner dans quelles conditions opère la mémoire. Un bref rappel sur la nature humaine nous

Quelques faits sur la mémoire

met sur la voie : ce qui amène quelqu'un à agir de son plein gré est un ensemble d'encouragements et de gratifications, puisque tout ce qu'on entreprend demande un effort. Nous devons en permanence nous adapter aux modifications de notre environnement mais nous ne modifions notre comportement que si cela en vaut la peine, c'est-à-dire si nous en retirons une satisfaction personnelle. Si nous agissons de la sorte, tout se passe à merveille. Nous apprenons et nous retenons sans trop ressentir l'effort entrepris. En fait, la tâche apparaît facile si l'activité est agréable, comme prendre plaisir à une partie de cartes ou à la lecture d'un bon livre. Le mécanisme de la mémoire suit le même processus.

A la base de tout effort de mémoire il existe un besoin ou un intérêt. Personne n'oublie de manger ni d'aller travailler si cela est nécessaire pour survivre. Les gratifications sont évidentes et surpassent les inconvénients. Le besoin et l'intérêt entraînent la motivation nécessaire pour faire attention et se concentrer sur ce dont on veut se souvenir. La concentration est supportée par l'attention et sans elle on ne peut pas garantir l'enregistrement des souvenirs. Le degré de concentration joue un rôle important dans le processus de mémorisation. Le travail qu'effectue l'esprit dans cet état idéal de concentration est pareillement important. La dernière condition pour que la mémoire fonctionne correctement est un certain niveau d'organisation.

On se souviendra mieux du schéma du fonctionnement mnésique en l'assimilant à une chaîne dont les maillons essentiels sont les suivants :

Les oublis surviennent chaque fois que cette chaîne est brisée. Quand quelque chose apparaît qui sur l'instant nous semble plus important, notre attention est monopolisée et le reste passe au second plan. Puis, quand les circonstances de la vie nous y ramènent, nous nous en souvenons. L'oubli fait partie intégrale du mécanisme de la mémoire. Il est nécessaire d'oublier momentanément de nombreux éléments pour nous concentrer sur ce que nous sommes en train de faire. Il peut être triste de penser que nous avons oublié la plus grande partie de ce nous avons appris à l'école mais nous nous souvenons très bien des connaissances que nous utilisons quotidiennement : lire et compter par exemple. De plus, si vous deviez acquérir de nouvelles connaissances pour vous recycler par exemple, il vous serait facile de vous rappeler les bases que vous avez oubliées ; apprendre sera alors moins difficile car vous retrouverez dans votre mémoire tout un ensemble de connaissances ou fichier de références. Vous n'aurez pas à repartir de zéro, ce qui est plus difficile quand on prend de l'âge. C'est sans doute la meilleure des raisons pour promouvoir une éducation de qualité : il s'agit là d'un véritable investissement dans un type de mémoire qui n'est pas facilement altéré par l'âge ni par les événements intercurrents : la mémoire de reconnaissance qui nous permet de repérer comme familières les informations déjà enregistrées. Quand on voit cependant combien on survole parfois les sujets, il n'est pas possible d'être toujours sûr qu'une information a été stockée efficacement pour une rétention à long terme. Ainsi il peut se faire que vous ne reconnaissiez pas de nombreuses choses jadis apprises par cœur pour utilisation immédiate comme c'est le cas du bachotage. A moins d'avoir eu l'occasion de les utiliser, ces connaissances ont disparu sans laisser de traces. Les traces mnésiques, le mot technique pour souvenirs, peuvent s'estomper ou même s'effacer, si ces informations vous importaient fort peu.

Que se passe-t-il quand on oublie ? En revoyant le schéma mnésique en forme de chaîne, (mnésique, adjectif : relatif à la mémoire), on constate qu'il existe trois causes potentielles de rupture d'un maillon : 1. manque de nécessité, d'intérêt ou de motivation ; 2. manque d'attention ou de concentration ; 3. défaut d'organisation. Chacun de ces points ou une conjonction de plusieurs d'entre eux peut être responsable d'une défaillance de mémoire. Voilà ce qui explique pourquoi l'anxiété et la dépression sont des troublions si souvent impliqués dans les problèmes de mémoire : quand nous sommes déprimés nous manquons totalement d'intérêt et de motivation, ce qui rend l'attention très difficile à soutenir. Quand nous sommes anxieux, notre attention est prisonnière de notre anxiété et nous sommes incapables d'assumer quoi que ce soit d'autre. Ainsi sans concentration, on ne peut espérer structurer sa pensée pour faciliter le rappel.

Votre première préoccupation doit être de définir quels sont les points de faiblesse dans les maillons du mécanisme de votre mémoire. Puisque vous êtes assez motivé pour lire ce livre, votre problème est probablement du domaine de l'attention ou de l'organisation. A proprement parler, le seul véritable problème en matière de troubles de la mémoire est un déficit de rétention qui concerne l'organisation. Bien qu'on puisse être à la fois fortement motivé, faire très attention et essayer de se souvenir, on oublie parce que les souvenirs n'ont pas été suffisamment bien élaborés et classés pour permettre un rappel facile. L'information est effectivement rentrée mais il est très difficile de la retrouver. Dans ce cas les techniques d'organisation vont être d'un grand secours. Cependant, la plupart des plaintes concernant des «trous de mémoire» découlent de déficits de l'attention. Comme dans un premier temps rien n'a été enregistré, forcément il n'y a rien à rappeler ! Mais comment pouvez-vous être sûr que vous avez bien enregistré quelque chose ? Il est impossible d'en être absolument certain mais vous pouvez en avoir une idée assez juste en examinant les circonstances dans lesquelles vous avez essayé d'enregistrer l'information. Afin de bien comprendre les «ratés» de votre mémoire, vous devez savoir comment votre environnement et vos émotions influencent votre capacité de garder une trace mnésique de qualité. Quand vos émotions prennent le dessus ou quand la situation ne vous «permet pas» de soutenir votre attention, attendez-vous à voir flancher votre mémoire. Il en est ainsi quand :

– vous êtes pressé,
– vous êtes anxieux ou préoccupé,
– vous êtes stressé ou sous pression,
– vous êtes distrait,
– vous êtes interrompu,
– surviennent des distractions ou digressions,

- vos émotions prennent le dessus (excitation, euphorie ou dépression),
- vous êtes absorbé par une autre tâche,
- vous êtes fatigué ou somnolent (sous l'effet de boissons alcoolisées ou de médicaments),
- vous êtes dans des lieux familiers,
- vous faites des gestes automatiques,
- les habitudes prennent le pas,
- ce que vous devez retenir n'a pas de signification pour vous.

Croire que dans ces circonstances votre mémoire peut fonctionner correctement, c'est croire au miracle ! Il ne faut pas y compter et il n'y a pas de quoi vous culpabiliser ou accuser votre mémoire lorsqu'il vous est ainsi impossible de soutenir votre attention ou lorsqu'il n'y a pas de temps pour organiser l'information. Le fait est qu'on ne peut s'empêcher d'être anxieux, distrait ou pressé. Il ne faut pas alors être trop exigeant envers soi, à moins de pouvoir changer les conditions générales c'est-à-dire s'arrêter, se détendre et se concentrer. Parfois cela est tout bonnement impossible, par exemple, quand on se presse pour attraper un train.

Qu'on soit jeune, moins jeune ou d'un certain âge, il arrive qu'on se trouve dans des circonstances plus ou moins favorables à l'oubli. On exprime souvent sa frustration en utilisant des mots comme de véritables armes pour se fustiger. Il suffit de modifier votre vocabulaire en fonction de la situation : Au lieu de dire tout le temps : «J'ai oublié», essayez de dire «Ça ne me revient pas à l'instant», «Je n'y ai pas fait attention», «Je ne vous ai pas entendu», «Je n'ai pas écouté», «Je n'ai pas enregistré» ou «Je n'ai pas cherché à m'en souvenir». En diversifiant votre vocabulaire, vous pourrez reconnaître les différentes situations qui peuvent être à l'origine d'un oubli. Vous cesserez de vous sentir fautif et d'inculper votre mémoire à la première occasion. Il faut vous réjouir quand brusquement vous vous souvenez d'un détail juste à temps pour vous rattraper : par exemple, en refermant la portière de votre voiture vous réalisez que votre manteau est resté à l'intérieur. Votre réflexe de fermer la portière a été si rapide qu'il n'y a pas eu le temps de s'arrêter et réfléchir. Dans ces circonstances, vous ne pouviez vous rappeler le manteau qu'après coup. Paradoxalement on dit souvent «J'oubliais» au moment même où en fait on se souvient. On ne laisse guère de chance à la mémoire tellement on est impatient. Il faudrait plutôt se féliciter en disant : «Quelle chance de m'en être souvenu ! Et qu'importe si ça m'a pris quelques secondes.» Réservez le mot «oublier» pour des occasions aux conséquences graves. Mieux vous connaîtrez le fonctionnement de votre mémoire, mieux vous vous sentirez. Avec l'aide de ce livre, vous apprendrez à accroître le contrôle de votre mémoire en effectuant consciemment le traitement des informations à retenir. Vos possibilités de retrouver des souvenirs vont se multiplier considérablement grâce aux méthodes d'organisation que vous maîtriserez bientôt.

ENREGISTRER L'INFORMATION

Imaginez que vous vouliez enregistrer un texte ou une chanson sur magnétophone. Tout d'abord, vous devez vous assurer que le matériel fonctionne correctement. De la même manière votre médecin est seul compétent pour rechercher les altérations pathologiques heureusement très rares, responsables de troubles graves de la mémoire. Puis il vous faut contrôler toutes les sources d'interférences qui risquent fort de brouiller votre enregistrement ; c'est-à-dire que vous devez éliminer toutes les pensées qui n'ont pas de rapport direct avec ce dont vous voulez vous souvenir. La **concentration** est la base de la mémorisation. Vous devez fixer votre attention sur ce que vous voulez retenir et accepter d'y consacrer le temps et l'effort nécessaires. Lorsque vous développerez votre mémoire visuelle, vous serez capable de reproduire des **images mentales** très claires de ce que vous voulez ranger en mémoire. Pour former ces images, vous utiliserez tous vos sens car trop souvent nous voyons sans regarder, nous percevons des sensations sans en être pleinement conscients, nous entendons vaguement sans écouter. En développant votre attention, vous serez sûr que toutes vos facultés, sensorielles et intellectuelles sont actives. Produire une image implique à la fois l'imagination et l'intellect. En associant une image à un message, vous améliorez la qualité de la trace mnésique. **Association** est ainsi le troisième mot-clé du principe de bonne rétention ; On se souviendra de la **C.I.A.** : Concentration, Image, Association, moyen mnémotechnique facile à associer aux services secrets américains : Central Intelligence Agency.

RAPPELER L'INFORMATION

Plus l'information a été clairement enregistrée plus elle est facile à retrouver, c'est pourquoi il est important de consacrer quelque temps au principe CIA qui garantit un enregistrement correct. Lorsque vous retrouvez un souvenir à un moment donné alors que vous n'étiez pas capable de le faire à un autre moment, c'est parce qu'un facteur extérieur ou une pensée a déclenché une association qui à son tour a ramené ce souvenir à votre conscience. Quand vous voyez, entendez, touchez, goûtez ou sentez quelque chose et que simultanément vous vous souvenez de quelque chose d'autre (un endroit, une personne ou un sentiment), vous avez répondu à un stimulus. Ce mécanisme de réponse à un stimulus réveille un souvenir sans effort volontaire de notre part, une impression déclenchant la suivante comme dans un réaction en chaîne. Vous pouvez gagner un certain contrôle sur vos mécanismes de rappel des souvenirs en cherchant à définir précisément les stimuli et en les utilisant pour former des associations d'images selon une technique qui sera largement développée dans ce livre. Par exemple, si vous oubliez facilement votre parapluie, vous pouvez essayer ceci : vous allez voir votre porte d'entrée en sortant de chez vous, n'est-ce pas ? Pensez «porte d'entrée» et visualisez-la, c'est à dire imaginez-la avec votre parapluie grand ouvert au beau milieu du passage. Passez quelques instants sur cette association d'images. La prochaine fois que vous verrez la porte d'entrée, le parapluie surgira dans votre esprit et vous y penserez. Pour toute association d'images que vous allez faire, vous devrez définir un stimulus que vous ne pouvez absolument pas manquer de voir. Celui-ci va fonctionner comme un déclencheur visuel. Le secret de la réussite de cette technique réside dans les 10 secondes consacrées à imaginer les 2 objets en les visualisant ensemble dans une même vision.

La formation d'images et leurs associations facilitent le rappel des souvenirs qui est le maillon faible du processus mnésique. Tout d'abord, cela assure un enregistrement très solide dans la mémoire à long terme et ensuite cela sert d'indices de rappel. Lorsqu'on prend de l'âge, la capacité pour retrouver ce que l'on cherche diminue assez sensiblement. Les techniques qui suivent vont vous aider à structurer l'enregistrement et le rappel. Des études ont montré qu'habituellement ce n'est pas tant le système de stockage qui est en cause dans les troubles de mémoire que le système de rappel. Le rappel spontané donne des résultats médiocres alors que le rappel structuré est remarquablement efficace. La mise en place de repères au moment de l'enregistrement est une bonne garantie pour retrouver facilement les souvenirs. L'art d'une bonne mémoire réside en savoir placer de bons repères, visuels si possible.

Les techniques exposées ici sont fondées sur le principe que la mémoire est plus une compétence qu'un don. Même les artistes de talent doivent s'exercer car en fait un don n'est qu'un potentiel, à peine un début prometteur. Comme dit le proverbe : «C'est en forgeant qu'on devient forgeron.» La pratique mène à la maîtrise.

SYNTHÈSE RAPIDE

1. La Chaîne

Pour améliorer sa mémoire il faut comprendre son mécanisme de fonctionnement, ce qui l'entrave et ce qui le facilite.

Il peut être représenté par une chaîne dont les maillons sont parfois brisés, causant des troubles :

2. L'Attention

L'attention, maillon central de la chaîne est la condition préalable à l'enregistrement. Elle ne peut être soutenue dans les situations où l'esprit est monopolisé par autre chose. C'est le cas lorsque toutes sortes d'interférences prennent le dessus : interruptions, digressions, émotions fortes, fatigue, anxiété, dépression, et gestes automatiques.

Contrôler son attention implique que l'on passe d'une situation d'automatisme à une situation d'intervention consciente et volontaire. C'est le premier pas vers un bon enregistrement.

3. Enregistrer l'information

La concentration est indispensable à l'enregistrement : elle permet de sélectionner ce dont on veut se souvenir et d'organiser sa pensée.

Le principe d'association d'images CIA (pour Concentration, Image, Association) donne un enregistrement de haute qualité.

4. Rappeler l'information

Tout processus d'organisation aide la mémoire, mais les moyens mnémotechniques (comme CIA) sont particulièrement efficaces car ils facilitent le rappel avec des repères plantés au moment de l'enregistrement. L'art d'une bonne mémoire réside à savoir placer des repères, visuels si possible.

Ainsi donc, un contrôle relatif de votre mémoire est à votre portée : il est inutile de blâmer votre mémoire pour votre manque d'attention, car il n'est pas toujours possible de soutenir l'attention. Mais sans elle, vous ne pouvez espérer être sûr d'avoir enregistré des souvenirs.

COMMENT FONCTIONNE LA MÉMOIRE 2

« On oublie bien plus qu'on ne se rappelle. »
Thomas FULLER

Le dictionnaire Robert définit «mémoire» comme «la faculté de conserver et de rappeler des états de conscience passés et ce qui s'y trouve associé.» A l'instar de tout processus mental, c'est un sujet complexe. Pour se rappeler quelque chose, on met de côté d'autres souvenirs qui sont alors momentanément «oubliés». Dans l'ensemble, on oublie bien plus de choses qu'on n'en retient. Ce qui compte vraiment c'est le choix et la qualité des souvenirs. Habituellement on ne perçoit aucun problème quand on se souvient de ce dont on a besoin. En fait, on devrait plutôt s'estimer heureux d'oublier bien des choses. La plupart des gens avec des mémoires fabuleuses ne sont pas plus heureux pour autant : ils souhaiteraient pouvoir oublier ! Dans le fonctionnement normal de la mémoire il y a un équilibre naturel. Comme l'a saisi Alexander Chase dans un paradoxe lapidaire : «La mémoire c'est ce avec quoi on oublie». Nous allons vite découvrir pourquoi. Pour comprendre comment on fait pour se souvenir, nous allons examiner plusieurs modèles théoriques qui décrivent le mécanisme de la mémoire sous différents points de vue. Ils sont tous complémentaires et ils ajouteront à notre compréhension globale de la fonction mnésique.

MODÈLES PHYSIOLOGIQUES

Anatomie

L'anatomie de la mémoire dans le cerveau est quelque chose de diffus bien que l'essentiel de la fonction mnésique soit centralisé dans une zone appelée hippocampe qui fait partie des lobes temporaux sur chacun des deux côtés du cerveau. Si un des lobes est lésé, le processus de mémorisation est encore possible mais si les deux lobes sont atteints, la capacité de se rappeler est alors atteinte.

Neurochimie

Dans l'hippocampe on trouve de grandes quantités d'acétylcholine qui est un neurotransmetteur. Les neurotransmetteurs sont des substances chimiques qui transportent l'information entre les neurones ou cellules nerveuses. S'il existe un déficit en acétylcholine, il s'ensuit des troubles de mémoire. C'est un peu comme un véhicule qui tombe en panne d'essence. On prescrit parfois des médicaments comme la choline dans l'espoir de restaurer le niveau d'acétylcholine (et par là-même la mémoire) mais les résultats de tels traitements sont imprévisibles, souvent décevants. Une deuxième variation neurochimique importante que l'on observe est une réduction du métabolisme du cerveau qui accompagne le vieillissement. Ce métabolisme repose essentiellement sur la combustion des glucides pour produire de l'énergie. Une partie de cette énergie est utilisé pour produire de l'acétylcholine.

Electrophysiologie

Récemment des chercheurs ont mesuré l'activité mentale en enregistrant les courants électriques émis par le cerveau grâce à l'électro-encéphalogramme (EEG). Quand le métabolisme général de l'organisme décroît, comme cela survient lors du vieillissement, il en va de même des ondes électriques du cerveau. Le degré de ce ralentissement semble être parallèle au degré des troubles cérébraux. Notons cependant qu'il existe d'importantes variations d'un individu à l'autre et qu'il y a plus de différences entre les individus chez les personnes âgées que chez les plus jeunes.

MODÈLES PSYCHOLOGIQUES

Traitement de l'information (stimulus-réponse)

L'information que l'on souhaite retenir va subir un traitement dont l'essentiel s'appelle «encodage.» Le modèle du traitement de l'information est un modèle de stimulus-réponse dans lequel le stimulus ou signal est un élément sensoriel. Cet élément est enregistré puis rangé dans la mémoire. Ultérieurement un deuxième stimulus conduit à la réponse à partir du souvenir retrouvé. En d'autres termes, chaque impression parvenant au cerveau passe par les sens : nous voyons, entendons, goûtons, sentons ou percevons par le toucher comme un mécanisme réflexe. Nous sommes constamment mis en éveil par des stimuli extérieurs. Riches de cet enseignement, on peut fortement augmenter les chances de rappel : il suffit de renforcer des stimuli consciemment choisis que l'on est sûr de rencontrer quand on souhaite retrouver un souvenir. Le système du stimulus-réponse fonctionne de la sorte : le cerveau perçoit un stimulus qui est enregistré dans le centre de la mémoire ; un deuxième stimulus, ou signal, amorce le rappel de ce souvenir enregistré.

Degré de l'encodage ou élaboration

Plus le degré d'élaboration d'une information est élevé, plus cette information est correctement enregistrée et rangée. Une pensée approfondie demeurera en mémoire bien plus longtemps qu'une simple idée fugace et superficielle. Il faut mettre par écrit une idée nouvelle qui n'a pas été travaillée ou approfondie car elle n'est pas encore connectée à toute une trame de pensées. Elle n'est pas encore reliée à un contexte et de ce fait elle est fragile et facile à effacer. Il est fondamental pour approfondir le traitement des informations d'établir des connections mentales et de structurer les données. La répétition est la méthode la plus utilisée pour être sûr que l'information est rentrée mais cette méthode mécanique est superficielle et n'a d'effets qu'à court terme, sauf si elle est complétée par des processus mentaux plus complexes qui laissent des marques plus élaborées et profondes. Cela explique pourquoi les enfants oublient si vite ce qu'ils ont appris par cœur sans l'avoir vraiment compris ou intégré à leur vie, c'est-à-dire assimilé. Pour traiter l'information en profondeur et la codifier en vue d'une rétention à long terme, il est essentiel de se livrer à un certain nombre d'opérations mentales : commenter, poser des questions, rechercher la signification, faire des corrélations et des comparaisons. Des connotations tant affectives que culturelles apportent un surcroît d'efficacité comme vous le verrez dans les exercices d'observation.

De plus, tout porte à penser que l'humeur et l'ambiance influencent sensiblement l'élaboration des souvenirs. On a tendance à se souvenir de quelque chose qu'on a vécu dans une certaine ambiance quand on se retrouve dans la même ambiance. Les souvenirs des temps anciens véhiculent souvent des émotions vives. Les événements qui nous affectent fortement quand ils surviennent laissent des traces bien plus profondes dans notre mémoire que ne le font les événements neutres. Chaque personne teinte les stimuli neutres de son existence avec ses émotions et son contexte culturel. Comme le dit Hamlet : «Rien n'est intrinsèquement bon ou mauvais mais c'est notre pensée qui le rend ainsi.» Nous interprétons en permanence le monde autour de nous : nous le percevons puis l'enregistrons au travers de nos propres filtres. Voilà pourquoi les souvenirs d'un même événement diffèrent tellement d'un témoin à l'autre. Comme l'a exprimé la psychologue Elizabeth Loftus, en fait «nous élaborons nos souvenirs,» en leur donnant une forme qui nous est propre. La mémoire est un processus créateur et nous pourrions y prendre part de manière consciente beaucoup plus que nous ne le faisons en fait.

Tissage temporel (corrélations et connections)

Nous vivons dans la trame du temps et il en va de même de nos souvenirs. Il y a des impressions qui ne restent à l'esprit que pour quelques secondes ou minutes alors que d'autres y restent pour des mois ou des années. Edouard Herriot a dit : « La culture est ce qui reste quand on a tout oublié. » En fait, il semble y avoir à l'oeuvre un processus sélectif qui trie ce dont on a besoin de se souvenir à court terme et à long terme. Ce processus sélectif peut être soit inconscient soit conscient puisqu'on peut renforcer des stimuli choisis et travailler à enregistrer ce que l'on considère comme des informations particulièrement intéressantes à retenir. Un esprit curieux se fait continuellement des réflexions consolidant ainsi ses souvenirs précédents par de nouvelles associations. C'est cette sélection permanente des informations qui constitue la culture : nous sommes ce que nous avons intégré dans le registre actif de notre mémoire. Nous sommes ce que nous pensons, ce que nous disons, ce que nous faisons, ce que nous mangeons et ces éléments reflètent tous ensemble notre culture aussi bien que notre personnalité.

La mémoire immédiate de perception est le souvenir des impressions qui ont existé dans les secondes qui précèdent. Elle est rarement altérée parce qu'il n'y a pas besoin d'un enregistrement profond et le rappel fonctionne comme un mécanisme réflexe. Perception et rappel sont quasiment simultanés : il n'y a pas le temps d'oublier. La dactylographie est un bon exemple de ce processus. On lit un mot et on s'en souvient juste le temps qu'il faut pour le taper sur le clavier (habituellement moins d'une seconde.) Puis il est oublié, le mot suivant est imprimé à sa place et ainsi de suite. Il est intéressant de noter chez les personnes qui souffrent d'amnésie qu'habituellement la mémoire immédiate est restée intacte ; malheureusement la mémoire immédiate ne peut pas remplacer la mémoire à long terme.

La mémoire à court terme est définie par les psychologues comme durant un maximum de 5 secondes. C'est une mémoire de travail, une ardoise qui ne peut prendre qu'un maximum de 7 éléments à la fois. Elle fonctionne comme fichier de référence à partir duquel on peut extraire une information plus spécifique. Ces sept éléments peuvent supporter des concepts ou des idées qui à leur tour vont impliquer des associations et des réminiscences. Seule une constante répétition peut conserver la mémoire à court terme vivante. Un bon exemple de mémoire à court terme est le fait de composer un numéro de téléphone que vous venez juste de relever. Vous devez vous le répéter mentalement jusqu'au moment de le composer sur le cadran. Ces deux premiers types de mémoire n'impliquent pas un processus mental complexe ; ils sont de ce fait superficiels et sensibles aux interférences. Si vous êtes interrompu alors que vous tapez une phrase à la machine ou que vous composez un numéro de téléphone que vous venez juste de relever, vous devez relire et recommencer.

La mémoire à long terme implique des procédures plus durables et des opérations mentales plus complexes bien qu'elle se réfère à des durées très variables. La mémoire à long terme requiert un enregistrement conscient des informations signifiantes. Cela s'appelle l'encodage sémantique et cela suppose une recherche de la signification et du contexte pour le nouveau matériel à mémoriser. Sans mémoire à long terme apprendre serait impossible. Toute nouvelle connaissance est plus ou moins reliée à ce qu'on connaît déjà ; au-delà de la répétition mécanique de la mémoire à court terme, l'esprit cherche à établir des relations et vise à interpréter le nouveau en fonction l'ancien. Par exemple les acteurs apprennent leurs rôles en intégrant leurs émotions, leur expression corporelle et leur culture dans la situation artificielle de la pièce qu'ils ont soigneusement analysée. Cela demande du temps, de la concentration et une réflexion approfondie pour enregistrer clairement les nouvelles acquisitions. Certaines personnes ont un don pour structurer efficacement les éléments d'information en vue de bien les retenir. Celles qui de surcroît sont observatrices font des associations d'idées en utilisant facilement leur imagination. Hélas le plus souvent cela ne se fait pas spontanément mais il est possible d'apprendre à le faire et de la sorte améliorer notre mémoire.

Stockage ou rangement

Dans le cadre de sa vaste théorie sur la mémoire, Platon se servait d'une métaphore pour décrire comment nos souvenirs y sont inscrits : il la comparait à une tablette de cire dont la qualité détermine si la gravure est bonne ou mauvaise. Ainsi, pour lui, la qualité de la mémoire semblait dépendre entièrement du fait qu'on soit doté à la naissance d'un bon outil ou non. Comme dans l'ancien monde le destin de chacun était déterminé par les dieux, on pouvait peu de choses pour améliorer sa condition. Dans cette optique, il est évident que la mémoire apparaît comme un don. Platon n'a pas décrit ce qui, selon lui, constituait une cire de bonne qualité ou comment tous ces souvenirs gravés étaient assemblés. Pourtant dans un monde où la tradition orale était très forte (avant l'invention de l'imprimerie les peuples devaient principalement se reposer sur leur mémoire pour transmettre leur héritage culturel par des contes et des chants relatant des événements historiques...) Platon devait sûrement considérer comme évident le recours aux moyens mnémotechniques, ces aide-mémoire qui étaient alors largement utilisés.

Ces dernières années, les psychologues ont mis l'accent sur les modèles d'organisation du travail quand on range les éléments à retenir pour un rappel ultérieur. Ils ont ainsi montré que le rappel dépend de la manière dont on organise sa propre pensée au moment de l'enregistrement. Il est maintenant reconnu qu'une bonne structuration des idées aide considérablement le travail de la mémoire. Pourtant, comme la concentration, la capacité d'organisation n'est pas innée. Chacune demande à être apprise et de ce fait on peut s'y mettre à tout âge pour s'entraîner et se perfectionner. Des recherches en gérontologie ont montré que l'adage «Vous ne pouvez pas apprendre de nouveaux tours à un vieux chien» est faux : on apprend à tout âge, comme le montre l'expérience de personnes de plus de 55 ans à qui on a enseigné de nouvelles stratégies mentales en leur donnant toutefois un peu plus de temps.

Comprendre comment notre mémoire travaille est très important parce que cela démystifie les processus. Soudainement tout devient accessible et on réalise pourquoi on se souvient et pourquoi on oublie. La métaphore de Platon avec la tablette de cire est toujours valable pour son image mais de nos jours certains psychologues préfèrent la comparaison avec un ordinateur car elle souligne les principes d'organisation de la mémoire. Les deux sont complémentaires. On peut aussi penser que toutes les impressions, les images, les sentiments et les pensées sont enregistrées à la manière dont on imprime des documents : notre esprit fonctionne comme une plaque photographique en bien des points comparables à la fragile tablette de cire. J'imagine que des milliers d'images perçues sont classées par notre cerveau avec l'efficacité d'un ordinateur. Si on considère la quantité d'informations qu'emmagasine le cerveau, on ne peut pas s'empêcher d'admirer le merveilleux mécanisme de la mémoire. Pour la plupart d'entre nous tout au long de notre vie nos souvenirs sont en règle générale plutôt correctement rangés. Les fichiers sont organisés en un vaste réseau d'inter-connections. Classés d'une manière très pragmatique selon la fréquence avec laquelle ils sont utilisés, ces souvenirs avancent vers un niveau de conscience ou reculent vers l'inconscient. Pour illustrer la force de la mémoire visuelle nous allons «visualiser,» c'est-à-dire projeter des images mentales, utilisant ici des couleurs.

Il suffit d'imaginer un ensemble de trois couches successives. La couche supérieure est tout près du niveau de conscience. Elle contient l'utile et le quotidien auxquels il est souvent fait référence. Pour ma part je la visualise bleue et claire comme le jour. C'est là par exemple qu'est rangé le vocabulaire actif : les noms utilisés en permanence, les numéros de téléphone familiers, etc.. C'est une zone très vivante dont le fichier est consulté régulièrement. Puis suivent d'autres niveaux où sont rangées des informations dont on n'a pas besoin aussi souvent.

La couche médiane contient du matériel passif auquel on se réfère plus rarement. Pour accéder à ces souvenirs on a recours à la reconnaissance accompagnée d'indices de rappel (dont les «trucs» mnémotechniques). Cette seconde couche m'apparaît de couleur rouille, une couleur muette pour un endroit plus tranquille où nos souvenirs comme rouillés reposent sans qu'on les dérange. Quand on prend de l'âge et que le nombre d'activités décroît, la deuxième couche augmente de valeur au détriment de la première. C'est là où sont rangées les langues étrangères que l'on a apprises jadis et que l'on utilise rarement. Je me souviens combien j'ai été gênée les premiers jours où j'animais un stage de perfectionnement de la mémoire en France, mon pays natal. Certains mots me venaient directement en anglais et il n'y avait vraiment pas le temps pour traduire. Plusieurs fois j'achoppais sur des mots comme «focus» (= se concentrer, fixer) dont la construction différente est difficile à traduire spontanément et cela bien que je me sois préparée à ces mots délicats. La langue française qui ne m'était plus d'un usage courant aux Etats-Unis était passée au second plan et l'anglais l'avait remplacée, en particulier dans ce domaine très spécifique de mon travail. Mais comme je savais ce qui se passait, j'ai vite cessé de me culpabiliser vainement. Au lieu de me morfondre, j'ai attendu patiemment, avec confiance, que toutes ces connaissances se déplacent de la zone rouille à la zone bleue, ce qui arriva le jour suivant sous l'effet d'un nouvel environnement et d'une soigneuse révision et utilisation des différents termes français.

La couche la plus basse touche au royaume de l'inconscient. Elle prend pour moi la couleur grise comme celle de l'inconnu. C'est probablement la couche la plus grande de toutes puisque chacun d'entre nous enregistre des millions d'impressions depuis le jour de sa naissance. Les psychanalystes disent qu'un processus actif appelé répression refoule les souvenirs désagréables dans cette zone grise. Voilà pourquoi on bloque parfois le souvenir de situations traumatisantes (agression, viol, etc.). Cependant la majorité des souvenirs ne sont pas réprimés mais repoussés dans cette zone grise pour laisser la place aux autres, les sujets les plus pressants se plaçant plus près de la conscience. Quand on prend de l'âge et qu'on est moins occupé par le présent, on est alors beaucoup plus ouvert aux associations d'idées avec le passé. Lorsqu'on cesse de regarder de l'avant, on regarde en arrière. Cela explique pourquoi les personnes âgées se souviennent souvent mieux d'un événement ou d'une impression qui a eu lieu vingt ans auparavant que de ce qu'elles ont eu à déjeuner le jour même. (Néanmoins, si on leur avait servi quelque chose d'inhabituel comme du caviar, il y a fort à parier qu'elles s'en seraient souvenu !).

Les souvenirs anciens ne font qu'attendre d'être réveillés par une émotion forte comme la Belle au bois dormant de Charles Perrault. Pour rappeler des souvenirs à notre conscience nous avons besoin d'un souffleur comme au théâtre. Le plus souvent c'est une perception sensorielle qui amorce une succession d'images, de mots et de sensations qui recrée un souvenir enregistré il y a longtemps. Ce rappel obéit au principe du stimulus-réponse exposé au début de ce chapitre. C'est ce qu'on appelle la mémoire involontaire, parce que la perception apparaît par surprise.

Les exemples de mémoire involontaire abondent dans la vie et dans la littérature. *A la recherche du temps perdu* de Marcel Proust nous donne l'exemple classique d'une réminiscence alors que l'auteur mangeait une madeleine trempée dans une tasse de thé. A l'instant même où le gâteau imbibé toucha son palais, il ressentit quelque chose d'extraordinaire : l'instant présent avec son poids de lassitude disparut, et une joie profonde l'envahit. Il attendait réceptif, essayant d'en comprendre la cause. «Et tout d'un coup le souvenir m'est apparu. Ce goût était celui du petit morceau de madeleine que le dimanche matin à Combray... ma tante Leonie m'offrait après l'avoir trempé dans son infusion de thé.» Replacée dans son contexte original, cette sensation amorça une chaîne d'images du monde heureux de son enfance. «Tout Combray et ses environs, tout cela qui prend forme et solidité, est sorti, villes et jardins, de ma tasse de thé.»

Il faut noter que Marcel Proust a eu la patience d'attendre quelques instants que le mécanisme de rappel lui rapporte toute la chaîne des souvenirs multiples. Au lieu de se contenter de la seule image de sa tante il a facilité cela en se concentrant sur la sensation gustative et le plaisir qu'elle déclenchait. La pleine conscience de cette sensation est cruciale car elle fournit le temps nécessaire aux souvenirs de se manifester. Cependant elle doit être accompagnée d'un état de réceptivité sereine. Dans certaines situations l'anxiété peut bloquer les circuits et différer le rappel.

Si vous voulez déclencher plus de souvenirs, soyez réceptif à vos sens et observez le merveilleux enchaînement du rappel de vos souvenirs. Vous pouvez prendre une part active volontaire et consciente aux processus d'enregistrement et de rappel, comme vous allez l'apprendre dans les chapitres suivants. L'éveil de votre esprit va non seulement aider votre mémoire mais va également vous procurer des satisfactions plus profondes émanant du monde qui vous entoure.

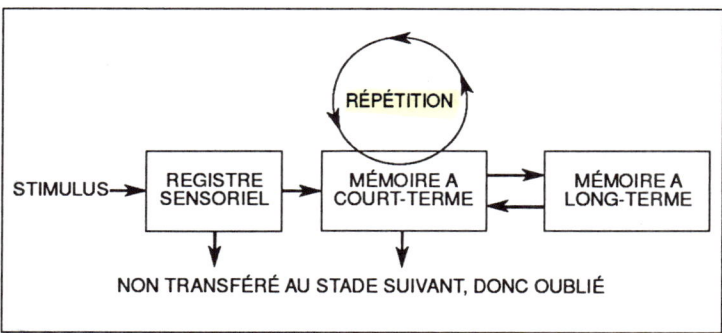

Figure 2-1

LA MÉMOIRE EST IMPARFAITE

Nul ne peut dire si la nature est parfaite ou pas. Cela réclamerait d'embrasser un tel ensemble de connaissances que personne ne peut avoir de certitude en la matière. Il est évident, comme Candide l'a découvert, que tout n'est pas «au mieux dans le meilleur des mondes possibles». Pourtant la philosophie, la religion ou la science nous enseignent que ces défauts de la nature (tremblements de terre, épidémies par exemple) jouent un rôle dans l'ensemble de l'univers. Il en va de même pour la mémoire. La faille du système, qui est le fait d'oublier, a sa raison d'être et finalement elle contribue à notre bonheur car la mémoire fonctionne d'abord pour nos besoins de l'instant présent. Nous avons tendance à nous souvenir de ce qui est essentiel et de ce qui est plaisant et nous oublions le reste, y compris les événements pénibles. Parfois nous oublions quelque chose de vraiment important et ça peut entraîner des conséquences tragiques : oublier de fermer le gaz par exemple. La question est la suivante : est-ce que nous gardons en mémoire tous les événements qui nous sont arrivés ou est-ce que nous en laissons de côté pour le meilleur ou pour le pire ? Les mécanismes de la rétention et de l'oubli des événements ont été étudiés ces dernières années dans l'espoir de comprendre comment les accidents surviennent et pourquoi la déposition d'un témoin est si peu fiable. Comme l'explique Elizabeth Loftus, les souvenirs sont triés et ultérieurement on ne se rappelle que ce qui a subi un traitement dans la mémoire à long terme. La figure 2-1 illustre comment une information arrivant de l'extérieur entre dans la mémoire à court terme où elle peut être conservée par répétition et transférée efficacement dans la mémoire à long terme ou alors oubliée. Durant ce transfert les souvenirs sont travaillés : on dit qu'ils subissent une **élaboration**, mécanisme complexe qui engage l'ensemble de la personnalité.

De récentes recherches suggèrent que les souvenirs sont en perpétuelle transformation : on modifie la réalité, on la remanie chaque fois qu'on se rappelle quelque chose. Loftus explique comment notre mémoire peut nous tromper : «C'est parce que bien souvent nous ne voyons pas les choses telles qu'elles sont. Cependant même si nous enregistrons une image assez précise d'un événement du passé, elle ne reste pas pour autant intacte dans notre mémoire. Il y a une autre force qui est à l'oeuvre. Les traces mnésiques peuvent en fait subir des distorsions. Même chez les plus brillants d'entre nous la mémoire est ainsi malléable.» Dans une de ses chansons, Maurice Chevalier chante le désaccord de deux amants qui évoquent le passé très différemment selon leurs sensibilités propres. Il est romantique, elle est terre-à-terre, mais y avait-il de la lune ou pas ce soir là ?... nous ne le saurons jamais. Notre esprit filtre chaque expérience que nous vivons au moyen d'un mécanisme inconscient sur lequel nous n'avons que bien peu d'emprise. Selon l'humeur, l'endroit, le moment, la connotation culturelle et bien d'autres facteurs nous choisissons de retenir certaines choses aux dépens des autres. En toute bonne foi nous pouvons nous rappeler un même événement d'une manière très différente d'un ami. Voilà encore pourquoi les dépositions de témoins ont souvent si peu de valeur. Nous voyons seulement une partie du tableau, habituellement celle que nous souhaitons voir. L'histoire de *Rashomon* en est une bonne illustration. Dans ce film de Kurosawa chaque personnage donne sa version propre d'un même événement et on arrive à la conclusion qu'il est impossible de savoir ce qui s'est vraiment passé. Ces limites de la mémoire devraient nous pousser à être plus circonspects lorsque nous affirmons nous souvenir de quelque chose. Aussi, si nous prenons garde d'enregistrer un souvenir méthodiquement et consciencieusement, il y bien plus de chances d'obtenir un rappel plus objectif. Par exemple on peut entraîner des policiers à fixer leur attention sur des critères définis comme les plaques d'immatriculation des véhicules, les caractéristiques physiques des gens ou des lieux, et ainsi de suite.

Donc bien qu'on ne puisse prétendre à une mémoire parfaite parce qu'elle dépend en partie de processus inconscients, on peut l'améliorer en aiguisant son attention. La mémoire est subjective, elle nous est propre. Il faut accepter le contrôle limité que nous en avons comme nous acceptons le contrôle relatif que nous avons sur notre vie. Le merveilleux de la mémoire est de réconcilier en nous l'émotionnel et le rationnel. Si vous choisissez de prendre une part active à ce processus vous serez gagnant.

UNE MÉTAPHORE BIEN UTILE : COMPARER L'ESPRIT À UN APPAREIL PHOTOGRAPHIQUE

En raison de l'importance de la mémoire visuelle, je vais comparer le cerveau à un appareil photographique. Imaginez que votre cerveau est un appareil photo très sensible qui fixe toutes les images qu'il reçoit. La plupart du temps il est réglé sur la mise au point automatique, «l'autofocus», et nous ne sommes pas conscients de l'effort nécessaire pour fixer une image bien nette. Quand surviennent des troubles de mémoire, c'est un peu comme si votre système de mise au point automatique ne fonctionnait plus et que vous deviez ajuster l'objectif manuellement, ce que vous faites déjà quand vous vous plongez dans la lecture d'un livre qui vous plaît ou dans une activité intéressante. Dans ces moments-là vous sélectionnez alors les sujets qui méritent cette attention soutenue en fonction des buts que vous poursuivez. Vous êtes maître du processus d'enregistrement et probablement plus créatif puisque vous contrôlez vos prises de vue. Vous cernez votre sujet et choisissez votre angle de vue. Vous réalisez peut-être alors que lorsque votre esprit était en position de contrôle automatique, il était bridé. Pourtant il était réglé pour sélectionner efficacement ce qu'il était important d'enregistrer dans une situation donnée. C'est un mécanisme complexe qui fonctionne inconsciemment tant qu'il s'appuie sur une motivation assez forte. Le travail, les responsabilités, la curiosité naturelle et l'élan vital fournissent une motivation suffisante pour déclencher ce mécanisme. Les images sont sélectionnées en fonction des besoins propres de chaque situation. Vous pouvez reprendre le contrôle en passant au réglage manuel, c'est-à-dire en prenant conscience de ce que vous voulez vous rappeler. Alors faites un gros plan sur le sujet et prenez bonne note de tous les éléments d'information de votre choix. L'enregistrement conscient laisse une bien meilleure trace mnésique.

Au delà de l'analyse du sujet, pensez à votre humeur, à vos sentiments et à vos impressions. N'hésitez pas à faire des commentaires sur ce contexte émotionnel. Cela vous aidera fortement à vous rappeler ces souvenirs le moment venu. Cet entraînement va développer votre curiosité d'esprit qui parfois sommeille en vous. La curiosité d'esprit est le sésame de l'attention qui nous ouvre le chemin de la mémoire.

Synthèse rapide

La mémoire est un processus mental complexe que nous pouvons mieux comprendre en l'examinant sous différents points de vue :

A. Physiologique

1. Anatomique : l'hippocampe situé dans chaque lobe temporal est le centre de la mémoire.

2. Neurochimique : l'acétylcholine est une substance chimique indispensable que l'on trouve en grande quantité dans l'hippocampe ; elle a un rôle de neurotransmetteur.

3. Electrophysiologique : les courants électriques cérébraux (EEG) sont un reflet de l'activité mentale.

B. Psychologique

1. Traitement de l'information (stimulus-réponse) : le choix d'un stimulus, le fait d'en prendre conscience et de le renforcer facilitent l'enregistrement et le rappel.

2. Degré du traitement de l'information : prendre conscience à la fois des réponses rationnelles et émotionnelles garantit un meilleur enregistrement des souvenirs. Meilleur est l'enregistrement, meilleur sera le rappel.

3. Temporel : il existe deux sortes de mémoire : la mémoire à court terme, qui est superficielle et fragile, nécessite une répétition pour rester vivante plus de 5 secondes. La mémoire à long terme est profondément ancrée dans la conscience. Elle est renforcée par l'encodage sémantique c'est-à-dire par la recherche d'une signification. Elle implique des opérations mentales complexes.

4. Stockage : le système des trois couches (active, passive et latente) reflète la fréquence d'utilisation du matériel enregistré. En raison de l'importance de la mémoire visuelle, j'illustre ici ses procédés pour retenir le rangement des souvenirs. Les mots «visualisation, visualiser» se réfèrent à la projection d'une image mentale. Visualisez donc le schéma suivant avec les zones en couleur :

Visualisez de l'activité dans la zone bleue du présent, de la passivité dans la zone rouille du passé proche, et la belle au bois dormant dans la zone grise d'un passé antérieur embrumé. Cela vous aidera à vous souvenir du système de rangement des souvenirs.

	LA CONSCIENCE	
BLEUE	Information utilisée régulièrement nécessaire à la vie quotidienne Rappel facile	ACTIVE
ROUILLE	Information plus rarement utilisée; mémoire de reconnaissance excellente	PASSIVE
GRISE	Multitude d'informations rangées depuis l'enfance Nécessite un souffleur pour revenir à la conscience Mémoire involontaire (stimulus-réponse)	LATENTE
	L' INCONSCIENT	

5. La mémoire est imparfaite : d'abord elle est subjective, ensuite elle est malléable, (les souvenirs subissent des modifications chaque fois qu'ils sont rappelés), enfin l'oubli fait partie intégrale de son mécanisme.

EXERCICES

1 DEGRÉ D'ÉLABORATION DE L'INFORMATION

Les questions qui vont suivre pourront vous paraître saugrenues et leur juxtaposition hétéroclite, nous nous en expliquerons à la fin de l'exercice. Lisez la liste de mots qui suit et les questions qui les accompagnent. Ne lisez qu'une ligne à la fois en cachant les autres. Répondez par oui ou par non puis tournez la page et écrivez tous les mots dont vous vous souvenez.

1. EAU — L'association **eau-île déserte** vous est-elle agréable ?
2. FLEUR — Est-ce que ce mot contient la lettre E ?
3. TRAIN — L'association **train-île déserte** vous est-elle agréable ?
4. PNEU — Est-ce-que ce mot contient la lettre E ?

5.	MOIS	Est-ce que ce mot contient la lettre E ?
6.	JAMBE	L'association **jambe-île déserte** vous est-elle agréable ?
7.	CHOCOLAT	Est-ce que ce mot contient la lettre E ?
8.	PRINCE	L'association **prince-île déserte** vous est-elle agréable ?
9.	TAPIS	Est-ce que ce mot contient la lettre E ?
10.	CLES	L'association **clés-île déserte** vous est-elle agréable ?
11.	OISEAU	L'association **oiseau-île déserte** est-elle agréable ?
12.	REGLE	Est-ce que ce mot contient la lettre E ?
13.	SOULIERS	L'association **souliers-île déserte** est-elle agréable ?
14.	OR	Est-ce que ce mot contient la lettre E ?
15.	LIVRE	L'association **livre-île déserte** vous est-elle agréable ?
16.	JOURNAL	Est-ce que ce mot contient la lettre E ?
17.	BONBON	L'association **bonbon-île déserte** est-elle agréable ?
18.	MIEL	Est-ce que ce mot contient la lettre E ?
19.	BOITE	L'association **boîte-île déserte** vous est-elle agréable ?
20.	CHAT	Est-ce que ce mot contient la lettre E ?

Vous avez sûrement noté qu'il y a là deux sortes de jugements à porter. Vérifiez votre liste pour voir quel jugement conduit à la meilleure rétention. Marquez tous les mots qu'il vous était demandé d'associer avec le qualificatif «agréable» et comparez-en le nombre avec le nombre des autres mots dont vous vous êtes souvenu. Maintenant comparez les deux types d'appréciation et tirez-en votre propre conclusion sur l'importance de l'élément affectif sur le degré du traitement d'élaboration.

Note : Essayez de vous rappeler ces mots dans 48 heures ; la démonstration n'en sera que plus frappante. Cet exercice avait pour but de vous faire réagir à un niveau émotionnel spontané en vous demandant si tel mot produisait une association agréable ou désagréable dans une situation imaginaire : sur une île déserte. Ce jugement affectif est à comparer au jugement intellectuel suggéré par l'autre question : on se souvient mieux de ce qui touche sur le plan émotionnel.

2 RELECTURE IMMÉDIATE

A ce stade, vous devez avoir une idée assez précise de la manière dont fonctionne la mémoire. Sans relire le texte, essayez votre mémoire. Qu'avez-vous retenu du chapitre précédent ? Maintenant donnez-vous une meilleure chance de rappel : relisez immédiatement ce que vous venez de lire. La relecture immédiate est le moyen le plus efficace pour se souvenir. Il faut battre le fer tant qu'il est chaud, c'est alors qu'il est plus facile à forger.

3 TEST D'ATTENTION

Beaucoup de gens n'accordent pas une grande attention à leur environnement. Quand vous recevrez des amis à la maison, tentez cette petite expérience. Après une demi-heure environ pendant laquelle tout le monde a pu nouer ou renouer contact, demandez à vos amis de tourner le dos à leur voisin le plus proche de sorte qu'ils ne puissent plus le voir. Expliquez que vous allez poser une série de questions sur cette personne :
1. Avez-vous remarqué la couleur de ses habits ? Si oui, décrivez-la.
2. Porte-elle une cravate ou un foulard ?
3. S'est-elle parfumée ?
4. Quelle sorte de chaussures porte-elle ?
5. A-t-elle un sac ?
6. Porte-t-elle des bijoux ? Si oui décrivez-les.
7. Décrivez ses cheveux : couleur, type, coiffure ?
8. De quelle couleur sont ses yeux ?
9. Est-ce qu'elle fume ?
10. A-t-elle un verre à la main ?

Note: Vous pouvez aussi poser des questions sur la pièce dans laquelle se trouvent les invités. Le plus simple est alors de les emmener dans une autre pièce ou dans le jardin. Vous vous rendrez compte combien les gens sont peu observateurs, mais avec de l'entraînement n'importe qui peut le devenir. Si vous vous sentez trop timide pour entreprendre toute cette mise en scène, faites tout simplement le test pour vous même !

MÉMOIRE, ÂGE ET ATTITUDES MENTALES 3

«La jeunesse n'est pas vraiment une période de la vie... C'est un état d'esprit, vous êtes aussi jeune que votre espoir et aussi vieux que votre désespoir.»

Anonyme

MÉMOIRE ET VIEILLISSEMENT

La force de l'âge

Quand on prend de l'âge on ne devient pas forcément plus sage. On perd souvent confiance en soi. «On n'a plus autant d'assurance,» pour reprendre les paroles de la chanson des Beatles «Help.» En fait on commence à sentir qu'on a besoin d'aide dès qu'on remarque un certain nombre de changements en soi-même. La peur de vieillir nous joue des tours en déformant notre point de vue. On se laisse inquiéter par des oublis minimes auxquels on n'accordait aucune importance auparavant tel qu'égarer ses clés plusieurs fois dans la même journée ou ne plus retrouver où l'on a garé sa voiture. De pareils oublis arrivent à n'importe qui et à n'importe quel âge. A 20 ans on ne s'en préoccupe pas l'ombre d'une seconde mais à 40 on pense «Qu'est-ce qui m'arrive ? Est-ce que je ne serais pas sur le déclin ?» ; et à 60 ans on en conclut «Je suis en train de devenir sénile.» Votre jugement suit la courbe de votre anxiété et au fond de vous-même vous avez grand besoin de réassurance.

Je me souviens du cas précis d'un jeune homme qui souffrait d'un sérieux trouble de la mémoire en relation avec un excès de drogue. Vous ne devinerez jamais ce qui le perturbait le plus dans ses oublis ? Ce n'était pas lié à son travail ou à sa vie intime. «Je ne suis même pas capable de me souvenir quelles sont les lampes commandées par tel ou tel interrupteur électrique dans mon hall d'entrée» m'avouait-il. «Moi non plus» lui répondis-je avec surprise. Je lui fis remarquer qu'il ne m'était jamais venu à l'idée d'essayer de me souvenir des différents interrupteurs. La plupart des gens se contentent de la méthode des tâtonnements à la manière du chimpanzé : en essayant tous les boutons, on finit bien par trouver le bon. La perspective que nous avons de notre mémoire ne reflète pas toujours des changements objectifs. Interrogez votre famille ou vos amis sur des changements spécifiques... Certains peuvent être réels tandis que d'autres sont totalement imaginaires. Peut-être avez-vous toujours été distrait, oubliant des tas de choses sans y prêter d'importance ? Peut-être vous êtes-vous reposé sur les autres pour vous rappeler un certain type d'information (par ex. les dates ou les directions). Essayez de préciser vos frustrations actuelles en nommant des exemples où votre mémoire vous fait défaut. Demandez à vos proches si de semblables épisodes se produisaient dans le passé. Interrogez-vous «Est-ce que jadis j'avais une si bonne mémoire des noms des gens ? des lieux ? des marques ? des titres de films ? des livres ? des spectacles ? des règlements ? des instructions ? des recettes ? des rendez-vous ? des événements ? des voyages ? des commissions ? des messages ? des dates ?» Après avoir exploré le passé, examinons le présent. Demandez-vous : «De quel type d'oublis est-ce que je me plains le plus ces jours-ci ? Qu'est-ce que je me rappelais autrefois facilement et qui m'échappe aujourd'hui ?» Lorsque vous aurez mis en évidence un changement réel dans les performances de votre mémoire, recherchez des modifications dans votre vie qui ont pu altérer votre motivation.

Vous trouvez-vous maintenant dans une situation qui vous permet de vous détendre sans la crainte de conséquences sérieuses résultant d'un oubli ? Est-ce que vous déléguez plus de choses aux autres que jadis ? Avez-vous besoin de vous rappeler de ce genre de renseignements autant qu'auparavant ? Est-ce qu'il y a des choses que vous retenez sans problème ? Etes-vous aussi occupé qu'avant, plus, moins ? Est-ce que votre position actuelle vous donne moins de raisons de faire bien attention ou vous supprime des occasions d'exercer votre mémoire ? Quelle était la dernière fois que vous avez dû écrire un rapport ? Est-ce que vous faites souvent la critique de livres, de films ou d'articles de manière un peu structurée ?

Les réponses à ces questions devraient vous révéler une vérité fort simple : la mémoire est malléable et pragmatique. Quand on supprime la pression, ce qui arrive à la fin des études ou quand on prend une sinécure, un emploi sans stimulation, en particulier intellectuelle, le fardeau est levé et la pratique cesse. Vous remarquez alors un changement de rythme, une paresse mentale qui sournoisement s'empare de vous et cesse de vous stimuler. Ou encore les défis se font-ils rares ? N'y a-t-il pas des idées noires qui vous envahissent et vous monopolisent l'esprit ? Est-ce que cette attitude est une réponse naturelle d'adaptation à une nouvelle réalité ? Le potentiel de la mémoire existe-t-il encore ? La mémoire suit les dictats de l'environnement et la plupart des gens s'adaptent sans essayer de vivre dans deux réalités à la fois, le passé et le présent. Parfois cependant notre ego ne s'adapte pas aux changements aussi bien que le fait notre mémoire. Alors, nous éprouvons des troubles et ressentons un problème. J'ai rencontré dans un colloque un psychologue de 38 ans qui me parlait de ses récents troubles de mémoire. «J'avais jadis une mémoire fantastique : je pouvais retenir toutes les références que j'avais entendu mentionner aux réunions scientifiques. Maintenant je dois tout noter par écrit !» expliquait-il. Je lui demandais alors si c'était important pour lui et pour sa carrière de retenir toutes ces références. Il répondit qu'il considérait cela comme un gros avantage : ça le faisait sortir du lot de ses collègues de sorte qu'il lui semblait avoir plus de chances d'être promu. Or à cette époque de sa vie il avait atteint son but : il était son propre chef et n'avait plus vraiment besoin d'impressionner quiconque. La puissante motivation qui poussait sa mémoire à réaliser des prodiges avait disparu. Instinctivement il avait orienté son énergie vers d'autres types d'informations plus pertinentes à sa nouvelle position socio-professionnelle. Il dut reconnaître que sa mémoire restait excellente dans les autres situations. Bien qu'il fût content d'apprendre qu'il n'avait pas de véritable problème de mémoire, il ne pouvait s'empêcher de regretter le sentiment de triomphe qu'il éprouvait au temps où il retenait facilement toutes ces références. Je lui fis remarquer qu'il pouvait alors se fixer des buts nouveaux en rapport avec le nouvel aspect de son métier, par exemple retenir les noms et des renseignements particuliers sur ses patients. Ou encore il pouvait profiter de sa nouvelle liberté.

Il faut faire face aux changements psychosociaux qui affectent la mémoire parce que dans ce domaine on peut vraiment améliorer la situation. Comme le dit le psychologue B.F. Skinner : «C'est une manière très encourageante d'aborder le vieillissement car on peut bien plus intervenir sur notre environnement que sur notre propre organisme.» Vous pouvez améliorer votre environnement en créant de toute pièce de nouveaux défis artificiels comme trouver une relation qui aimerait parler de livres, de films ou d'articles ou encore en apprenant quelque chose de nouveau, ne fusse que la bonne manière de développer votre mémoire.

Au delà de 65 ans, le troisième âge ?

On peut dire que les gens qui vieillissent harmonieusement savent instinctivement s'adapter aux changements. Tout au long de notre vie notre corps change en permanence : tout d'abord c'est notre métabolisme qui se modifie, nos besoins en nourriture sont moindres, nos dépenses d'énergie diminuent et si nous continuons à manger comme nous le faisions adolescents, nous prendrons du poids surchargeant le travail de notre coeur. Puis c'est le cerveau qui est l'objet de changements plus subtils mais on peut les maîtriser si on reste actif mentalement. Ce n'est pas le nombre de neurones dont on dispose qui compte, mais la manière dont on s'en sert. Des études ont montré que la plupart des gens n'utilisent que 10 % du potentiel de leur cerveau. Réfléchir à des stratégies mentales change considérablement les choses, surtout quand on prend de l'âge. On peut les apprendre à tout âge. Notre environnement lui aussi change, de même que notre vie personnelle. On peut se retrouver dans une autre ville loin de ses amis et de sa famille. Vient le moment où nos enfants nous quittent pour construire leur vie propre, nous prenons notre retraite et parfois il faut affronter des privations financières ou la maladie. Les rapports sociaux deviennent plus rares, les amis meurent et sont durs à remplacer.

Darwin a montré comment les espèces animales ont réussi à survivre parce qu'elles se sont adapté aux changements de leur environnement. Il en va de même des humains avec l'avantage supplémentaire qu'ils peuvent individuellement ou collectivement influencer et modifier leur environnement à leurs desseins. Skinner, alors âgé de 78 ans, a souligné combien il était important d'accepter les changements qui surviennent avec l'âge et de s'organiser en fonction de ceux-ci. «Une acceptation tranquille de vos déficits et la pratique consciencieuse et régulière d'une bonne prise en charge mentale» peut diminuer votre anxiété. Dans ce chapitre vous allez apprendre quels sont les changements qui affectent la mémoire et comment on doit se comporter à cet égard.

VARIATIONS PHYSIOLOGIQUES LIÉES AU VIEILLISSEMENT NORMAL

Ralentissement

Quand on prend de l'âge, il faut plus de temps pour enregistrer et pour rappeler quelque chose. Il existe un décalage dans le temps de réaction qui explique pourquoi il est plus difficile de retrouver ce que l'on cherche dans les fichiers de sa mémoire. Souvent les mots nous échappent et nous laissent bouche bée. Il arrive que nos réflexes soient moins vifs qu'avant et nos idées moins immédiatement pertinentes. Le corps et l'esprit changent de rythme. Sans limites de temps, les personnes âgées ont des performances aussi bonnes que les jeunes à la plupart des tests de raisonnement ou d'intelligence. Elles éprouvent peu de difficultés avec les épreuves de reconnaissance comme les questions à choix multiples mais par contre elles ont de grandes difficultés à retrouver les réponses sans souffleur, comme dans les tests à compléter.

Si vous commencez à ressentir les effets de l'âge prenez votre temps et vous accomplirez aussi bien qu'avant la plupart des tâches usuelles. Il faut vous demander «A quoi bon se précipiter ? Que fera une seconde en plus ou en moins ?» Il faut vous accorder plus de temps quand vous prévoyez votre programme de la journée. Evitez de devoir vous presser. En particulier lorsque vous n'arrivez pas à vous rappeler quelque chose, restez calme et soyez patient puisque c'est justement ce mécanisme de rappel qui ralentit avec l'âge. Donnez le temps à votre cerveau de travailler à son nouveau rythme et apprenez des stratégies mentales qui compenseront le ralentissement et la perte d'énergie qui en découlent. On compte plus de champions de jeux d'échec et de mots croisés parmi les personnes d'âge avancé que vous ne le penseriez. Il y a fort à parier que même les jeux électroniques peuvent s'apprendre sur le tard moyennant patience et motivation. Voici un exemple personnel : je me suis exercée à Ms. Pacman et après plusieurs essais désespérants et des heures d'entraînement, j'ai constaté que je jouais mieux que la plupart des enfants que j'ai observés. Leurs réflexes ont beau être un peu plus rapides que les miens, les stratégies que j'ai développées me donnent l'avantage. Je me suis aperçu que ma tension nerveuse est mon pire ennemi. C'est lorsque je parviens à me décontracter, que je joue le mieux. (Dans le chapitre «Relaxation» vous apprendrez à vous détendre dans n'importe quelle circonstance.) La vitesse n'est pas essentielle à l'activité mentale. Voilà pourquoi les artistes et les intellectuels octogénaires peuvent continuer à travailler s'ils sont en bonne santé. Les changements du cerveau sont moins dramatiques que ceux du corps. Ils sont même parfois si graduels, qu'on ne les perçoit pas comme un problème.

Réduction de la perception

Les perceptions sensorielles s'altèrent avec l'âge chez tout le monde mais à des degrés variables. Parfois cela conduit à une erreur de diagnostic comme ce patient désorienté qui paraissait atteint de sénilité alors qu'il souffrait de cataracte. On peut ainsi accuser sa mémoire à tort. Si l'on ne voit ni n'entend quelque chose il paraît difficile d'en retrouver la trace ultérieurement dans sa mémoire étant donné qu'il n'y en a pas. Les sens sont les portes du cerveau, et a fortiori de la mémoire. Il faut rechercher si vous n'avez pas quelque déficit même léger de ce type (audition, vue, goût, odorat, perception tactile) et prendre les mesures nécessaires pour les corriger. Placez-vous près des gens ou près de l'écran ! N'hésitez pas à demander qu'on répète ce qui vient d'être dit. Tendez l'oreille vers la bouche de votre interlocuteur. Ayez recours aux aides comme les verres correcteurs, les loupes, les amplificateurs auditifs. Surtout faites encore plus attention qu'auparavant en pratiquant les méthodes que vous allez apprendre dans ce livre. En utilisant et en développant tous vos sens, vous compenserez pour ceux qui sont déficients et ce faisant, vous enrichirez votre vie et votre mémoire.

Rétrécissement du champ d'attention

Le champ d'attention diminue également avec l'âge et les personnes âgées ne peuvent plus travailler de manière efficace pendant des périodes de temps aussi prolongées qu'auparavant. Si vous constatez que vous vous fatiguez plus facilement, il faut accepter cet état de fait. Faites des pauses, voire des petits sommes réparateurs, ou des petites promenades aussi souvent que votre attention faiblit. «Ravigorez vos méninges» par un peu d'air frais et d'exercice. Changez d'activité. Découpez votre tâche en petites unités de temps. Au lieu de lire une heure d'affilée, prenez une récréation après une demi-heure (pensez à utiliser un marque-page pour retrouver rapidement votre page !), levez-vous et dégourdissez-vous les jambes. Si vous avez des problèmes de dos, essayez un siège différent. Il faut éviter les coussins trop mous qui invitent au sommeil. Vérifiez que la lumière est bonne. Vous ne devez pas avoir à forcer. Il faut savoir qu'un minimum de confort est nécessaire pour soutenir son attention.

Sensibilité aux interférences

Il est tout à fait exact que l'on est plus facilement distrait quand on prend de l'âge, et des interférences peuvent véritablement bousculer vos processus mnésiques. Ne vous affectez pas si vous oubliez ce que vous faisiez quand on vous a interrompu. Retournez simplement en arrière ou traversez lentement la maison en regardant autour de vous : vous allez vite repérer un indice visuel qui vous permettra de retrouver facilement ce que vous étiez en train de faire. S'il s'agit de tâches importantes comme faire des chèques par exemple, essayez de vous organiser pour ne pas être dérangé. Prenez l'habitude de bouder le téléphone les premières fois qu'il sonne. Cela vous donnera le temps de suspendre calmement ce que vous étiez en train de faire et de placer un indice pour reprendre facilement votre tâche là où vous l'aviez interrompue. Finissez-en avec la tyrannie du téléphone. Dites à vos amis et à votre famille de le laisser sonner 6 fois avant de raccrocher, ou mieux encore munissez-vous d'un répondeur automatique. Vous pouvez aussi noter ce que vous étiez en train de faire avant l'interruption. Pour mieux écouter, fixez votre regard sur un point neutre du sol ; cela réduira les distractions visuelles. Quand vous faites une lecture sérieuse, éteignez la radio ou la télévision et choisissez un endroit tranquille sans distractions visuelles telles que des illustrations, des photos ou encore le spectacle offert par une fenêtre. Cela vous aidera à vous concentrer.

Difficulté à réaliser plusieurs tâches à la fois

La fragilité aux interférences a pour conséquence qu'il apparaît plus difficile aux personnes âgées de faire plusieurs choses à la fois. Par exemple évitez de parler pendant que vous signez un chèque ou un document ou encore évitez de conduire et de chercher votre chemin simultanément. Concentrez-vous sur une seule tâche à la fois et vous la ferez bien. Si votre personnalité vous pousse à faire plusieurs choses à la fois c'est que vous devez être du «type A». C'est-à-dire le genre de personne trop pressée, toujours active, qui cherche en permanence à en faire plus qu'elle ne peut, souvent anxieuse. Ce sera sans doute plus dur de limiter cette tendance mais ce n'est pas impossible. C'est peut-être une bonne chose que la nature nous oblige à ralentir le rythme car ce type d'activités (appelé activités polymorphiques) entraîne non seulement des troubles de mémoire mais aussi des maladies cardiaques en raison du stress qu'il impose à l'organisme. Croyez-vous qu'en vieillissant il soit toujours nécessaire d'être autant sous pression ?

Réflechissez à l'évolution générale de votre vie et voyez si vous ne méritez pas un interlude. Définissez un ordre de priorités et ne faites qu'une chose à la fois. Vous ne vous en sentirez que mieux.

Capacité de mémoire

La fonction mnésique diminue de 20 à 40 % avec l'âge. Il y a des différences individuelles considérables dans le vieillissement dont certaines sont génétiques. Vraisemblablement l'esprit devient «parasité» par un fond d'anxiété sur lequel se greffent des pensées dépressives et obsessionnelles. S'il en est ainsi, se débarrasser de ces troublions mentaux va à coup sûr restaurer une capacité mnésique suffisante. Libérer l'esprit pour qu'il puisse penser efficacement devrait être le premier objectif de tout entraînement de la mémoire.

Perte des processus mentaux spontanés d'organisation

Structurer spontanément sa pensée devient progressivement plus difficile... La raison en est peut-être en partie le manque de pratique qui accompagne la réduction des activités, mais aussi on tend à répéter les vieux modèles, laissant peu de place pour de nouvelles façons de penser. La tendance à essayer de nouveaux concepts, à développer de nouvelles idées apparaît de moins en moins forte. Pour encourager la créativité avec l'âge il faudrait adopter une nouvelle démarche intellectuelle et s'essayer à de nouveaux sujets plutôt que de rabâcher ou approfondir toujours les mêmes. Tout le monde peut apprendre de nouvelles stratégies de réflexion compensant de la sorte le déclin de la tendance spontanée à structurer sa pensée. Voilà encore un exemple du passage d'un automatisme à un comportement volontaire et conscient.

Médicaments et toxiques

Si jamais vous prenez des médicaments, il convient de vérifier avec votre médecin s'il n'existe pas d'effets secondaires. Certains produits peuvent vous rendre somnolent ou distrait ce qui risque fort d'interférer avec votre mémoire en réduisant votre attention et en ralentissant votre fonctionnement mental.

Maladies et sénilité

Une des principales appréhensions qui accompagne la vieillesse est celle de la sénilité. De plus en plus vous entendez des remarques de ce genre «J'ai encore égaré mes lunettes deux fois aujourd'hui ! Ce n'est pas possible, je suis sur la pente de la sénilité !» De grâce, évitez les mots «sénile» ou «gâteux» car ils sont dévalorisants et fréquemment utilisés à tort. Il n'y a en fait qu'environ 12 % des personnes de plus de 65 ans présentant de véritables signes de démence sénile, maladie caractérisée par des troubles profonds de la mémoire, une désorientation et souvent un comportement de type paranoïaque. Cette affection touche les deux sexes mais les femmes sont plus fréquemment atteintes probablement parce qu'elles vivent en moyenne plus longtemps que les hommes. La plupart des personnes atteintes de cette maladie sont des septuagénaires ou des octogénaires. Si vous êtes préoccupé par votre mémoire, c'est sans doute que justement vous n'avez pas cette maladie. Les malades atteints de sénilité ne se rendent pas compte qu'ils oublient et ils sont souvent contrariés et incrédules quand on le leur fait remarquer.

Les deux autres maladies mentales qui affectent la mémoire sont la maladie d'Alzheimer et le syndrome de Korsakoff. La maladie d'Alzheimer est une forme précoce de démence sénile qui touche les personnes bien plus tôt, parfois vers la quarantaine. Depuis peu le terme est utilisé pour tous les âges de la vie et c'est devenu un synonyme de démence sénile. (Le terme médical exact est «démence sénile de type Alzheimer».) Cette maladie est accompagnée de la diminution dans le cerveau d'une substance biochimique indispensable au fonctionnement de la mémoire. Le déficit en cette substance, appelée acétylcholine, est majeur et ne peut pas être compensé. D'importants travaux de recherches sont actuellement en cours sur ce sujet mais aucun traitement n'a encore été découvert. Il s'agit d'une lésion cérébrale irréversible un peu similaire à celle qui survient dans le syndrome de Korsakoff qui est dû à l'alcoolisme. Pour ces malheureux patients le traitement se limite la plupart du temps à une aide psychologique apportée à la famille dans le cadre d'une thérapie de groupe et à des conseils pratiques pour faire face à cette tragédie. Quoiqu'il en soit ce sont là des situations tout à fait anormales qui relèvent de la pathologie, bien différentes du vieillissement normal.

Nous avons vu quelles sont les variations physiologiques qui accompagnent inévitablement l'avance en âge et quelles sont les variations pathologiques qui sont le propre de la maladie... Si malgré tout ça vous êtes encore inquiet sur le degré de vos troubles de mémoire il faut alors consulter un neurologue ou un psychiatre. Une maladie grave du cerveau n'est en fait pas compatible avec une vie quotidienne normale. La survenue d'une maladie mentale comme celles décrites dans les paragraphes précédents est lente et insidieuse, son apparition sournoise et son déroulement imprévisible. A l'opposé, les personnes qui se situent parfaitement dans la normalité mais qui se plaignent de troubles mnésiques, sont parfaitement capables d'énumérer tous leurs oublis de la semaine dernière. Il est même amusant de constater qu'elles se souviennent de chaque incident avec précision. Comme vous le voyez, si pour quelques uns, le futur peut encore paraître bien sombre, ceux-ci ne représentent qu'une infime minorité. Pour la plupart d'entre nous, il y a de l'espoir ! On peut parfaitement s'adapter aux changements physiologiques du vieillissement normal. Mais les problèmes de mémoire proviennent également de changements psychosociaux qui eux sont réversibles dans la plupart des cas.

CHANGEMENTS PSYCHOSOCIAUX DU VIEILLISSEMENT

Retraite

Un changement de rythme ou une réduction d'activités sont souvent responsables de problèmes de mémoire. Lorsque les récompenses ou valorisations de l'entourage se font de plus en plus rares, nous ne sommes plus stimulés pour soutenir notre attention comme auparavant. Il faut bien admettre que sans stimulation extérieure, nous n'avons plus rien à perdre, ou presque, si notre mémoire flanche. Il est humain de réduire son activité mentale. Les responsabilités d'autrefois nous incitaient à opérer des choix, à nous concentrer sur l'essentiel et à structurer notre pensée. Sans elles nous sommes un peu désemparés. L'activité est le moteur du fonctionnement mental aussi bien que physique. Si vous arrêtez de faire un minimum d'exercice physique, vos articulations vont se rouiller. Si vous cessez de stimuler vos fonctions cérébrales, en d'autres termes de «faire travailler vos méninges», votre intellect sera moins performant. Il faut réussir à trouver de nouvelles activités et à définir de nouveaux buts chargés de gratifications évidentes.

Les marottes prennent une place bien plus importante quand on prend sa retraite. Il faut trouver des activités qui soient à la fois plaisantes et stimulantes pour l'esprit. On peut utiliser ses talents pour embellir la vie de son entourage. Nombreux sont ceux qui profitent de cette période de la vie pour réaliser certains projets. Bien sûr il n'est pas toujours possible de s'offrir une croisière autour du monde ! Mais chacun peut alors profiter de la vie. L'important est de trouver un nouveau style d'existence et de se sentir bien dans sa peau. Ce style de vie va sans doute être très différent de la morale axée sur le travail observée jusqu'alors. Comme le souligne Skinner «Quand on devient vieux il s'avère nécessaire d'acquérir une nouvelle manière de penser.» La retraite peut être un temps de réflexion.

C'est peut-être le moment de reconsidérer la notion d'utilité : est-elle nécessaire au bonheur ? Les philosophies orientales ne le pensent pas...

Le loisir peut être gratifiant ou dévalorisant. Vous pouvez vous sentir coupable avec tant de temps libre, puisque la société, et souvent la religion de chacun, prône une morale du travail. Alors il faut réagencer votre vie autour de ce que vous aimez vraiment faire. Continuez à occuper votre esprit et à développer vos talents. Vous pouvez découvrir les programmes d'éducation pour adultes dans votre cité, ou dans les facultés du troisième âge. Vous pouvez vous décider à enseigner (transmettre une connaissance est souvent très valorisant) ou commencer à apprendre un sujet qui vous intéresse. C'est enfin le moment de découvrir le travail du bois ou d'étudier l'espagnol. Le bon prétexte ou même la véritable raison peut être un voyage à l'étranger ou une rencontre avec des gens partageant les mêmes centres d'intérêt. Surtout exposez sans cesse votre esprit à de nouveaux défis et discutez vos idées avec d'autres gens à l'esprit curieux et ouvert. Fixez-vous un objectif bien précis comme étudier les fleurs ou les oiseaux, faire de la voile et alors entraînez votre mémoire.

Vivre seul

Il peut être difficile de vivre seul si l'on a partagé la plus grande partie de sa vie avec un conjoint ou un compagnon. Les rapports humains (dans le commerce amical ou conjugal) créent des liens entre les personnes parce qu'ils s'accompagnent d'une dépendance mutuelle. Il est bien probable que vous avez compté sur votre conjoint pour vous rappeler de nombreuses choses et maintenant vous êtes brusquement écrasé sous une telle somme de détails, que vous vous estimez incapable de tous les retenir. Cela prend du temps de reconstruire sa vie, spécialement pendant la période de deuil après la perte d'un être cher. Perdre un conjoint est traumatisant et provoque bon nombre de troubles. On a pu dire que le deuil portait en lui-même son propre anesthésique : on se sent comme engourdi, totalement incapable d'appréhender la nouvelle réalité sans l'être aimé. Cette sorte de coupure du monde réel protège d'une peine qu'on ne pourrait pas supporter mais cela rend aussi incapable de contrôler son attention.

Agencez votre vie de telle sorte que vous puissiez continuer à assumer vos besoins de base. Avant tout préservez votre santé physique. Rappelez-vous l'idéal de l'homme classique : un esprit sain dans un corps sain, *«mens sana in corpore sano.»* Observer un emploi du temps aide à pallier un manque de motivations. Cela détruit dans l'oeuf les réflexions défaitistes du genre : «A quoi bon prendre une douche ?» Essayez de vous lever dès que vous vous éveillez, préparez-vous un bon petit déjeuner, sortez vous promener et veillez à prendre au moins un repas complet par jour. Cela va paraître impossible à certains. En fait c'est plus facile qu'on ne le pense. Tout le monde peut apprendre à cuisiner des plats simples et nourrissants. Voyez s'il existe dans votre région des cours de cuisine pour célibataires. Sinon vous trouverez bien un livre à la bibliothèque. Il faut éviter de grignoter des casse-croûtes sans prendre la peine de s'asseoir à table pour un vrai repas. Cela coupe l'appétit sans pour autant fournir à l'organisme les nutriments dont il a besoin. L'alimentation et le dynamisme sont étroitement liés comme le sont régime et longévité.

Quant à votre hygiène mentale ? Vous pouvez surmonter les difficultés amenées par les changements. Il y a plusieurs manières de chasser le cafard. Pour changer d'humeur, il vous suffit de vous tourner vers la nature ou la musique : toutes deux offrent un terrain propice à l'émergence d'émotions positives et agréables. La diversion a des effets inattendus, parfois merveilleux. En choisissant des diversions, vous agirez au lieu de vous désoler sur votre sort. Allez au cinéma, au parc, à la mer, regardez la nature, lisez, écoutez de la musique. Tout passage à l'action occupe l'esprit avec autre chose que vos soucis. Par de simples activités vous pouvez combiner exercice physique et relaxation. La musique en particulier modifie l'humeur et chasse les idées noires à condition de choisir un type de musique approprié. Que vous préfériez le jazz, les chansons modernes, la musique folklorique, le classique, choisissez des morceaux au rythme soutenu et «vivace». On a dit que la musique baroque (Mozart, Handel, Vivaldi, Bach) était spécialement gaie et apaisante. Elle reflète un idéal de sérénité dont un petit nombre de privilégiés devait jouir à cette époque. La musique du XIXe siècle est gaie elle aussi, mais peut-être pas aussi sereine. La musique des romantiques (Chopin, Beethoven, Schubert, Schumann, Wagner, Mendelssohn, Listz) exprime un mélange de nostalgie pour le passé et de passion pour l'inconnu du futur. Elle est pleine d'émotions fortes, c'est une musique des extrêmes, joie extrême ou tristesse extrême, et elle touche l'âme à un niveau émotionnel beaucoup plus que les tons très mesurés des compositeurs baroques. Quelle que soit la musique que vous choisirez, elle changera votre humeur et divertira vos pensées et ce changement d'humeur vous apportera plus que vous ne l'escomptez : cela va libérer des souvenirs positifs qui vont concourir à votre bien-être. Le temps passe, mais nous le retenons prisonnier avec nos souvenirs. Nous allons apprendre à les raviver sur commande. C'est là une qualité inestimable surtout pour ceux qui sont seuls. Il est distrayant d'évoquer des souvenirs heureux. Des études ont montré que l'humeur était un véritable catalyseur de souvenirs. En recréant l'ambiance que vous aimez, vous pouvez réveiller les souvenirs cueillis dans ce même type d'environnement.

Les disparitions et les pertes

Plus on a, plus on a à perdre. En avançant en âge chacun éprouve bien des pertes : le conjoint, des amis, des membres de sa famille disparaissent et on perd aussi ses capacités physiques et son statut social. Nombreuses sont les personnes âgées qui subissent une diminution de leurs revenus et elles voient ainsi se réduire leur pouvoir d'achat. Elles perdent aussi l'intérêt pour ce qu'elles faisaient auparavant. Après la retraite le rôle social, la fierté pour son travail, l'autorité, le pouvoir et le prestige soudainement disparaissent. Avec la perte de responsabilités survient un manque de gratifications concrètes pour justifier l'action. Plus personne ne semble se soucier de ce que vous faites ou ne faites pas. Toutes ces pertes peuvent conduire à la dépression qui est la cause numéro un des problèmes de mémoire chez les personnes d'un certain âge. La dépression résulte d'un ensemble de modifications dans l'équilibre biologique et dans le mode de vie de l'individu. Des études biochimiques ont montré qu'un déficit en amines biogéniques accompagnait le vieillissement, ce qui explique pourquoi l'on devient plus vulnérable à la dépression alors qu'un excès d'amines biogéniques provoque l'euphorie. De plus ces pertes successives jouent un rôle majeur dans la survenue d'un état dépressif. On se voit seul, sans futur. Le présent est trop vide et trop douloureux pour qu'on s'y attarde. Alors on commence à vivre dans le passé. Quand on se détourne du présent, on se désintéresse du monde, y compris de soi-même. Ces pertes peuvent conduire à la négligence, à la malnutrition, à de sévères dépressions et elles déclenchent toujours des troubles de mémoire.

Le chagrin, l'affliction et le deuil

Si vous avez récemment perdu un être cher, il faut en accepter le chagrin qui accompagne le deuil. Dans ces conditions des troubles de l'attention sont inévitables. Il faut être patient avec vous-même en sachant que vos troubles de mémoire ne sont que passagers. Laissez-vous aller à exprimer la tristesse que vous ressentez. La mettre de côté n'aura pour effet que de retarder sa disparition progressive. Confiez-vous à un ami compatissant ou cherchez un psychologue/psychothérapeute. Il est reconnu que partager son expérience est d'un grand soutien moral. La verbalisation soulage l'inconscient. Ne vous enfermez pas dans votre solitude et votre douleur quand vous pouvez vous faire aider. Forcez-vous à vous engager à quelque chose. Une partie de cartes ou de boules, une visite dans une bibliothèque, un foyer d'activités, une maison de la culture ou le centre social de votre mairie valent mieux que l'isolement et l'apitoiement sur soi-même. Vous avez besoin de contacts et d'activités pour reconstruire votre présent. Vous avez besoin de stimulations pour que vos facultés mentales continuent à fonctionner correctement. Plus vous resterez inactif plus vous serez déprimé et plus votre mémoire ira en se dégradant. Une dépression grave se traite par des médicaments. Si vous trouvez que ces conseils ne sont pas suffisants il ne faut pas hésiter à consulter votre médecin.

Etat d'esprit et attitudes mentales

La dépression et les attitudes mentales négatives vont de pair. Notre philosophie de la vie détermine comment nous la vivons. Comme le dit le philosophe français Jean-Marie Guyeau : «Le futur n'est pas ce qui vient vers nous mais ce vers quoi nous nous dirigeons.» Cette réflexion fait exploser la boule de cristal des diseurs de bonne aventure en révélant une vérité très simple : nous déterminons notre propre futur par la manière dont nous vivons notre présent. Si nous voulons être satisfait avec notre vie future, nous devons être plus au fait, plus conscients de ce que nous pensons et faisons aujourd'hui et des conséquences de nos actions et de nos réactions. Nous pouvons saboter notre existence sans nous en rendre compte en cherchant quelqu'un ou quelque chose à blâmer pour nos propres erreurs. Derrière un tel comportement se cachent des attitudes conscientes et inconscientes qui proviennent de notre éducation et de notre environnement social. Nos attitudes mentales déterminent la ligne de conduite que nous allons adopter. Et cette conduite, ou manque de conduite, va déterminer nos réussites ou nos échecs futurs.

Le secret du succès réside sans doute dans la conviction qu'il est possible de l'atteindre. Cette attitude positive engendre la motivation pour persévérer et faire ce qu'il faut pour arriver au but. Sans la foi dans l'or, l'ouest américain n'aurait jamais été conquis. La condition de pionnier était trop dure pour bien des gens. Il est vrai que la plupart n'ont pas trouvé de l'or mais beaucoup ont découvert d'autres richesses et un nouveau territoire dans lequel construire un nouveau monde. Leur espoir fondamental s'est réalisé parce que ces pionniers y croyaient assez pour persévérer dans l'action. Compétences, talents, connaissances et opportunités jouent un rôle assurément, mais tous ces éléments dépendent avant tout d'une disposition d'esprit positive. Vous n'apprendrez jamais une technique ou un «truc» mnémotechnique si vous n'êtes pas convaincu que cela a fait ses preuves. De plus il faut avoir foi en soi et se défier des statistiques souvent décourageantes. Par exemple, peu de femmes réussissent après 35 ans. Si vous n'essayez pas, vous éliminez toute chance de succès. Certaines thérapies comportementales postulent qu'en pensant que vous êtes capable de faire quelque chose vous levez le blocage à l'action qui garantit l'échec. En d'autres termes, c'est en croyant à la réussite que vous vous mettrez en situation de réussir. A force de jouer mentalement les gagnants, vous en deviendrez un. Le domaine des sports donne une bonne illustration de cette technique de projection mentale. Les équipes et les athlètes gagnants se projettent comme des gagnants. Par exemple, les équipes de sport Est-allemandes, qui continuent à remporter tant de médailles d'or aux jeux olympiques, ont intégré à leur entraînement le principe de la visualisation positive. Une attitude positive fait des merveilles.

Puisque vous lisez ce livre c'est vraisemblablement que vous n'êtes pas tout à fait content de votre mémoire. Il vous faut réaliser dès maintenant que si vous ne croyez pas à une amélioration, vous ne ferez pas l'effort nécessaire pour qu'elle se produise. Il est certain que n'importe qui peut améliorer sa mémoire avec quelques conseils et une bonne attitude mentale. Mais il faut être réaliste : on est en droit de s'attendre à des progrès, même spectaculaires, mais pas à la perfection. Le Petit Larousse définit un «état d'esprit» comme un mode de pensée arrêté, en d'autres termes une manière précise et définie de penser qui exprime nos convictions, nos croyances, nos espérances et nos préjugés. Ces manières de penser font tellement partie de notre vie que nous ne les remettons plus en question : elles sont nous-mêmes en quelque sorte et c'est pourquoi elles sont toujours difficiles à identifier et à changer. Nos attitudes conscientes sont dans l'ensemble celles qui révèlent un aspect de nous-même que nous reconnaissons. Nous les acceptons comme faisant partie de notre personnalité, pour le meilleur ou pour le pire. Elles sont notre manière d'être. Mais il existe des attitudes inconscientes que nous ignorons et qui œuvrent au noir à notre insu. Elles nous font faire des choses que souvent nous ne comprenons pas même si parfois certains nous les font remarquer. Les psychiatres nous expliquent que nous les réprimons parce qu'au plus profond de nous-mêmes nous en avons honte. Par exemple, vous pouvez avoir décidé une fois pour toutes que vous avez une mauvaise mémoire comme excuse pour ne pas avoir à retenir des tas de choses dont vous n'avez que faire ou par crainte de l'échec aux concours. La rébellion contre tout système (politique, cellule familiale) renforce cette attitude. Les préjugés par exemple, sont des attitudes inconscientes. Vous avez sans doute rencontré des personnes qui affichent des idées racistes et agissent dans ce sens alors qu'elles pensent et disent qu'elles ne sont pas racistes. Elles ne peuvent pas se l'avouer à elles-mêmes.

Nombreuses sont les attitudes qui interfèrent avec notre mémoire et nous devons identifier ces attitudes négatives, les analyser et avec confiance les remplacer par des attitudes positives. Ces attitudes s'extériorisent dans nos pensées, nos paroles et nos actes. Il est difficile de savoir le nombre de fois où nous sabotons nos propres efforts pour nous rappeler quelque chose. Il s'en faut de peu qu'on se décourage d'apprendre quelque chose de nouveau dès qu'on se pense vieux. Que de fois on a entendu dire qu'il était impossible d'apprendre les langues étrangères après l'âge de 30 ans, de commencer un nouveau sport à la retraite, etc. Les faits prouvent le contraire mais si vous pensez qu'il est impossible d'apprendre après un certain âge, vous n'essayerez pas et de fait vous n'apprendrez jamais alors que toutes les capacités requises sont présentes. (Cela explique certains effets de sorcellerie ou l'effet du placebo en matière de recherche médicale : si vous croyez qu'un traitement aura un certain effet, votre conviction peut faire que cet effet se produise en réalité).

Il est très important de savoir si vous ne faites pas inconsciemment quelque chose contre votre volonté d'améliorer votre mémoire. Vous pouvez corriger une attitude négative et la remplacer par une attitude positive qui va vous mener au changement que vous espérez tant. Point n'est besoin de souffrir d'une véritable dépression médicalement évidente pour présenter une attitude dépressive. De telles attitudes peuvent affecter votre mémoire et vos processus mentaux de deux façons : tout d'abord elles peuvent être responsables d'un ralentissement des idées et d'une sensation de confusion résultant d'un défaut de concentration. Quand nous sommes déprimés ou anxieux notre esprit est complètement parasité par un sentiment de tristesse et par des problèmes. C'est comme une obsession qui nous coupe de la réalité du monde extérieur.

Celui-ci n'a plus de prise sur nous : nous cessons d'écouter, de regarder et nous fermons la porte à toutes les impressions qui ne sont pas apparentées à nos soucis. Nous devenons égocentriques et nous oublions un grand nombre de choses. En deuxième lieu, une attitude dépressive, ainsi que d'autres attitudes négatives, peut inhiber et même anéantir toutes les tentatives pour se souvenir de quelque chose en renforçant les comportements qui inhibent l'action. Des réflexions telles que «J'ai le cerveau comme une passoire» ou «Ce n'est plus de mon âge» ou «Je vais me ridiculiser» vous empêchent de faire quoi que ce soit pour améliorer votre mémoire. Elles démolissent également toute estime de soi-même. Malheureusement cette tendance émotionnelle négative est un trait de caractère majeur chez beaucoup d'individus qui souffrent plus que les autres des effets du vieillissement. Dans son livre *Les Déesses de la psyché féminine*, Jean Shinoda Bolen écrit que le type de femme indépendante assume mieux le veuvage que les autres. Mais elle souligne que toute femme peut développer à différentes périodes de sa vie des aspects absents de sa personnalité. Le sentiment d'indépendance apparaît comme un trait positif si peu de gens dépendent de vous. C'est pourquoi la quarantaine semble une période propice pour développer cette qualité si utile dans la vieillesse.

Les exercices de ce chapitre vont vous permettre d'identifier les attitudes négatives qu'il vous faut éliminer en les remplaçant par des attitudes positives. Les attitudes négatives principales sont **le désespoir** : «Il n'y a plus rien à faire,» **le sentiment d'impuissance** : «Je n'y peux rien» ou «Je ne sais pas quoi faire» et la **dévalorisation** : «Je ne suis plus bon à rien.» Voici quelques exemples de monologues intérieurs qui pourraient bien être les vôtres. Voyez si vous vous reconnaissez.

1. «Bien sûr je ne me souviens plus de rien : je me fais vieux !» Le noyau de cette attitude est le manque d'espoir. Malheureusement ce n'est pas seulement une attitude individuelle mais un élément culturel partagé par de nombreux contemporains dans notre société. Des études scientifiques ont montré que dans bien des cas le déclin des fonctions intellectuelles et mnésiques qui accompagne l'avancée en âge n'est pas permanent. C'est une attitude dépressive qui transforme ce préjugé en réalité pour certains. Au lieu de ça, dites-vous : «**Il est possible que ma mémoire ait diminué mais je peux travailler à utiliser au mieux ce qui m'en reste.**»

2. «Maintenant je n'ai vraiment plus besoin de ma mémoire.» ou encore une variante «De toute façon, je n'aurai aucun effort de mémoire à faire en maison de retraite.» Cette attitude de dévalorisation reflète à la fois une attitude personnelle et un élément culturel collectif. Le passage à la retraite avec la perte de stimulation intellectuelle et sociale qui provenait du travail, le soudain isolement et la cassure dans le statut social délivrent un dur message de dévalorisation aux personnes âgées. En fait on compte moins de 15 % de la population de 65 ans dans les institutions de type maison de retraite. A la place de ce raisonnement dites-vous plutôt : «**Il est vrai que je prends de l'âge mais je tiens à maintenir mon agilité mentale. C'est quelque chose que je me dois à moi-même.**»

3. «Je ne peux pas améliorer ma mémoire, c'est fini, il n'en reste plus rien.» Au cœur de cette attitude mentale négative on retrouve le désespoir ou au minimum le manque d'espoir. En vérité le déclin lié à l'âge peut être inversé ! La plupart des travaux de recherche psychologique ont montré qu'il ne s'agissait plus de prouver qu'on pouvait améliorer la mémoire, mais de mesurer le degré d'amélioration avec différentes stratégies mentales. Dites-vous plutôt : «**Ma mémoire n'est peut-être pas ce que je voudrais qu'elle soit, mais avec un peu d'aide et de la méthode il m'est possible de l'améliorer.**»

4. «Ma mémoire est désastreuse ! Je ne peux même pas me souvenir du prix de toutes les denrées que je viens d'acheter» ou «de la totalité d'un article de journal que je viens de lire.» Cette attitude, communément appelée perfectionnisme est cousine de la dépression par son insinuation que ce qui n'est pas parfait (ou presque) ne vaut rien. Je vous propose d'adopter une attitude plus réaliste : «**Je ne peux pas me rappeler autant de détails qu'autrefois mais je peux faire en sorte de me rappeler ce qui est important.**»

5. «Quand j'en aurais fini avec ce livre je serai capable de retenir par cœur le journal de A à Z.» Comme le perfectionnisme, l'ambition démesurée ou l'idéalisme sont des variantes

du désespoir car fondées sur une prétention irréaliste. Le non-dit de ce postulat est le suivant «Si le traitement ne marche pas comme par magie, c'est un échec, l'échec c'est moi, donc je suis un raté.» Mieux vaut se dire : «**Je me fais un point d'honneur de me rappeler seulement ce qui m'intéresse.**»

6. «Je devrais pouvoir faire mieux» ou «Cela demande vraiment trop de travail», ou «Cela prend trop de temps», ou «Je n'avais pas réalisé qu'il y avait des exercices à faire». Par le biais de tels raisonnements, on risque fort d'interrompre l'entraînement avant qu'il ait eu le temps de faire son effet. C'est seulement dans les contes que les fées exaucent les vœux sur l'instant. Dans la réalité tout traitement demande du temps. Il est vrai que la patience est une vertu. Le perfectionnement intellectuel exige des exercices et de la bonne volonté mais l'effort peut être plaisant, voire amusant. Si vous considérez ces exercices comme un jeu vous y prendrez plaisir. Une attitude plus réaliste consiste à dire : «La **mémoire est un talent que je peux développer par la pratique.**»

En conclusion il est important de bien comprendre que tous ces changements vont affecter votre mémoire. Armé de cette vérité, vous allez pouvoir réaliser vos espoirs. Assumer une nouvelle réalité et procéder à quelques ajustements sont les premiers pas vers l'amélioration de votre mémoire. Tout d'abord la situation doit s'améliorer ; vous serez alors plus réceptif au monde extérieur et votre capacité d'attention sera meilleure. Vous serez capable de vous concentrer et d'apprendre ce qui est efficace pour bien enregistrer et bien rappeler vos souvenirs. Avec l'apprentissage des techniques de mémorisation vous compenserez les changements inévitables qui surviennent avec l'âge.

SYNTHÈSE RAPIDE

Les changements qui affectent l'organisme vieillissant et touchent la mémoire sont les suivants :

A. Changements physiologiques du vieillissement normal :
1. Ralentissement avec fatigabilité plus grande et plus rapide
2. Réduction des capacités de perception
3. Diminution du champ de l'attention
4. Sensibilité plus grande aux interférences
5. Légère restriction de la capacité de la mémoire
6. Perte de la tendance spontanée à l'organisation
7. Altération de la faculté à faire plusieurs choses à la fois

D'autres modifications peuvent être dues aux médicaments ou à des maladies. Si vous avez des doutes à ce sujet, il est légitime de consulter votre médecin.

B. Changements psychosociaux et émotionnels du vieillissement normal :
1. Changements du milieu de la vie : la force de l'âge
2. La retraite
3. Solitude
4. Pertes
5. Dépression
6. Attitudes mentales

Voilà donc soulignés les points à travailler pour améliorer sa mémoire lorsqu'on prend de l'âge. La réduction de l'attention combinée avec une diminution de la capacité à s'organiser affaiblissent la mémoire mais il est possible de consolider ces deux points et d'accroître les chances de rappel des souvenirs.

EXERCICES

1 ATTITUDES NÉGATIVES ASSOCIÉES À DES TROUBLES DE MÉMOIRE

Reformuler les expressions suivantes sous un angle positif :
1. «C'est trop difficile d'analyser les choses et de rechercher des associations ; je préfère supporter mes trous de mémoire.»
2. «C'est plus fort que moi, je n'arrive pas à me détendre. Mes pensées m'obsèdent et j'ai du mal à me concentrer. Je suis vraiment trop anxieux.»
3. «Je ne peux me résoudre à faire la pause et à m'assurer que j'ai terminé ce que j'étais en train de faire avant de commencer quelque chose d'autre. Mon cas est désespéré.»
4. «Je n'ai pas compris ce qui vient d'être dit mais je n'ose pas demander qu'on répète.»
5. «Je ne peux pas lire sans une loupe et mes verres sont trop faibles. Cela demande trop d'efforts, et de toute façon ça n'en vaut pas la peine.»
6. «Avant, j'aimais aller au cinéma ; maintenant je n'y vais plus car je somnole et je perds le fil de l'histoire.»

2 PRISE DE CONSCIENCE

Premièrement, cherchez à identifier certains changements survenus récemment dans votre vie. Il peut s'agir de faits apparemment anodins comme d'événements majeurs. Par exemple avez-vous découvert un nouveau magasin intéressant ? Ou vous êtes-vous fait une nouvelle relation ? Avez-vous changé votre routine ? Décrivez ces changements et essayez d'exprimer ce que vous en pensez. Allez un peu plus loin et analysez si ces changements ont eux-mêmes amené d'autres changements. Demandez-vous comment tout cela vous a affecté.

Vous serez capable de discerner des changements qui modifient votre style de vie entraînant parfois de nouvelles habitudes que vous souhaitez cultiver ou pas, selon les cas. Par exemple une personne a remarqué que des signes de cellulite

Mémoire, âge et attitudes mentales 55

étaient apparus sur ses hanches. Plutôt que d'accepter sa première réaction «C'est un signe des ans», elle a essayé de rechercher ce qui avait changé dans ses habitudes alimentaires et de la sorte elle a repéré un changement notable : quelques mois auparavant, elle avait découvert un pain de seigle qu'elle trouve délicieux. Elle dût reconnaître que jamais auparavant elle ne s'était permis de manger autant de tartines beurrées. De plus elle avait réduit son activité physique en raison du mauvais temps hivernal, préférant prendre le bus plutôt que de marcher. Cette prise de conscience lui a fait comprendre quel était le changement survenu et lui a donné l'occasion de contrôler ce qu'elle mangeait et de faire un peu d'exercice nécessaire.

Deuxièmement, cherchez à identifier des changements ayant trait à votre mémoire. Par exemple vous avez été récemment préoccupé par des problèmes de santé ou des problèmes familiaux ou professionnels et votre niveau d'attention s'est considérablement réduit. Précisez les trous de mémoire (par exemple vous avez oublié d'acheter du pain ou de prendre un ami au passage ou de rappeler quelqu'un au téléphone). Demandez-vous ce que vous pouvez faire pour aider votre mémoire pendant cette période de soucis. (Vous pouvez utiliser des aide-mémoire visuels comme des notes sur des étiquettes collantes à placer dans des endroits stratégiques où on ne peut pas les manquer ou bien un minuteur pour vous rappeler la lessive ou le rendez-vous chez le dentiste par exemple).

RELAXATION — 4

> «*Quand on ne trouve pas son repos en soi-même, il est inutile de le chercher ailleurs.*»
>
> La ROCHEFOUCAULT

Les problèmes d'attention sont au cœur des troubles de la mémoire. Sans un minimum d'attention rien ne peut être enregistré dans notre esprit et de ce fait rien ne peut être rappelé. Un défaut d'attention peut avoir différentes causes mais l'anxiété est sûrement de toutes la plus commune. Quand on est anxieux on est préoccupé par son anxiété. Toutes les pensées convergent sur la crainte de ne pas se rappeler quelque chose. Alors on perd du temps et de l'énergie à se faire du souci au lieu de se concentrer sur ce qu'on doit retenir.

La peur d'oublier est un des blocages de la mémoire les plus puissants. L'esprit devient vite obsédé par cette préoccupation, en particulier à cause des échecs antérieurs. Il dramatise les conséquences des trous de mémoire, nous incite à arrêter là nos tentatives et ce nouvel échec confirme la sinistre prévision. Apprendre à minimiser les échecs aide à contrôler l'anxiété. Comme B.F. Skinner le suggère : «On obtient une aide substantielle en libérant ce type de situations de leurs conséquences désagréables. On peut trouver d'élégantes explications pour expliquer ses oublis. Il suffit d'en appeler à l'âge.» Ou encore considérez normale la marge d'erreur inévitable qui fait partie du processus mnésique. Il est important d'apprendre à accepter ces épisodes car cela en réduira la fréquence.

Faire attention c'est être attentif à ce qui se passe en nous aussi bien qu'autour de nous. Quand on prend conscience du tumulte intérieur, on peut alors s'en occuper vraiment. Néanmoins il existe un paradoxe en matière de mémoire : plus on essaye de forcer le rappel d'un souvenir, plus il devient élusif. La raison en est très claire : il s'agit d'une interférence avec l'attention. Si l'on vous demande le nom d'une fleur de votre jardin, vous êtes pris de court et vous vous sentez pressé (dans les deux sens du terme) de répondre immédiatement. Ne pas arriver à s'en souvenir va alors accroître la tension et l'anxiété, rendant la situation douloureuse au point de vous empêcher de donner une réponse correcte. Il est très important d'éliminer cette anxiété car une fois que vous en êtes délivré, les voies de la mémoire peuvent s'ouvrir et le souvenir resurgir.

Il faut apprendre à réagir positivement face à un oubli flagrant. Si de fait vous ne pouvez rappeler quelque chose quand et où vous souhaiteriez le faire, essayez de ne pas vous sentir coupable. Ne vous fustigez pas moralement et n'en exagérez pas l'importance. Ce petit événement ne prouve en rien que vous perdez votre mémoire et que vous êtes sur la pente d'on ne sait quel déclin. Replacez cet incident dans son contexte et reconnaissez que ça vous est déjà arrivé auparavant (comme ça arrive à chacun). Mais autrefois, sans doute parce que vous étiez trop occupé, vous n'y prêtiez pas grande attention. Dites-vous «C'est normal d'avoir parfois des trous de mémoire. Cela va me revenir plus tard.» Plus vite le niveau de votre anxiété tombera, plus vite les souvenirs resurgiront. Quand vous êtes plus confiant, vous êtes plus décontracté, plus «relax». Vous pouvez aussi aider votre mémoire en détournant vos idées loin des sujets d'anxiété : penser à la manière de réaliser une tâche diminue la tension en occupant votre esprit avec des considérations pratiques. Par exemple, au lieu de vous morfondre parce que vous n'arrivez pas à vous souvenir comment changer un pneu, analysez les différents éléments, voyez comment vous pouvez les envisager séparément puis les raccorder ensemble. Vous vous rappellerez bientôt comment faire dès que votre esprit sera libéré de votre anxiété et captivé par la tâche à accomplir.

Voici ce que le Professeur Aitken, dont la mémoire prodigieuse a fait l'objet d'études poursuivies pendant des années, disait à propos de la relaxation : «J'ai découvert que plus je procédais dans l'effort de me souvenir, plus j'avais besoin de relaxation et non pas de concentration comme on le comprend habituellement. D'abord il faut sans doute se concentrer mais dès que possible on doit se relaxer. Très peu de gens agissent de la sorte. Malheureusement on ne l'enseigne pas à l'école où l'on acquiert les connaissances par pure répétition.» Dans ce chapitre vous allez apprendre à vous détendre afin d'accroître votre attention. On confond souvent concentration et tension : si on veut se concentrer il faut être détendu et ouvert à l'observation. Les méthodes qui suivent vous permettront de vous détendre. Vous découvrirez comment il est facile de se souvenir à partir du moment où on se libère des interférences.

Vous allez apprendre la technique classique de la «relaxation musculaire progressive». On a rarement l'occasion d'apprendre à se relaxer bien que ce soit facile et utile de le faire . Cette technique est absolument sûre et n'implique ni stress ni effort exagéré comme c'est le cas dans certaines formes de yoga. Vous aurez juste à travailler en tension avec les mains, les bras, les jambes et le visage. Vous ne toucherez pas à votre dos ni à votre cou. Les pages qui suivent comportent un schéma général du déroulement des exercices de ce chapitre. Quand vous aurez appris la méthode de relaxation, nous continuerons avec des exercices pour réduire l'anxiété.

RELAXATION MUSCULAIRE PROGRESSIVE

Faites cet exercice à la maison ou dans une pièce fermée. Il importe d'être seul dans un endroit tranquille quand vous cherchez à vous relaxer. Evitez d'être dérangé ou interrompu. Le but de cet exercice de relaxation est de montrer qu'en relaxant progressivement des groupes de muscles on parvient à une relaxation totale. Quand la tension musculaire aura disparu vous vous sentirez libéré de toute tension intérieure. Le relâchement de la tension musculaire est la manière la plus facile de se relaxer et voilà pourquoi on se sent détendu après avoir fait du sport ou de l'exercice.

1. Asseyez-vous dans une chaise confortable sans croiser les jambes, les pieds reposant sur le sol. Desserrez vos vêtements trop ajustés et laissez les jambes flasques.

2. Pointez les pieds et les orteils en tendant les muscles des pieds et des mollets. Tenez cette position 10 secondes puis relâchez la tension. (Quand je dis de relâcher la tension après avoir maintenu une position, cela signifie «laisser tomber» les muscles d'un seul coup.) C'est un mouvement assez soudain qui correspond à un relâchement de tension. Il est essentiel de s'abandonner complètement après avoir mis les muscles sous tension : prenez conscience de la sensation de chaleur du sang affluant dans vos muscles. Jouissez de cette sensation et respirez normalement pendant environ 10 secondes avant de contracter un nouvel ensemble de muscles.

3. Pliez vos orteils vers vous, gardant l'appui sur vos talons. A nouveau contractez vos muscles des pieds et des jambes. Maintenez la position 10 secondes puis relaxez-vous 10 secondes. Dans ces deux derniers mouvements vous devez sentir ces muscles se tendre puis se réchauffer. Goûtez cette agréable sensation de détente qui suit la tension.

4. Levez les jambes parallèles au sol, pointant vos orteils vers l'avant (comme vous l'avez déjà fait avec les talons par terre) mais en ajoutant un nouvel ensemble de muscles, **les muscles fessiers**. Gardez la position 10 secondes puis relâchez et laissez tomber les jambes soudainement. Maintenant vos pieds, vos jambes et cuisses doivent être échauffés : vous ressentez une sensation de bien être.

5. Levez les jambes parallèles au sol, pointant vos orteils vers vous (comme vous l'avez déjà fait avec les talons par terre). Contractez-les en tension 10 secondes puis relâchez. A ce stade nous avons fait travailler les muscles de la partie inférieure du corps. Nous allons compléter par ceux de la partie supérieure.

6. Levez les bras horizontalement, parallèles au sol. Fermez les poings et tendez fortement tout le bras. Soutenez cette tension 10 secondes puis décontractez vous. Répétez cet exercice avec les mains grand ouvertes et les doigts écartés. Maintenez 10 secondes puis relâchez.

7. Faites un O avec les lèvres tendues vers l'avant et ouvrez grand vos yeux dans une expression caricaturale de surprise comme dans la pantomime. Evitez alors de froncer les sourcils. Gardez cette position 10 secondes puis relaxez-vous. Vos muscles de la face et du cou vous en sauront gré ! Essayez aussi ce petit exercice en voiture pendant que vous attendez à un feu rouge.

8. Souriez aussi fort que vous le pouvez. Maintenez ce sourire 10 secondes puis détendez-vous. Vous voyez, vous êtes arrivé au bout de cet exercice avec le sourire !

RELAXATION MUSCULAIRE PAR LA VISUALISATION

Cet exercice est une technique de yoga utilisée pour mettre simultanément le corps et l'esprit dans un état de relaxation totale une fois que les muscles sont détendus. Ainsi c'est une bonne option de le faire après la «relaxation musculaire progressive». Cela vous permet en outre de vérifier le niveau de relaxation auquel vous êtes parvenu.

1. Allongez-vous sur le dos sur une surface confortable comme un tapis, la moquette ou un lit, ou encore asseyez-vous dans un fauteuil ou un canapé.

2. Fermez les yeux et visualisez une image qui évoque la paix et le calme pour vous : le bord de mer ou le rivage avec le bruit doux de paisibles vaguelettes, ou encore imaginez-vous flottant sur un matelas pneumatique dans un bassin tranquille, ou assoupi dans une barque qui oscille gentiment sur un lac tranquille, ou prenant un bain de soleil sur une plage de sable. Choisissez un de ces tableaux et projetez-en une image claire et nette dans votre esprit.

3. Alors, en partant de l'extrémité des pieds et en progressant vers la tête **commandez à chacun de vos groupes musculaires de se détendre.** Prenez peu à peu conscience du résidu de tension persistant que cet exercice vous aide à éliminer. Relaxez chaque partie de votre corps dans l'ordre, en murmurant mentalement sur un ton monotone à un rythme régulier :

Relaxez les pieds
Relaxez les orteils

Relaxez les jambes
Relaxez les genoux
Relaxez les cuisses
Relaxez l'estomac
Relaxez la poitrine
Relaxez les bras
Relaxez les mains
Relaxez les doigts
Relaxez le cou
Relaxez le visage
Relaxez les mâchoires
Relaxez la bouche
Relaxez la langue
Relaxez les yeux
Relaxez les paupières
Relaxez les sourcils
Relaxez les joues
Relaxez-vous totalement

    Laissez fondre toute tension. Ecoutez votre respiration : elle doit être superficielle et régulière. En cet instant vous êtes en harmonie avec vous-même. L'impression de bien-être que vous êtes en train de vivre est délicieuse et il faut savourer ce temps de parfaite relaxation.

    Remarquez que vous pouvez faire cet exercice n'importe quand et n'importe où chaque fois que vous vous sentez tendu. N'est-il pas réconfortant de savoir que par la visualisation et la suggestion vous pouvez vous débarrasser du désagrément que provoque la tension. Il y a des gens qui portent leur tension sur les épaules, d'autres sur le visage, fronçant les sourcils ou plissant les yeux sans même s'en rendre compte. Cette technique aide à découvrir le stress et à s'en libérer.

LA RESPIRATION PROFONDE ET LA VISUALISATION : LES VAGUES

    Vous pouvez parfaire votre état de relaxation en vous concentrant sur votre respiration. Respirez profondément en fixant votre pensée sur l'air qui rentre et sort par vos narines. Maintenez un rythme lent et régulier.

1. **Asseyez-vous confortablement** sans mettre en tension vos muscles. Ne croisez pas les bras, les jambes ou les mains. Laissez vos membres flasques, au repos.

2. **Inspirez profondément et progressivement** «par le nez» jusqu'à ce que vos poumons soient pleins.

3. **Expirez doucement**, toujours «par le nez», jusqu'à vider complètement vos poumons. Essayez d'adopter un rythme. Ne recroquevillez pas le torse et ne vous effondrez pas d'un seul coup.

4. **Commencez un nouveau cycle**, écoutant votre souffle qui s'engouffre dans vos poumons et qui en ressort doucement. Ecoutez comme le bruit ressemble à celui des vagues qui viennent doucement s'étaler sur le rivage (expiration) pour renaître à la phase suivante (inspiration) s'élevant vers le large en forts rouleaux le long du sable et des galets. Visualisez le mouvement des vagues, leur bruit, l'odeur et le goût de la mer, la sensation de brise matinale légère et profitez de cet instant. C'est sur cette image apaisante que vous devez vous fixer tout au long de cet exercice. Vous vous sentirez si bien que vous aurez peut-être du mal à l'abandonner.

Note : Il existe bien d'autres exercices de relaxation physique, mais celui-ci permet d'atteindre facilement un rythme intérieur appaisant, grâce à la graduation progressive du souffle. C'est pourquoi les exercices de respiration qui visent à une relaxation totale doivent être faits la bouche fermée. Comme le disait un yogi : «La bouche est faite pour embrasser et pour manger.» Cela peut paraître dogmatique mais il faut se souvenir que les yogis ne courent pas et ne font pas d'exercices aérobiques. Il est sûr que lorsque votre corps est en mouvement il fait un effort physique important. Alors il est nécessaire de respirer par la bouche mais tel n'est pas le cas quand vous êtes au repos et que vous cherchez à vous relaxer. Si vous avez un rhume et le nez bouché, remettez cet exercice à plus tard.

Faites cet exercice aussi souvent que possible, spécialement quand vous vous sentez tendu, fatigué, sous pression, agressif et bien sûr quand précisément vous ne pouvez pas vous souvenir de quelque chose. Fixez-vous sur le doux rythme des vagues. Point n'est besoin de remplir vos poumons de manière exagérée ou de pousser à fond pour les vider : allez-y en douceur ! C'est la méthode reconnue la plus efficace pour supprimer la tension sur le champ et ouvrir la voie à la concentration.

LA RESPIRATION PROFONDE ET LA VISUALISATION : LE BALLON

L'exercice suivant est une variante du précédent, «les vagues». Avec le changement d'image vous changez de registre et vous passez d'un rythme doux à une sensation de flottement léger dans l'air tandis que vous gardez l'air inspiré dans vos poumons un peu plus longtemps.

1. Asseyez-vous confortablement les muscles décontractés.

2. Fermez les yeux pour une meilleure concentration.

3. Inspirez très profondément par le nez en comptant jusqu'à 4.

4. Retenez votre respiration en comptant jusqu'à 4 sans forcer ni pousser sur les muscles abdominaux. Ne bloquez pas votre respiration car cela pourrait vous rendre tendu. Comme retenir son souffle est souvent accompagné de tension, dites mentalement «Je plane, doucement, en vol libre.» Ces paroles vous aideront à vous sentir léger, détaché comme dans un état de suspension. Si malgré ça vous sentez que vous forcez pour retenir votre respiration, alors sautez ce stade et passez directement au suivant.

5. Expirez doucement par le nez en comptant jusqu'à 8.

6. Inspirez encore profondément pour un nouveau cycle de relaxation par la respiration profonde.

Note : Cela aide beaucoup de visualiser vos poumons comme un ballon gonflable flottant tranquillement dans l'air puis se dégonflant peu à peu jusqu'à épuisement de l'air. Choisissez un beau ballon en couleur de ceux qui vous plaisaient quand vous étiez enfant.

Attendez que votre respiration revienne à la normale avant de recommencer un nouveau cycle. Surtout ne vous pressez pas. Vous devez tendre vers un rythme lent et harmonieux inspirant progressivement puis flottant tranquillement pour enfin expirer lentement.

Essayez de faire cet exercice 5 fois de suite par séance, 3 fois par jour. Faites-le avant toute tâche qui réclame votre attention. La relaxation par la respiration profonde peut se pratiquer n'importe où et à n'importe quel moment. Chaque fois que vous vous sentez tendu, respirez profondément et de manière rythmée et vous vous sentirez soulagé. Ne vous pressez pas, ne forcez pas, ne faites pas d'hyperventilation c'est-à-dire une respiration rapide et saccadée qui aboutit à l'essoufflement. Si vous avez tendance à hyperventiler, sautez cet exercice et concentrez-vous sur «les vagues».

Considérez ces exercices comme une hygiène mentale. Pratiquez la «relaxation musculaire progressive» régulièrement tous les jours, le matin et le soir, et de plus chaque fois que vous vous sentez tendu ou nerveux. Prenez l'habitude de faire les exercices de respiration profonde avant d'entreprendre toute tâche qui réclame une attention soutenue. Cela vous permettra de vous relaxer et de vous débarrasser de cet excès de tension qui nuit à la bonne concentration. Alors vous serez disponible pour enregistrer vos souvenirs avec plus de contrôle. La relaxation est la clé de la maîtrise de soi.

RÉDUIRE L'ANXIÉTÉ PAR L'ANTICIPATION

Puisque l'anxiété dissipe l'attention et empêche le travail de la mémoire il est très important de prévenir de telles interruptions mentales. Un acteur oubliant son texte, un orateur oubliant son discours ou un étudiant oubliant son sujet d'examen sont tous victimes de l'anxiété. Chacun connaît son sujet mais les voies de la mémoire sont bloquées par des pensées anxieuses. Quelque chose d'externe ou interne, amorce un sentiment de panique : «Et si je ne pouvais pas continuer ?» ; «Et si j'oubliais ma démonstration ?» ; «Et si je perdais le fil de mon exposé et je me ridiculisais ?» ; «Et si je n'arrivais pas à les convaincre ?» ; «Et s'ils ne signaient pas mes contrats ?» ; «L'expression de cette personne me paraît tellement sceptique que je suis sûr d'avoir échoué à la convaincre.» Toutes ces questions doivent être prévisibles et vous devez les traiter avant d'être dans le feu de l'action, sur le gril.

Imaginez le pire

L'anticipation négative d'un événement engendre de l'anxiété mais vous pouvez la canaliser pour mieux composer avec la réalité. Comme le dit le proverbe : « Un homme averti en vaut deux. » Imaginez-vous dans la situation redoutée. Répétez votre intervention mentalement, anticipez vos appréhensions, familiarisez-vous avec vos craintes, amplifiez-les mais arrêtez avant que ça ne devienne vraiment désagréable. Puis concentrez-vous sur vos craintes. Essayez de les définir, de les préciser et de les vivre. Imaginez vos réactions physiques : sueurs, rougissement, élévation du ton de la voix ou le contraire. En comparaison, le véritable événement vous paraîtra bien moins effrayant. Puis, cherchez la raison véritable et profonde qui peut être à l'origine de votre insécurité : Connaissez vous vraiment bien votre sujet ? Etes-vous préparé à répondre à n'importe quelle question ? Analysez les raisons de votre appréhension. Revoyez l'événement dans votre tête et demandez-vous s'il y a vraiment matière à tant d'anxiété. Si c'est le cas, alors c'est le moment de vous préparer de sorte que vous soyez plus assuré quand vous parlerez en public. Si, malgré tout ça vous ne trouvez pas de véritable cause à votre anxiété, cette démarche vous aura donné une réassurance et vous aurez plus confiance en vous-même.

Note : Anticipez le pire bien avant l'événement redouté mais dans les instants qui précèdent ou sur le moment, pensez de manière positive et dirigez vos idées vers la tâche spécifique à accomplir.

Pensez positivement

Ensuite, anticipez l'événement en vous décrivant concrètement en situation. Visualisez la scène, les personnes, le contexte, le décor et la manière dont vous serez habillé. Dites-vous : « Je suis préparé à faire face à n'importe quel type de question, n'importe quelle réaction parce que je l'ai anticipée. »

Imaginez-vous calme et en pleine possession de vos moyens, répondant aux questions avec facilité ou défendant votre point de vue avec assurance. Vous projeter tel que vous voudriez être vous aidera au moment d'agir. Positiver votre pensée améliorera votre performance et vous mènera au succès. Les gagneurs utilisent ce truc tout le temps.

Orientez votre pensée sur une tâche précise

Dans le Chapitre 5 vous apprendrez des méthodes spécifiques pour faciliter le rappel des souvenirs. Ce que j'entends par «fixer votre pensée sur une tâche à réaliser» vous paraîtra alors plus concret. Tout naturellement vous cesserez de vous appesantir sur vos insécurités pour réfléchir vraiment sur le sujet donné. Vous vous poserez des questions, analyserez et organiserez la tâche à accomplir. Demandez-vous d'abord : «Comment pourrais-je m'y prendre ?» En vous occupant de ce que vous avez à faire, vous oublierez vos soucis.

Réduisez votre anxiété à l'aide de la musique

L'écoute de morceaux de musique lente comme certains mouvements de la musique baroque, calme l'esprit et de ce fait facilite l'enregistrement des souvenirs. La méthode d'apprentissage de Lozanov est fondée sur la lecture d'un texte à apprendre sur un certain rythme avec un fond musical d'environ 60 battements par minutes (le même que le mouvement largo). Vous synchronisez simplement ce que vous voulez dire sur des durées de temps qui alternent avec des périodes de silence. Supposons par exemple que vous vouliez apprendre un mot en anglais. Ecoutez les 4 premiers temps de la musique puis sur les 4 temps suivants dites à voix haute «la gare : railroad station.»

        1 2 3 4   1 2 3 4
(écoutez la musique)   la gare : railroad station

Cette méthode cherche à intégrer de manière harmonieuse les processus inconscients et les processus conscients ce qui est supposé faciliter la mémorisation. Elle est encore controversée bien qu'elle ait paraît-il donné de bons résultats dans les écoles primaires en Bulgarie. Elle s'applique surtout à l'étude des langues étrangères. On peut bien en voir l'utilité pour apprendre par cœur une liste de vocabulaire à utiliser pour un examen, mais les méthodes analytiques assurent une connaissance plus approfondie et l'immersion totale dans la langue en évitant la traduction facilite l'expression. L'idéal est probablement de combiner plusieurs méthodes plutôt que d'en utiliser une seule (voir Chapitre 13).

Ecoutez le mouvement lent de n'importe quelle pièce baroque et répétez une phrase que vous voulez apprendre. Sentez-vous détendu, en possession de tous vos moyens et en harmonie avec la musique.

(Vous pouvez choisir un vers, une phrase célèbre, un message publicitaire, un slogan, les paroles d'un ami, un proverbe, etc.). Voici quelques phrases intéressantes à retenir :

«L'homme vit par l'oubli, la femme par le souvenir.»
T.S. Eliot

«On oublie parce qu'on le doit, et non parce qu'on le veut.»
Matthew Arnold

«La mémoire est habituellement infidèle, comme la femme.»
Proverbe espagnol

«Les femmes ont l'âge de leurs sensations, les hommes ont de l'âge quand ils n'ont plus de sensations.»
Mae West

«La vie n'est que souvenirs sauf pour l'instant présent qui passe si vite qu'on le surprend à peine au passage.»
Tennessee Williams

«Le mot impossible n'est pas dans mon dictionnaire.»
Napoléon

«J'ai découvert que tout le malheur des hommes vient d'une seule chose, qui est de ne pas savoir demeurer en repos dans une chambre.»
Blaise Pascal

« Nous ne pensons presque point au présent ; et si nous y pensons, c'est pour disposer de l'avenir. »

Blaise Pascal

SYNTHÈSE RAPIDE

1. La relaxation diminue l'anxiété qui est une des causes principales des troubles de mémoire.

2. La relaxation améliore l'attention. Elle permet la pause nécessaire pour faire le point et se concentrer.

3. La relaxation musculaire progressive avec visualisation relaxe le corps et l'esprit.

4. La respiration profonde rythmée chasse l'excès de tension et ouvre la voie à une meilleure concentration.

5. Les exercices de réduction de l'anxiété permettent de la contrôler et de faciliter la concentration.

6. La relaxation aide à maîtriser l'anxiété préparant ainsi le terrain pour le travail de la mémoire.

7. Une bonne connaissance du fonctionnement de la mémoire, une prise de conscience et une attitude positive permettent de mieux contrôler l'anxiété sur le plan psychologique, ouvrant la voie à la concentration.

8. Une réflexion orientée sur les moyens d'accomplir une tâche libère de l'anxiété en prenant la place des idées négatives. Au lieu de ruminer sur son insuffisance, il faut penser à la manière concrète de réaliser ce que l'on veut réussir.

PARTIE 2

AMÉLIORER LA CONCENTRATION

L'IMAGERIE MENTALE : VISUALISATION ET IMAGINATION

5

« Une belle chose est une joie éternelle. »
John KEATS

L' IMAGERIE MENTALE

Longtemps après que les iris aient fleuri, longtemps après que les êtres aimés soient partis, nous pouvons repasser sur l'écran de notre esprit le film des moments privilégiés que nous avons vécus.

L'«imagerie mentale» (de l'anglais «*imagery*») est la capacité de l'esprit à élaborer des images ; c'est un des sens du mot imagination : faculté que possède l'esprit pour représenter des images, pour évoquer des objets déjà perçus, voire créer de nouvelles images (imagination reproductrice et imagination créatrice). Pour éviter l'ambiguïté avec l'autre sens du mot imagination, celui de créativité, d'inventivité en particulier dans le domaine artistique ou intellectuel, j'ai gardé le terme d'«imagerie mentale». Chaque fois que nous faisons appel à l'imagerie mentale pour revoir une scène du passé, nous effaçons le sens du temps de notre conscience et nous revivons l'éternel présent de nos souvenirs vivants. Que ce soit pour stimuler le rappel ou pour assurer un enregistrement à long terme, un des éléments les plus précieux de notre mémoire est sa capacité de penser en termes d'images, c'est-à-dire de concevoir visuellement ce qui est perçu ou pensé. Les images ont une qualité concrète qui fait passer clairement et directement un message. Pour se rappeler les concepts abstraits, il faut les ramener au bercail, c'est-à-dire les intégrer dans un certain contexte. C'est seulement alors que nous les relions à notre vie et que nous comprenons leur pertinence c'est-à-dire leur signification profonde et leur raison d'être.

Cela est vrai même dans des domaines purement scientifiques comme les mathématiques ou la physique qui ont toutes les deux recours à l'usage de diagrammes, graphiques, formules et expérimentations spécifiques. En philosophie, les théories et les principes sont illustrés par des références à la vie quotidienne. La métaphore de Descartes sur le morceau de cire en est un exemple : selon qu'il est dur ou liquide il apparaît comme deux substances différentes, pourtant ce n'est qu'une seule et même matière. Que doit-on en retenir ? Qu'il faut se méfier de ses sens : ils peuvent vous égarer et seule la raison est le support de la vérité. Les philosophes dont nous nous souvenons le mieux sont ceux qui ont donné corps à leurs idées, ceux qui les ont concrétisées. Voltaire réfuta l'idéalisme de Leibnitz dans son conte philosophique «Candide ou l'optimiste». Cet ouvrage est accessible à tous les lecteurs car il s'agit justement d'une métaphore de l'expérience de la vie qui contredit la théorie idéaliste. De même, la réalité est rehaussée par la littérature : elle prend une nouvelle dimension quand les images des mythes sont intégrées dans la vie de tous les jours.

Notre langage et chaque langue sont truffés d'expressions idiomatiques qui soulignent la nécessité que nous éprouvons de transposer les idées abstraites en images concrètes :

– Vous voyez ce que je veux dire ?
– Donner corps à un projet
– Un exemple pour illustrer cette pensée

- Imag-ination, imag-inaire, langage imagé
- Tu veux que je te fasse un croquis ?
- Mignonne à croquer
- Un schéma vaut mieux qu'un long discours

L'usage d'un langage imagé, ce qu'on appelle métaphore, permet d'expliquer les idées d'une manière très directe. En général, tant dans le langage parlé qu'en littérature, ces métaphores sont souvent hautes en couleurs. Chacun utilise son registre propre de métaphores qui reflète sa vue personnelle du monde. Il existe aussi des métaphores culturelles que l'on utilise souvent inconsciemment. Aux USA par exemple où le baseball est le sport le plus populaire, on rencontre souvent une expression comme «se rendre à la première base.» En français il y a un bon nombre de métaphores sportives comme «aller droit au but», «marquer un point» etc. Toutes les images ont pour effet d'aider à concrétiser le message pour le rendre immédiatement accessible. En plus, elles ajoutent une note d'originalité et même de poésie à la formulation des idées. Un jour j'expliquai ainsi à un japonais comment l'imagerie mentale aide la mémoire, ce qui semble parfois étrange à un esprit occidental. Il me raconta alors que lorsqu'il se rappelait un souvenir, cela commençait par des impressions puis des images mais jamais par des idées ou des constructions logiques. En comparant les modes de pensée orientaux et occidentaux en relation avec les structures des langues il a observé qu'en japonais, l'alphabet traditionnel n'est pas comme le nôtre mais que c'est une série de signes graphiques plus expressifs, des pictogrammes ou idéogrammes que l'on doit reconnaître avant de les conceptualiser. J'ai remarqué qu'au Japon, les mœurs sont plus orientées vers les aspects formels de la vie tels le code des manières, l'atmosphère des lieux, et le rituel des actes. La forme semble l'emporter sur le fond. Ce qu'on dit est moins important que la manière dont on le dit. Le formel prend une importance qui va au delà du fonctionnel. Il y a là également une question d'esthétique qui s'associe à l'idée d'harmonie. Peut-être parce que le Japon est surpeuplé, les Japonais apprennent très jeunes à s'isoler mentalement par la visualisation et l'imagination. Cette gymnastique mentale ne peut qu'aider la mémoire.

Si vous avez une imagination très vive, vous avancerez à pas de géant dans ce chapitre. Vous allez découvrir que vous possédez déjà une mine de richesses pour aider votre mémoire. Si par contre, vous pensez ne pas en avoir, vous allez découvrir que tout le monde peut la développer.

Voici une illustration sur la manière d'utiliser son imagination et de l'intégrer dans la vie quotidienne. Imaginez et représentez-vous visuellement les scènes suivantes :

1. un chat qui se lèche la patte

2. l'agitation d'une ville

3. de la tristesse à la maison

Le premier concept est facile à se représenter mentalement car c'est une image concrète, celle du geste d'un animal que tout le monde a déjà vu. Le deuxième est plus difficile parce qu'il est plus abstrait. L'idée d'agitation ne déclenche pas immédiatement une image concrète. Il faut faire appel à son imagination pour transposer l'idée d'agitation en visages préoccupés de parisiens pressés courant dans les rues de la ville. Quant au troisième concept, est-il concret ou abstrait ? Vous évoque-t-il directement une image ou devez-vous en rechercher une ? Je pense que la plupart des gens trouveront la troisième idée plus facile à visualiser bien qu'elle soit abstraite car elle est corrélée à la maison que chacun d'entre nous peut imaginer précisément habitée par nos proches. De sorte que «de la tristesse à la maison» est tout de suite transposé en l'image d'un être cher qui est triste, à la maison.

Dans son livre sur la mémoire, Laird Cermak suggère quelques questions pour aider le lecteur à savoir s'il utilise inconsciemment l'imagerie mentale. Essayez d'y répondre :

- Pouvez-vous décrire la disposition de votre maison sans la visualiser ?

- Pouvez dire ce qui se trouve sur votre bureau sans fermer les yeux et sans essayer d'en voir l'image ?

- Nommez vos cinq cravates ou chemisiers préférés. Lorsque vous prononcez le nom de chaque objet, n'y a-t-il pas une image qui surgit dans votre esprit ?

En prenant conscience de votre potentiel à former des

images, vous pouvez améliorer à la fois l'enregistrement de vos souvenirs et leur rappel. Les images directes vous viennent à l'esprit sans détour, tout simplement. Par exemple si vous pensez «soleil», l'image du soleil surgit instantanément. Elle fait partie intégrante du concept. En revanche les images indirectes nécessitent le passage d'une forme abstraite à une forme concrète. Le mot «communisme» peut être visualisé par le symbole du marteau et de la faucille entrelacés. De la même façon l'amour devient un coeur, la paix une colombe et ainsi de suite.

Nombreux sont les moyens mnémotechniques fondés sur des associations d'images. Ceux-ci seront abordés dans la troisième partie de ce livre. Par exemple le principe pour se souvenir facilement des chiffres consiste à transformer les signes abstraits en images concrètes et à former alors une association de l'ensemble. Pendant des siècles, si ce n'est des millénaires, on a discuté pour savoir s'il était possible de penser et de visualiser en même temps : est-ce l'idée d'une chaise ou l'image d'une chaise qui surgit en premier à l'esprit. Personne n'a de certitude en la matière mais il est sûr qu'il est difficile de créer quelque chose à partir d'une pure abstraction. Tout ingénieur ou inventeur a une image, même vague et grossière, de ce qu'il veut construire. Souvent c'est la fonction qui crée la forme : une chaise doit supporter le poids du corps et être relativement confortable puisqu'on s'en sert pour se reposer. (Maintenant que j'y pense en fait, fort peu le sont !) La pensée créatrice repose en un sens sur l'imagination visuelle. C'est la seule manière de courtcircuiter les schémas logiques qui limitent notre raisonnement. Albert Einstein attribuait sa conception révolutionnaire de la théorie de la relativité au brassage d'images qui lui venaient à l'esprit au cours de ses longues flâneries. De la même manière l'imagination favorise l'abondance des souvenirs. L'effort pour se rappeler des moments passés est un effort créateur. Il faut filtrer la réalité, choisir certains éléments, les colorer de sa personnalité et les replacer dans le cadre d'une certaine ambiance.

Il est indispensable d'utiliser votre imagination pour développer votre faculté à évoquer des images. Les psychologues ont étudié les processus mentaux des sujets présentant une mémoire prodigieuse et ont trouvé que la plupart d'entre eux étaient doués d'une mémoire visuelle exceptionnelle qui enregistrait de véritables clichés de tous les stimuli perçus par le cerveau. Chacun d'entre nous possède la même faculté dans son enfance à un degré plus ou moins grand. Les jeunes enfants apprennent d'abord au moyen de leurs sens. Puis quand ils grandissent et entrent dans le monde adulte ils changent de mode de fonctionnement et deviennent plus dépendants de leur logique et axés sur l'intellect. Les personnes qui possèdent une mémoire exceptionnelle gardent cette capacité sensorielle tout au long de leur vie. On peut exercer les enfants à ne pas perdre cette faculté et on peut s'entraîner à la retrouver. L'imagination joue un grand rôle dans la formation des images. Alors il faut en user sans réserve.

ÉVOCATION VISUELLE OU «VISUALISATION»

L'évocation visuelle correspond à la capacité de se représenter mentalement un objet ou plus généralement un concept. En anglais c'est ce que recouvre le mot «visualize» dont la traduction française «visualiser» n'a été officiellement retenue que pour le langage technique de la physique, l'informatique ou le cinéma (comme le verbe «visionner» d'ailleurs).

Tout le monde sait instinctivement comment évoquer visuellement un souvenir mais il convient d'analyser le processus pour en tirer le maximum. Evoquer visuellement un objet ou une idée, c'est recréer dans votre esprit une image de l'objet que vous avez vu dans le passé ou du souvenir que vous en avez. Il s'agit d'une image que l'on a observée avec soin en prenant son temps puisque le but est de la mémoriser.

Quand nous visualisons quelque chose, nous projetons sur l'écran de notre esprit l'image d'un objet tel que nous l'avons perçu. En faisant cela, nous revoyons en détail les éléments qui ont retenu notre attention alors que nous étions concentrés sur cette activité. Pour obtenir une représentation mentale bien claire de quelque chose il est préférable de fermer les yeux et d'essayer de se fixer sur l'image que nous avons assimilée. L'image obtenue dépend bien sûr de notre observation personnelle et va comprendre toute une information détaillée sur l'aspect et la nature du sujet (forme, taille, couleur, texture, l'ambiance environnante, etc.). A ce moment notre esprit est actif et non pas passif : nous enregistrons consciemment le souvenir que nous avons choisi de conserver.

La visualisation a toujours fait partie de la discipline spirituelle de maints philosophes et mystiques désireux de parvenir à la sérénité. Ils recréent mentalement une image idéale qui leur apporte un calme intérieur. Comme ils fixent toute leur attention sur cette image, ils ressentent rapidement une impression de détente et d'harmonie. Des prisonniers ont utilisé ce principe pour garder le moral et la santé mentale lors de détention solitaire. De nos jours la même technique est utilisée en psychothérapie pour induire la relaxation et aider à créer une image positive. Puisque l'idée principale est de fixer son attention sur une image claire et de la garder à l'esprit longtemps après l'avoir réellement perçue, la visualisation s'avère être un excellent exercice d'entraînement de la mémoire.

Vous pouvez vous exercer à vous représenter mentalement ce que vous lisez, ce que vous sentez, ce que vous goûtez et même ce que vous entendez. Par exemple quand vous téléphonez, évoquez mentalement l'image de votre interlocuteur. Demandez-vous où il se trouve dans sa maison, ce qu'il fait, imaginez son expression corporelle du moment, les mimiques de son visage, etc.. Si par exemple vous voulez vous souvenir du jour où vous devez reprendre vos vêtements chez le teinturier, regardez attentivement votre reçu sur lequel le jour en question est coché. Prenez-en un cliché mental précis et essayez de retenir cette date. Souvenez-vous de la métaphore de départ : votre cerveau est un véritable appareil photographique que vous devez utiliser pour transformer vos expériences en illustrations.

SYNTHÈSE RAPIDE

Vous pouvez améliorer votre mémoire en apprenant à utiliser votre pouvoir d'évocation visuelle. Penser en termes d'images peut à la fois apporter de la joie et des souvenirs.

A. Représentation d'images

1. Penser concrètement aide la mémoire.

2. Transformez une idée abstraite en une forme concrète et vous aurez une image.

3. Plus l'image est spécifique, meilleure elle est.

4. On se souvient mieux des images chargées d'émotion.

5. Pour augmenter l'impact émotionnel d'une image, il suffit de personnaliser le contexte.

B. Evocation visuelle

1. Evocation visuelle et représentation d'images sont essentielles pour une bonne mémoire.

2. Tout le monde a la possibilité de développer ses talents d'imagination.

3. Les images qui comprennent des émotions et des références personnelles persistent mieux.

4. La représentation visuelle (ou visualisation) consiste à re-créer une illustration mentale, ce qui implique l'observation du réel et sa projection en images. Cela prend au moins 15 secondes mais cela garantit un excellent rappel ultérieur.

L'imagerie mentale : visualisation et imagination 79

EXERCICES POUR DEVELOPPER L'IMAGERIE MENTALE

Voici d'abord quelques conseils : négligez la peur du ridicule car elle interfère souvent avec la conception d'images. Deuxièmement évaluez votre manque de confiance dans la technique de projection d'images en l'essayant immédiatement. Troisièmement ne pensez pas que ce soit une perte de temps car c'est très efficace comme toute organisation du mode de vie, par exemple regarder le plan d'une ville avant de s'y aventurer.

1 IMAGES MENTALES DIRECTES ET INDIRECTES

Essayez de projeter mentalement les phrases suivantes et déterminez s'il s'agit d'images directes ou indirectes. L'image mentale directe est quasi-automatique et facile à évoquer alors que l'image mentale indirecte demande un effort d'imagination.

1. Un bébé qui dort
2. Un écureuil mangeant une noisette
3. La guerre au Moyen Orient
4. Une inondation
5. Le temps qui passe lentement
6. Un défaut dans la trame d'un tissu
7. Un défaut d'argumentation
8. Dieu
9. Un mystère
10. King Kong
11. La haine
12. L'amour
13. La charité
14. L'humour
15. La neige
16. Le bois

2 IMAGES MENTALES ET ÉMOTIONS

Lisez une ligne après l'autre. Fermez les yeux pour mieux vous concentrer et visualisez chaque image :

1. Un lion attaquant une antilope
2. Un chien remuant la queue

3. Une mouche dans votre soupe
4. Un calisson d'Aix dans sa boîte en forme de losange
5. Un éclair dans le noir (fixe, puis mobile)
6. Une tâche sur votre chemise ou votre chemisier préféré
7. Un diamant scintillant au soleil
8. Un cri de terreur dans la nuit
9. Les joies de la maternité
10. Un ami volant de l'argent dans votre porte-monnaie

Ne relisez pas mais prenez une feuille de papier et essayez de «visualiser» les images dont vous vous souvenez. Nommez-les. Quand vous aurez terminé, essayez de déterminer les émotions qu'elles véhiculent. Comparez votre liste avec la liste originale et tirez votre propre conclusion. Quelles sont les images et les émotions qui vous «collent» à la mémoire ? Vous voudrez peut-être tester votre mémoire visuelle plus tard, demain ou à la fin de la semaine. Vous serez surpris par les résultats.

3 IMAGES MENTALES ET INTENSITÉ ÉMOTIONNELLE

Fermez les yeux et imaginez les images suivantes :

Une ruche
Une ruche à votre porte
Un nid de guêpes dans votre salle de bains

Un couteau bien aiguisé
Un couteau bien aiguisé coupant un steak
Un couteau bien aiguisé vous coupant le doigt

Un vieil homme assis sur un banc
Un vieil homme assis sur un banc au soleil
Un vieil homme assis sur un banc pleurant au soleil

Un arc-en-ciel dans un ciel d'orage
Un arc-en-ciel au dessus de votre maison dans un ciel d'orage
Un arc-en-ciel au dessus de votre maison dans un ciel d'orage et qui vous réjouit

Un oiseau qui picore dans le jardin
Un oiseau qui se baigne dans une flaque d'eau
Un oiseau qui s'envole attaqué par un chat

Des feuilles qui tombent
Des feuilles rouges et jaunes qui tombent
Des feuilles rouges et jaunes sur votre pelouse

L'imagerie mentale : visualisation et imagination 81

    Un pot brisé sur le sol de votre cuisine
    Un pot de myrtilles cassé sur l'étagère
    Un pot de myrtilles renversé sur votre jolie nappe

    Lumières et sirènes d'une ambulance dans votre rue
    Lumières et sirènes d'une ambulance près de votre maison
    Lumières et sirènes d'une ambulance à votre porte

Ne relisez pas, prenez une feuille de papier et écrivez les images dont vous vous souvenez. Vérifiez vos réponses et demandez-vous quelles sortes d'images vous avez tendance à vous rappeler le mieux.

EXERCICES DE VISUALISATION

Dans les exercices suivants, nous progressons d'images simples vers des illustrations plus complexes pour finalement en arriver aux visages.

4 IMAGES MENTALES DE BEAUTÉ ET D'HARMONIE

Imaginez que votre esprit soit un vaste écran sur lequel vous pouvez projeter toutes vos idées et vos fantaisies. Utilisez votre imagination pour enrichir votre vie quotidienne. Par l'évocation visuelle vous pouvez modifier votre humeur. Vous pouvez vous détendre ou vous crisper selon l'image que vous choisissez de fixer dans votre esprit.

1. Asseyez-vous sur une chaise confortable dans un endroit tranquille.

2. Fermez les yeux et créez une image qui vous évoque le calme et la quiétude, par exemple le soleil qui se couche derrière des collines ou dans la mer. Dressez un tableau très net de ce paysage dans votre esprit.

3. Regardez la beauté du paysage (la couleur du ciel et des collines ou de la mer).

4. Notez comme votre respiration se ralentit, devient imperceptible : vous vous sentez en harmonie avec vous-même et avec votre environnement. Prenez conscience de vos émotions et de votre état d'âme.

Faites cet exercice avec plusieurs images mentales différentes. Vous deviendrez capable de recréer une scène que vous aimez beaucoup ou de beaux objets que vous avez vus, rappelant alors à votre conscience les impressions heureuses vécues antérieurement. Essayez un lac de montagne, un chat qui sommeille, de verts pâturages ou le gros plan d'une fleur qui s'ouvre au soleil.

5 ILLUSTRATIONS (DESSINS, TABLEAUX, PHOTOS)

Cet exercice est fondé sur l'observation d'illustrations ou d'objets. Puisez votre matière première dans des magazines, des livres d'art, des magasins d'antiquités, les publicités de grands magasins... Commencez au début avec des images simples puis évoluez vers des illustrations de plus en plus complexes.

1. Assurez-vous d'être bien détendu.

2. Regardez soigneusement l'illustration ou l'objet retenu pendant 2 minutes. Placez-le à une distance confortable pour que vos yeux n'aient pas à forcer pour le regarder. Observez-en la forme et la couleur. Si votre esprit vagabonde, ne vous en veuillez pas ! Ramenez-le simplement à l'illustration en question. Ce type de concentration visuelle demande du temps et de l'entraînement. Essayez de fixer votre regard.

3. Fermez les yeux et essayez de retrouver l'image. Vous devriez voir dans votre esprit exactement la même illustration, sans toutefois l'acuité de la réalité ; quelque chose comme une copie estompée d'un lumineux coucher de soleil qui s'attarde dans votre tête.

4. Ouvrez alors les yeux et vérifiez si vous aviez retrouvé la totalité de l'illustration.

Note : Ne vous attendez pas à voir une image aussi nette que la réalité sinon vous risquez fort d'être déçu. Ce qu'il faut c'est une image aussi claire que possible. Si votre première tentative n'est pas brillante, ne désespérez pas. Accordez-vous plus de temps et recommencez. Après quelques réussites diminuez le temps d'observation en passant de 2 minutes à 1 minute. Persévérez et vous développerez votre mémoire visuelle.

6 OBSERVATION ET ROTATION MENTALE

Tout d'abord regardez de véritables objets sous plusieurs angles. Tournez autour en les observant d'en haut, d'en bas, de

L'imagerie mentale : visualisation et imagination 83

côté. Fermez ensuite les yeux et imaginez-les sous différents angles. Puis faites appel à votre imagination pour reconstituer la réalité.

1. Imaginez un objet vu sous différents angles : de dessus, par derrière, de la droite, de la gauche.

2. Imaginez un sujet vu de différents angles comme si vous étiez un photographe qui étudie différents angles de prise de vue.

3. Refaites la même chose avec une sculpture ou n'importe quel objet que vous avez vu récemment.

4. Choisissez un endroit familier (un jardin, une rue, un arbre) et imaginez-le en différentes saisons.

5. Choisissez certaines pièces de votre maison et imaginez-les à différents moments de la journée. Visualisez les différentes lumières, températures, ambiances.

6. Pensez à une personne que vous connaissez très bien. Représentez-vous-la de face, de dos, de profil. Imaginez-la assise, en train de lire, de regarder la télévision ou en train de manger. Puis imaginez-la en mouvement : marchant, montant les escaliers, sortant de voiture, souriant ou pleurant... Pensez à ses attitudes, à ses gestes, à son allure générale.

7 VISAGES

Représentez-vous un visage puis observez un véritable visage dans la rue, au café ou à la télévision. Etes-vous capable de visualiser ces visages ? Vérifiez en décrivant les principales caractéristiques de ces visages.

Note : Ce type d'exercice est plus facile pour certains. On classe les individus en deux catégories : ceux à prédominance visuelle et ceux à prédominance verbale. Avec la pratique, l'observation et la visualisation vont devenir une seconde nature et vous en constaterez les effets bénéfiques sur votre mémoire.

8 SCÈNES DE LA VIE QUOTIDIENNE

Imaginez un incident de la vie quotidienne dont vous êtes le témoin, à la maison, dans un magasin ou dans la rue, par exemple une femme à laquelle on arrache son sac, un accident de voiture ou simplement une personne qui vous est chère vaquant à ses activités, ou encore une scène de retrouvailles.

9 POÈMES

Essayez d'évoquer visuellement le poème suivant. Imaginez chaque ligne en la lisant puis fermez les yeux et retrouvez les images du poème. (15 ans après l'avoir appris à l'école, je garde encore à l'esprit cette belle image des narcisses dorés flottant et dansant dans le vent en bordure d'un lac). Faites de même avec d'autres poèmes.

LES NARCISSES

J'errais comme un nuage solitaire
Qui flotte au loin sur les monts et les prés,
Quand tout à coup je vis luire sur terre
Un bataillon de narcisses dorés.
Aux bords d'un lac où la vague se brise
Ils frissonnaient et dansaient à la brise.

Comme l'œil voit se fondre dans les cieux
Les astres d'or, fleurs de la Voie Lactée,
Les fleurs du lac en ligne illimitée
Brillaient au bord des flots capricieux
Et je voyais, courbant leur tiges lisses,
Danser au vent des milliers de narcisses.

Les flots joyeux, moins joyeux que les fleurs,
Les flots dansaient avec un air de fête.
Je regardais : pouvais-je, moi poète,
Rester morose avec ces gais danseurs ?
Et j'emportai dans mon âme ravie,
Sans le savoir, un trésor pour la vie.

Triste ou sentant la tristesse venir,
Combien de fois, l'esprit rêveur ou sombre,
J'ai vu depuis danser les fleurs sans nombre
Avec les yeux charmés du souvenir !
Aussitôt plein de nouvelles délices
Mon cœur joyeux danse avec les narcisses.

Wiliam WORDSWORTH
(Traduction d'Émile Legouis)

Note : Dans le texte anglais la métaphore de l'«écran intérieur» illustre la visualisation intérieure telle que je la décris dans ce chapitre. En voici la traduction exacte, sinon poétique :

«Je regardais et regardais, sans me douter
De toutes les richesses que ce spectacle m'apportait.
Car souvent, lorsqu'allongé
L'esprit sombre ou rêveur,
Elles apparaissent à l'écran intérieur
Qui remplit de joie la solitude
Alors mon coeur déborde de plaisir,
Et danse avec les narcisses.»

RÉVEIL DES SENS : PRISE DE CONSCIENCE DE LA PERCEPTION 6

«*Puisque tout commence par les sens.*»
E. E. CUMMINGS

Les notions d'attention, de concentration et de prise de conscience se rapportent toutes à notre perception de la réalité du monde qui nous entoure. Nous percevons le monde extérieur par nos sens avant que nos pensées commencent à traiter l'information et à la ranger dans les fichiers de notre mémoire. A l'aide de nos sens nous captons des milliers de stimuli qui déclenchent en nous plusieurs sortes de réactions, à la fois émotionnelles et intellectuelles. En en prenant conscience, nous aidons notre mémoire. Quand nous prenons note de ce que nous percevons, nous renforçons alors le processus d'enregistrement.

Malheureusement, nous n'accordons habituellement que peu d'importance à nos sens. C'est probablement culturel car dans les civilisations occidentales, la philosophie, les sciences et les religions semblent avoir conjugué leurs efforts pour nous présenter les sens comme une source d'information peu fiable,

Réveil des sens : prise de conscience de la perception

voire dangereuse. Dès que nous passons le cap de l'enfance, on nous apprend à dédaigner nos sens, à nous en défier. En nous encourageant à n'en pas tenir compte on nous apprend à mener notre réflexion au delà de nos impressions sensorielles. C'est un peu comme si elles n'existaient pas ! Il en résulte un conflit interne, un sentiment inconfortable sur la nature elle-même d'un point de vue moral. Nous nous sortons de ce piège en y pensant le moins possible. Il ne faut pas sous-estimer les conséquences que cela comporte pour la mémoire : en les ignorant nous limitons notre potentiel mnésique.

A LA REDÉCOUVERTE DE NOS SENS

Mon but est ici de vous faire redécouvrir le plein usage de vos sens de la manière dont vous les avez vécus enfant, avec en plus la conscience d'un adulte. Jadis vous avez appris à correspondre avec le monde par vos impressions et sensations. Cela vous a permis d'enregistrer une grande quantité d'information en une courte période de temps. Vous avez de la sorte appris votre langue maternelle en imitant des sons et en les associant à des images. Les enfants découvrent les conflits grâce aux disputes et aux cris de leurs frères et soeurs ou de leurs parents. L'abstraction n'existe pas encore pour eux et tout n'est que sensation pure. Quand on parvient à l'âge de raison on a tendance à considérer les sensations comme abstraites car, je le suppose, elles sont difficiles à définir. Abstraits ou pas, nos sens font des merveilles pour notre mémoire. La convergence se fait sur le plan émotionnel. Comment cela fonctionne-t-il ? Ce n'est pas encore parfaitement élucidé mais même des personnes souffrant d'aphasie retrouvent des mots grâce à la perception. Ainsi telle femme qui ne pouvait pas retrouver le mot «neige» à la demande y arriva spontanément quand elle toucha de la neige. De la sorte, ce que ces malades ne peuvent pas recouvrer autrement leur est parfois rendu par les sens. Malheureusement ils réoublient et réoublient encore car ils ont perdu le contrôle de leur mémoire.

Freud avait remarqué que «nous retenons ce qui nous intéresse». Nous consacrons le temps et l'effort nécessaire pour regarder, écouter et sentir quelque chose seulement si nous nous y intéressons suffisamment. Qu'importe la raison du manque d'attention, nous pouvons le corriger si nous avons une solide motivation d'agir de la sorte. Ce chapitre présente des exercices sur l'éveil des sens qui vont vous faire prendre conscience que vos sens sont vos meilleurs alliés pour vous aider à vous souvenir. Faites-leur confiance et votre mémoire s'améliorera.

Plus les perceptions sensorielles sont mises à contribution, plus il y a de chances de se rappeler quelque chose ou quelqu'un. Par exemple, si vous regardez vraiment une fleur, vous faites plus que de la voir. Vous devenez actif, réceptif à sa taille, sa forme, sa couleur, sa consistance, son parfum. Plus vous aurez de renseignements, plus vous vous en souviendrez. Il convient de remarquer que pour bien observer, il faut passer du temps. Nombreux sont ceux qui pensent qu'on retient quelque chose instantanément, comme par enchantement. Quand ils sont absorbés dans une tâche qui les intéresse, ils ne se rendent pas compte du temps qui passe et de leur degré de concentration. Ils semblent croire que c'est un processus inconscient presqu'étranger à tout effort conscient. En vérité, bien que penser soit un processus automatique dans bien des cas, il suit un schéma qui peut être appris et renforcé consciemment. Accroître votre éveil sensoriel va améliorer la qualité de votre vie. Alors soyez ouvert, réceptif et curieux en prenant des exemples qui vous intéressent pour pratiquer les techniques présentées ici.

Comme le Professeur Léon Michaux l'a fait remarquer, nous nous rappelons :

1. Ce qui est utile (nous nous en servons tout le temps).

2. Ce que nous percevons dans un certain contexte (cela apporte un sens auquel nous nous référons).

3. Ce qui est plaisant (nous sommes impliqués émotionnellement et notre concentration est alors supérieure).

4. Les activités qui ont été interrompues (car il faut les revoir et les restructurer).

L'USAGE DES SENS

La «mémoire auditive», une des méthodes mnémotechniques les plus anciennes, nous apprend à utiliser le rythme et la rime du langage. Les peuples anciens développèrent cette technique pour garder en mémoire les histoires, les légendes et les traditions y compris les rites religieux. Vous pouvez vous en servir pour améliorer votre mémoire verbale. Comme nous l'avons déjà vu 40 % de la population est à prédominance verbale. Ce sont des gens sensibles aux mots, aux rythmes et aux sons. Spontanément ils pensent en calembours, jeux de mots et associations verbales. Chacun peut perfectionner son usage du verbe. Point n'est besoin d'avoir l'inspiration d'un Homère ou d'être à l'Académie Française. Même les rimes médiocres sont extrêmement efficaces pour la mémoire. Il suffit pour s'en convaincre de penser aux slogans publicitaires qui vous passent par la tête. Ils ne peuvent prétendre à l'appellation «poésie» mais associés à des mélodies simples, ils sont très tenaces et s'incrustent. Réflechissez un peu et vous allez être surpris comme ils surgissent de votre esprit : Pouvez-vous fredonner la musique des bas Dim, de Darty, ou les indicatifs des émissions de télévision ? Comme exercice destiné à vous apprendre des techniques mnésiques verbales, faites une liste de commissions de 6 articles et inventez un petit refrain pour trois d'entre eux. Mettez la liste dans votre poche et vérifiez si vous ne vous souvenez pas mieux de ces trois là que des trois autres.

La mémoire cinestésique ou «mémoire des muscles» est le type de mémoire que nous utilisons tous pour réaliser les gestes d'activités aussi bien banales qu'exceptionnelles : de la marche à la danse et même à l'exécution d'un morceau de piano en récital ! Ce type de mémoire est très sensible à la pratique quotidienne et à la répétition ; elle précède la mémoire verbale (on dit qu'elle est «pré-verbale»). Vous pouvez vous en servir pour répéter des choses que vous voulez dire ou faire d'une certaine manière. Trouvez un endroit assez spacieux pour pouvoir y bouger aisément ; pensez à un mouvement qui est associé à ce dont vous voulez vous souvenir et réalisez ce mouvement. Par exemple si vous souhaitez retenir une chanson ou quelques phrases d'un film ou d'une pièce, faites ce que les acteurs font : laissez-vous prendre par les gestes et essayez de ressentir les émotions physiquement. La répétition d'un rôle ou d'une pièce est bien plus que le radotage d'un texte. Cela implique aussi bien les sensations que les réflexions. C'est ainsi que vous pourrez vous rappeler des mots marquants comme la dernière phrase de Butler (Clark Gable) dans «Autant en emporte le vent» : «Franchement ma chère, je m'en moque complètement!» Dites-la à haute voix, en pensant à Scarlett, le visage crispé à la vue de l'homme qu'elle aime et qui se tient sur le pas de la porte prêt à la quitter. Si vous faites des gestes et que vous utilisez des intonations de voix, vous vous rappellerez encore mieux cette phrase car les traces mnésiques auditives sont particulièrement tenaces. Il est même parfois utile d'exagérer le mouvement. Par exemple, si vous essayez de vous rappeler que vous fermez votre porte à clé, exagérez le mouvement de mettre la clé dans la serrure en tournant. C'est un jeu où tout le corps est appelé à participer. Autre exemple, fermez le four avec une emphase de geste théâtral, en vous penchant pour regarder chaque bouton et désigner que chacun d'entre eux est en position «fermé.» Faites cela consciencieusement avec l'objectif précis de vous en rappeler au mieux. Cela peut prendre les allures d'une danse ou d'un mime. Vous trouverez même ça drôle !

La **mémoire visuelle**, aussi appelée «mémoire photographique,» est sans doute la plus utile de toutes car de fait la plupart des systèmes mnémotechniques sont basés sur elle et la majorité de la population est à prédominance visuelle (60 %). Seulement une minorité d'entre eux a poussé cette faculté jusqu'au bout : les artistes, dessinateurs, peintres, photographes, décorateurs, cinéastes, artisans et bien d'autres qui travaillent dans le domaine visuel l'utilisent professionnellement mais seuls les «mnémonistes», ceux qui ont une mémoire prodigieuse, l'utilisent à plein dans toutes les situations de la vie pour se souvenir de tous les types d'information. Ils ont structuré leurs différents systèmes mnésiques sur des associations d'images. Des années de recherche ont montré que chacun d'entre nous pouvait accroître ses capacités de rétention visuelle à tout âge parce que nous avons tous les facultés potentielles de représentation mentale. Dans les chapitres sur l'évocation visuelle d'images mentales et sur la distraction, vous en trouverez de multiples applications. Voici un exemple qui associe la mémoire visuelle et la mémoire cinestésique. Supposons que vous vouliez vous souvenir que vous avez bien fermé toutes les fenêtres et les portes avant de quitter la maison. Procédez alors systématiquement de pièce en pièce et fermez portes et fenêtres avec des gestes précis. Prenez un cliché mental de chaque geste que vous faites avec application. Vous vous «verrez» alors dans les différents endroits et vous percevrez les différences que chaque effort demande : par exemple vous noterez «la fenêtre dans la chambre bleue est maintenant fermée ; elle est toujours difficile à atteindre à cause du bureau qui est devant !» L'éveil sensoriel vous assure un souvenir précis de tous les gestes que vous avez fait consciemment.

J'ai choisi mes exemples dans trois domaines sensoriels seulement mais les sens du goût et du toucher peuvent aussi considérablement augmenter les chances de rappel. Plus il y a de sens qui participent à l'enregistrement d'un souvenir, plus le rappel en sera facile. C'est un peu comme aller à la pêche avec des indices pour attraper des souvenirs. Quand vous lancez une ligne avec cinq hameçons, vous augmentez sensiblement vos chances de prendre un poisson, n'est-ce pas ? Il en va de même avec la mémoire. Apprenez à placer des indices avec vos sens, le résultat vous surprendra.

Les personnes douées de synesthésie perçoivent par plusieurs sens simultanément. L'imagination joue un rôle important dans ces associations. Un bel exemple en est le poème suivant, écrit par Arthur Rimbaud.

VOYELLES

A noir, E blanc, I rouge, U vert, O bleu : voyelles,
Je dirai quelque jour vos naissances latentes :
A, noir corset velu des mouches éclatantes
Qui bombinent autour des puanteurs cruelles,

Golfes d'ombre; E, candeurs des vapeurs et des tentes,
Lances des glaciers fiers, rois blancs, frissons d'ombelles ;
I, pourpres, sang craché, rire des lèvres belles
Dans la colère ou les ivresses pénitentes ;

U, cycles, vibrements divins des mers virides,
Paix des pâtis semés d'animaux, paix des rides
Que l'alchimie imprime aux grands fronts studieux ;

O, suprême Clairon plein des strideurs étranges,
Silences traversés des Mondes et des Anges :
- O l'Oméga, rayon violet de ses yeux !

SYNTHÈSE RAPIDE

1. L'éveil des sens est la première étape pour activer le cerveau et pour développer sa mémoire. S'il n'y a rien d'enregistré, il n'y a rien à rappeler. Assurez-vous de ne pas accuser votre mémoire à tort alors qu'il s'agit d'un manque d'attention.

2. Faites une pause et mettez en action vos facultés de perception : **regardez, écoutez, touchez, goûtez, sentez, bougez.** Par l'éveil sensoriel volontaire vous ferez participer vos sens et vous compenserez aisément la diminution de perception qui survient avec l'âge.

3. La conjugaison de tous les modes sensoriels donne les meilleurs résultat.

EXERCICES

1 PRISE DE CONSCIENCE DU MATÉRIEL VISUEL

Pour effectuer cet exercice il vous faut une feuille de papier, un crayon et un minuteur ou une montre. La figure 6-1 comporte 12 images. Fixez votre attention sur la rangée du haut en cachant les suivantes avec une feuille de papier pour éviter d'être distrait par les autres images. Après 30 secondes, couvrez la feuille entière et essayez de dessiner de mémoire les trois images puis revoyez les trois dessins du livre et vérifiez s'ils sont exactement pareils. Alors passez à la ligne suivante et en dernier lieu lancez-vous un défi en essayant les deux dernières rangées d'un seul coup !

Réveil des sens : prise de conscience de la perception 93

Figure 6-1

2 EVEIL VISUEL DU SENS DU DÉTAIL

Dans la figure 6-2, il y a quatre dessins abstraits. Examinez chacun pendant une minute en cachant les trois autres pour favoriser la concentration. Appliquez-vous à les visualiser en détail, puis reproduisez de mémoire chacun des croquis sur une feuille de papier.

Figure 6-2

3 PRISE DE CONSCIENCE DU MATÉRIEL VERBAL

Le but de cet exercice est de vous faire réfléchir sur chacun des mots des listes suivantes (n'étudiez qu'une liste à la fois). Quand un mot a plusieurs significations, n'en prenez qu'une seule. Si vous voulez par la suite élever le niveau de difficultés vous pourrez prendre les autres. En lisant chacun des mots, imaginez l'aspect de l'objet en question, son goût, son odeur, sa sonorité, etc.. Faites fonctionner votre imagination et vous vous souviendrez de n'importe quelle liste ! Par exemple, la pâte dentifrice a un aspect blanc et brillant, une odeur de menthe synthétique et un goût piquant et sucré à la fois. Eliminez les sens qui ne s'appliquent pas, dans cet exemple, l'ouïe.

papier	canne
laine	mouchoir
vanille	baiser
botte	film
noeud	larme
chariot	bus
doigt	vacarme
chat	crêpe
cheveux	surf
muscade	soulier
liqueur	campagne
roue	docteur
orchidée	bonheur
éléphant	oiseau
soie	coton

4 ÉVEIL DE L'ODORAT

Sentez soigneusement des fleurs, des branches d'arbre, des parfums, des plats cuisinés, différentes matières, en bref, tout ce que vous trouverez à la portée de votre nez. Essayez d'analyser l'odeur spécifique de chaque objet et de la décrire. Comparez les odeurs entre elles. Cherchez à définir vos préférences, celles que vous aimez et celles que vous rejetez. A votre avis pourquoi en est-il ainsi ? Au bout de quelques temps il vous sera facile de trouver les mots pour l'exprimer.

5 ÉVEIL DU GOÛT

Au cours du repas goûtez et dégustez avec soin tous les aliments qui sont dans votre assiette. Si vous le pouvez, prenez l'habitude de ne pas fumer à table car le tabac altère considérablement le sens du goût. Analysez le goût spécifique de chaque plat et essayez de deviner les éléments entrant dans la composition de ce plat. Prenez conscience de la manière dont l'assaisonnement et les épices modifient le goût de la nourriture. Faites des comparaisons entre des aliments de la même catégorie, par exemple deux variétés de jambon, deux sortes de chocolat, plusieurs types de viande, plusieurs choix de poissons... Ce faisant vous apprécierez davantage ce que vous mangez et vous en aurez des souvenirs mémorables.

Note : Pour stimuler vos papilles gustatives roulez votre langue et appuyez-la contre la voûte de votre palais. Vous goûterez mieux boissons et aliments si vous les savourez quelques instants avant des les avaler. Un bon entraînement est la dégustation des vins.

6 ÉVEIL DE L'OUÏE

Musique : Ecoutez attentivement une chanson ou un morceau de musique que vous aimez. Essayez d'en saisir les paroles ou d'en retenir l'air. Analysez-les en suivant la ligne mélodique ; essayez de deviner les divers instruments ; retrouvez le jeu de chacun d'entre eux, saisissez au passage les thèmes qui reviennent avec leur atmosphère propre, et identifiez les différents tempos de chaque mouvement.

Mots et expressions : Ecoutez le son des mots ; de nombreux mots ont une sonorité qui évoque leur signification : bruit, sifflement, chuintement, gazouillis, roucoulement, vrombissement... Recherchez des onomatopées, on en trouve beaucoup en poésie. Essayez de trouver des rimes associant les mots que vous voulez retenir (par exemple : «les clés sont dans l'allée»).

Dialogue : Ecoutez mieux ce que les gens autour de vous disent et soyez sensible à la manière dont ils le disent. Analysez le message, le langage, le style, l'humeur, l'ambiance. Est-ce qu'ils abordent les choses de front ou de biais, directement ou en tournant autour du pot ? Quel est leur choix de mots ? Quel est le ton de leur voix ? D'où vient-elle ? Est-ce une voix de tête, de gorge ou de poitrine ?

7 OBSERVEZ PLUS ATTENTIVEMENT VOTRE ENVIRONNEMENT

Vous deviendrez beaucoup plus efficace si vous prenez conscience de ce que vous enregistrez sur le plan visuel. Observez les feux tricolores qui règlent la circulation à un croisement et tentez de préciser leur fonctionnement. Vous devriez être capable de prévoir combien de temps va durer ce feu rouge. Par la suite vous pourrez établir les chemins les plus rapides. Notez les différents panneaux indicateurs dans votre voisinage et faites-vous un point d'honneur de vous rappeler quelques intersections. A moins de procéder de la sorte, vous n'enregistrerez rien et vous n'aurez qu'une vague idée du plan du quartier. Cela peut vous épargner l'embarras de ne même pas connaître le nom d'une rue voisine.

8 OBSERVEZ LES COULEURS

Portez votre attention sur les couleurs. Il y a une telle gamme de couleurs : examinez les différentes nuances de chaque couleur primaire (par exemple : rouge coquelicot, rouge cerise, rouge chinois, rouge magenta...), le degré de luminosité (brillant, mat, en demi-teinte) et la valeur (foncé ou clair). Quand vous allez faire des achats regardez les tissus et les vêtements et comparez les couleurs. Recherchez l'harmonie des tons et des valeurs ainsi que celle des couleurs. Vous noterez alors que la couleur, l'humeur et la personnalité souvent coïncident. (Si vous êtes sensible à la texture d'un tissu vous intégrez le sens du toucher, renforçant ainsi la trace mnésique.)

Quand vous vous promenez, observez les différentes couleurs dans la nature : ciel, nuages, terre, herbe, feuilles, troncs d'arbres, fleurs. Profitez d'une telle variété habituellement imperceptible au premier coup d'oeil !

Note : Vous pouvez apprendre à différencier et à analyser les couleurs en mélangeant les couleurs primaires (rouge, jaune, bleu). Regardez une charte des couleurs et faites votre propre expérience. Vous serez capable d'identifier par exemple s'il y a plus de bleu que de rouge dans un violet.

ATTENTION SÉLECTIVE 7

> « *Un objet auquel on fait attention restera en mémoire tandis que celui qu'on laisse distraitement passer n'y laissera aucune trace.* »
>
> William JAMES

« Attention sélective » implique qu'on sélectionne l'objet de son attention. Ce processus sélectif est essentiel pour assurer une bonne mémoire. A l'école et au travail, le choix de ce qui est important est souvent fait pour nous. On nous dit d'étudier quelque chose de particulier et nous le faisons facilement sans même nous rendre compte que ce choix nous permet de nous concentrer automatiquement sur l'essentiel. Quand nous sommes laissés à nous-mêmes, c'est à nous de prendre la décision. Inconsciemment nous sélectionnons ce qui est nécessaire pour survivre et laissons le reste au hasard. Vous augmenterez le contrôle de votre mémoire en choisissant soigneusement les choses qui selon vous valent la peine d'être gardées en mémoire.

Alors que vous observez l'objet de votre attention, une seconde sélection s'opère en vous : Qu'avez-vous sélectionné ? Avez-vous conscience d'analyser quelque chose en particulier ? Ce n'est qu'après vous être posé la question « Qu'est-ce qui, selon moi, valait la peine d'être retenu ? » que vous allez prendre l'habitude de vous concentrer sur ce qui est important pour vous. Par exemple si vous souhaitez retenir les différentes personnes d'un groupe homogène (personnes du même âge, collègues de travail), ne vous attardez pas sur les ressemblances comme cette femme déprimée qui se plaignait : « Je ne peux pas me souvenir des gens dans cette maison de retraite : ils sont tous pareils, gris et ridés. » En fait il n'y a pas deux chevelures identiques (différents tons de gris, volume, consistance, coupe...) et il existe une étonnante variété de rides. Pour être efficace il convient de choisir de se fixer sur les différences plutôt que sur les similitudes. Puis il faut se décider à les apprendre. Des études ont montré que l'on ne se souvient pas automatiquement. Le désir d'apprendre doit être exprimé consciemment : par exemple un sujet ne se souvenait pas d'une série de chiffres qu'on lui avait montrée un grand nombre de fois. Soudain la psychologue réalisa qu'elle avait omis de lui demander de l'apprendre. Une fois cela fait, le sujet s'en souvint. L'esprit a besoin de directions spécifiques pour se fixer sur l'acte de mémorisation. L'enregistrement volontaire facilite le rappel.

Que se passe-t-il si vous ne savez pas quoi sélectionner ? Alors il vous faut choisir arbitrairement de vous concentrer sur quelque chose qui vous intéresse. Fixez-vous sur une chose à la fois, rétrécissant votre champ sur ce que vous trouvez de plus frappant. Si vous éprouvez des difficultés à le définir, alors prenez n'importe quel détail que vous remarquez et vous commencerez à procéder au traitement de cette information. Il est important d'agir et de couper court à toutes les hésitations qui vous empêchent de vous concentrer.

Avec l'âge, cela devient plus difficile à réaliser parce qu'on perd la capacité de privilégier la sensation que l'on trouve la plus importante. On tend à prêter la même attention à chaque chose et on est plus facilement distrait. Si à cela s'ajoutent une impossibilité de se détendre face au stress et une capacité réduite à élaborer des impressions sensorielles précises et détaillées, alors l'attention et la concentration risquent fort d'être perturbées. Dans plus de 50 % des cas de problèmes de mémoire, il existe des troubles de l'attention. Vous pouvez remédier à cela avec des exercices pour améliorer votre concentration et votre attention sélective. De la sorte vous développerez vos talents d'observation car comme Francis Robinson nous le rappelle : «La capacité de concentration n'est pas innée mais acquise.»

PRISE DE CONSCIENCE ÉMOTIONNELLE

Dans le chapitre 6, «Réveil des sens : prise de conscience de la perception», vous avez appris combien il est important de s'intéresser aux sens comme une première étape pour saisir le maximum de ce qui vous intéresse. Au lieu de regarder un objet, un tableau par exemple, de manière vague, sans même prendre conscience de ce qu'enregistre votre esprit, faites attention à la manière dont vous le percevez. «Quelles impressions me fait-il ? Comment est-ce que je réagis à ses couleurs, à ses formes, à l'ambiance qui se dégage de l'ensemble ?» Ces questions vous pousseront à analyser vos réactions émotionnelles. A partir du moment où vous considérez un objet sous cet angle fondamental, vous ne le subissez plus passivement. Au contraire vous êtes impliqué dans un processus actif où vous décidez d'intégrer consciemment l'élément affectif qui garantit un meilleur enregistrement à long terme.

En partant du principe empiriste que l'on se souvient surtout de ce qui frappe, on va justement essayer de définir d'abord les éléments frappants de l'objet en question. C'est une approche impressionniste, ce qui veut dire que ce sont nos impressions qui comptent, et non pas des critères objectifs. Il suffit de répondre spontanément à son instinct, de nommer les caractères spécifiques que l'on relève et de les analyser dans un deuxième temps. A ce stade vous avez décidé d'être attentif à vos sens pour vous guider vers ce qui vous impressionne le plus tant il est vrai qu'on se rappelle mieux ce que l'on ressent profondément et ce qui fait vibrer.

L'étape suivante est de fixer son attention sur les émotions. En vous intéressant à un objet, essayez de capter l'effet qu'il produit sur vous. Demandez-vous «Est-ce que je trouve cela agréable ou désagréable ? Irritant ou apaisant ? Frappant ou anodin ? Triste ou amusant ? Stimulant ou ennuyeux ?» Ces réflexions qui engagent l'affectivité contribuent à un meilleur enregistrement des souvenirs.

Le Professeur Gordon Bower de l'Université de Stanford a réalisé une étude sur les relations entre l'humeur et la mémoire. «Votre humeur détermine directement les informations que vous sélectionnez pour porter un jugement... La mémoire paraît dépendre de l'humeur ou de l'ambiance : si l'humeur est négative, il existe une forte probabilité de souvenirs négatifs.» Cela explique le caractère cyclique de la dépression dans laquelle une idée noire en appelle une autre. On peut provoquer une humeur, créer une ambiance dans le but de provoquer le rappel de souvenirs enregistrés dans les mêmes conditions. Retrouver une impression encore vague et mal définie (comme la colère, la joie, l'excitation, le chagrin...) peut vous conduire à un rappel plus spécifique et plus détaillé. On réalise en outre que tout jugement que l'on porte dépend en partie de l'humeur du moment précis. Cela devrait affiner notre sens critique et remettre en question certains de nos jugements.

PRISE DE CONSCIENCE INTELLECTUELLE

Nous allons maintenant examiner un objet ou une illustration sous un angle plus intellectuel, faisant appel à la raison et au raisonnement plutôt qu'aux émotions. Une stratégie d'organisation élémentaire va aider chacun à se concentrer sur les aspects principaux et particulièrement significatifs d'un tableau :

1. Regardez l'ensemble du tableau et définissez-en le sujet en lui donnant un titre. En d'autres termes, captez l'essentiel du message.

2. Notez la structure du tableau. Regardez les couleurs, le décor, le premier plan, la place exacte du sujet principal. Ce faisant, vous enregistrez le sujet dans son contexte spatial.

3. Selectionnez les éléments particulièrement signifiants qui vous donnent une information spécifique sur le message du tableau. Là vous allez plus avant dans la description, examinant plus particulièrement tel aspect, grossissant tel détail. En commentant un élément de l'ensemble comme une robe ou une voiture, vous enregistrez le sujet dans son contexte spatio-temporel et vous découvrez le style personnel de l'artiste que l'on peut définir comme la différence par rapport à la norme. Cette étape peut être plus ou moins complexe en fonction de la quantité de détails que vous souhaitez garder en mémoire. Il est évident qu'apprendre des choses nouvelles demande un degré d'encodage plus important.

Si vous combinez de la sorte toutes vos ressources en faisant appel à vos sens, à vos émotions et à votre intellect, vous allez développer un contrôle maximum sur vos processus d'enregistrement. Pour mieux vous souvenir, suivez le schéma décrit ci-dessus en procédant de la prise de conscience émotionnelle vers la prise de conscience rationnelle. Cela n'est pas difficile : le mouvement naturel de la conscience ne va-t-il pas de l'émotionnel au rationnel ?

Cela peut apparaître compliqué au début parce qu'ici nous décomposons, en les analysant, les différentes étapes qui sont habituellement perçues comme une seule et même opération mentale, mais c'est en fait très simple. Cela prend très peu de temps de suivre cette procédure qui garantit des résultats. Vous ferez ainsi consciemment ce qui est parfaitement efficace au lieu de laisser ce soin au hasard. Comme Francis Robinson nous le rappelle «Quelqu'un est efficace non pas par la force de la volonté... mais plutôt parce qu'il a acquis et développé de bonnes habitudes d'organisation pour structurer ses activités.» Avec l'usage, penser en termes de stratégies deviendra une deuxième nature et vous serez surpris par vos progrès.

S'EXERCER À L'OBSERVATION AVEC DES TABLEAUX

Imaginez que votre esprit soit un appareil photographique capable de cerner une scène donnée sous plusieurs perspectives. Un bon photographe va mettre tous ses sens en éveil pour se cristalliser sur ce qu'il trouve particulièrement intéressant. Ses connaissances techniques lui permettent de prendre une photo qui reflète à la fois ce qu'il voit et ce qu'il ressent. Le grand photographe américain Ansel Adams a dit un jour qu'une excellente photo parvient à saisir et rendre l'ambiance perçue par le spectateur à ce moment précis.

Édouard Manet (1832-1883), *Portrait d'Émile Zola*, peinture, 1868. Musée d'Orsay, Paris. Ph. Hubert Josse © Archives Photeb.

Dans les exercices qui suivent vous allez apprendre comment accroître vos facultés d'observation en regardant une série de tableaux d'une manière structurée. Pour pratiquer ces exercices il sera nécessaire que vous vous procuriez des reproductions de tableaux ou de photos d'art. Vous en trouverez facilement (et à bon marché) sur carte postale ou en empruntant des ouvrages d'art à une bibliothèque. Pour suivre la démonstration vous trouverez ci-contre le portrait d'Émile Zola peint par Édouard Manet. La reproduction laisse sans doute à désirer mais suffira pour illustrer la méthode.

Impression globale du tableau

Nous allons procéder à une analyse subjective puis à une analyse objective. Regardez d'abord le tableau dans son ensemble et tâchez d'en tirer une impression globale. Les questions suivantes vous aideront à la définir : «Qu'est-ce que je ressens à la vue de ce tableau ? Plaisir, tristesse, agacement, etc. ? Est-ce qu'il me touche ou pas ? Ma réaction est-elle positive ou négative ? Est-ce que j'aime ou pas ? Qu'est-ce qui peut bien provoquer mes impressions ? Le sujet ? Les couleurs ? La structure ? Le coup de pinceau ?» Faites une pause et laissez-vous envelopper par l'effet émotionnel que le tableau a sur vous. Vous approfondirez une vague émotion initiale. Le fait d'être attentif à cette impression globale vous permet de la classer d'abord sur le plan affectif que privilégie le processus mnésique. Ensuite vous pourrez vous lancer dans une analyse rationnelle, passant d'observations subjectives à d'autres plus objectives. Relevez alors le titre et le nom de l'artiste. Chacun d'eux vous donne une idée générale du tableau et pourvu que vous les connaissiez, des associations d'idées vont s'ajouter à ce que vous allez observer. Ce genre de connaissances n'est pas essentielle mais elle peut ajouter à l'appréciation. Regardez la composition générale du tableau, la disposition et l'arrangement global du sujet. Qu'y a-t-il au centre de la scène ? au premier plan ? Attachez-vous d'abord à l'essentiel. Ici c'est un homme assis à son bureau. Il semble bien s'agir de son bureau car il y apparaît à l'aise et détendu. Son visage est très expressif et son regard se porte vers la droite.

C'est presque un profil. Maintenant regardez le décor à l'arrière-plan. Au dessus du bureau, dans le coin en haut à droite, on voit plusieurs tableaux accrochés au mur. Un des tableaux, au format horizontal, représente une femme nue allongée sur un lit de repos. Un autre tableau, disposé verticalement cette fois, montre une figurine japonaise. À gauche, derrière la chaise sur laquelle Zola est assis on voit le panneau d'un paravent japonais sur lequel est dessiné un oiseau posé sur une branche d'arbre en fleurs. Maintenant fermez les yeux, et essayez de recréer cette image mentalement. Appréciez-vous la manière dont l'artiste a disposé le sujet principal en le replaçant dans son cadre de travail ? Puis regardez l'éclairage. Où tombe la lumière et d'où vient-elle ? Que met-elle en valeur ? Ici, la lumière se concentre au centre du tableau, détachant nettement les pages blanches du livre que Zola tient dans les mains. Son visage et ses mains font également partie de ce cercle imaginaire de lumière. Si vous pouvez trouver une reproduction en couleurs de ce tableau, examinez-en les différentes teintes et voyez comment vous réagissez aux couleurs. Les tons bruns foncés constituent le fond du tableau, les meubles et le sol. Le blanc et le beige ressortent dans l'auréole de lumière, tout comme le jaune du panneau vertical.

Analyse de détail, versant subjectif

Quels détails vous frappent dans ce portrait ? Analysez-les, et concentrez votre attention sur les réflexions personnelles qu'ils provoquent. Sont-ils symboliques ou représentatifs de quelque chose ? Essayez de préciser de quoi. (Par exemple ici il y a un hommage à l'orientalisme qui a beaucoup influencé les artistes à cette époque). Quelles associations vous viennent à l'esprit ? Arrêtez-vous quand vous avez capté tout ce qui vous intéresse en prenant bien soin de l'enregistrer avec précision pour pouvoir y faire référence ultérieurement.

Analyse de détail, versant objectif

Si vous souhaitez approfondir votre connaissance artistique ou si tout simplement vous aimez ce tableau et vous voulez retenir le plus de détails possibles, poussez plus avant l'analyse. Keats a dit «Une belle chose est une joie éternelle,» pour peu qu'on soit fasciné par sa beauté. Soyez systématique et choisissez soigneusement les détails. Examinez d'abord le personnage central, puis le premier plan et enfin l'arrière plan. Ici Zola porte une veste noire avec une chemise blanche dont on ne voit que l'extrémité d'une manche avec un bouton de manchette doré. Son pantalon est gris-vert avec une bande noire sur le côté, à la mode de l'époque. On retrouve la même couleur dans le bureau, le paravent et les tableaux au mur, comme un écho. Dans ce cabinet de travail confortable, il est assis sur une chaise capitonnée recouverte d'un tissu coûteux. Les têtes des clous de tapissier en cuivre dessinent la découpe du dossier et en rehaussent l'éclat. Quelle est l'attitude de Zola ? Il a les jambes croisées avec une main qui repose sur sa cuisse, l'autre tenant un livre. Son regard pensif prolonge l'orientation de son visage vers la droite, que l'on observe de trois quarts. Sur le bureau il y a des livres, un texte ayant pour titre Manet et une plume dans un encrier en porcelaine. Arrêtez-vous un instant et soyez réceptif à vos réactions et commentaires personnels. Que pouvaient bien représenter ces détails pour l'auteur ? pour le peintre ? Si vous ne savez pas, devinez. En commentant vous renforcez la trace mnésique.

Avez vous remarqué qu'il y a plusieurs références à Manet ? Une esquisse de sa peinture «Olympia» et son nom sur la couverture d'un pamphlet, détournent notre attention de Zola. Ce n'est pas un portrait fait à la manière classique avec un arrière-plan neutre. Bien que le fond soit traité dans des couleurs sombres pour faire ressortir le visage comme le faisaient les maîtres hollandais, ce portrait suggère l'action et la création artistique. Il reflète les liens d'amitié entre Zola et Manet qui se défendaient mutuellement des attaques des critiques. Cette oeuvre déclencha une controverse à l'époque de sa création bien qu'on en voie de nos jours les mérites : il s'agit d'une affirmation à la fois personnelle et esthétique.

Synthèse

Qu'est-ce qui ressort de cet ensemble ? Quelle ambiance s'émane de cette toile ? Qu'est-ce qui vous interpelle, vous accroche ? Qu'est-ce qui vous touche ? Qu'est-ce qui vous plaît le plus ? De quoi aimeriez-vous vous souvenir ? Essayez de faire une synthèse de vos remarques subjectives et objectives.

Fermez les yeux et visualisez le tableau. Notez ce qui apparaît clairement au regard de votre mémoire. C'est ce qui vous a marqué et que vous avez enregistré avec soin. Voilà la copie que vous avez reconstituée et que vous garderez en mémoire. Elle s'effacera peut-être un jour, s'affaiblira sans doute avec le temps, cependant essayez d'en garder une image aussi claire que possible, dynamique et mémorable. De temps à autre rappelez-là à votre souvenir.

Comment appliquer ces principes d'observation à la vie de tous les jours

Dans le paragraphe précédent nous avons pris comme exemple pratique une peinture célèbre mais il va sans dire que ces principes d'observation peuvent parfaitement s'appliquer à tout ce que vous voulez vous rappeler : un film, une pièce dramatique, une tranche de vie, un épisode de la vie quotidienne, une conversation, un incident, un accident, un événement, et ainsi de suite. Avec la pratique vous vous souviendrez bientôt de ce qui vous semble important quel que soit le lieu ou le moment. Vous finirez par acquérir des réflexes conditionnés particulièrement efficaces qui développeront considérablement vos capacités mnésiques.

Appelé à témoigner le cas échéant, vous pourriez fournir un témoignage valable. Chaque fois que vous aurez à procéder à une analyse rationnelle, vous fixerez votre attention sur des caractères objectifs précis comme la taille, la couleur, la forme, l'odeur, la sonorité et le contexte. Ce type de détails est important pour définir des objets perdus ou identifier voleurs ou criminels. Ils peuvent également être d'un grand secours pour déterminer qui était en tort dans un accident. D'ailleurs très souvent les témoins oculaires d'un même événement ne sont pas d'accord les uns avec les autres : leurs témoignages ne sont pas fiables parce qu'ils n'enregistrent pas consciemment ce qu'ils observent. Ils n'analysent pas la situation systématiquement en prenant un minimum de recul. Ils font confiance à leurs processus inconscients qui déforment souvent la réalité. Si par contre, vous avez l'esprit curieux, vous vous posez des questions et votre esprit est continuellement en éveil. Vous êtes alors bien plus en mesure d'évaluer une situation, prenant en compte vos propres partis pris. Car on sait que les préjugés influencent les opinions et les souvenirs. Les études scientifiques portant sur des témoins oculaires aux USA ont effectivement montré qu'on altère et transforme inconsciemment ce que l'on voit. Dans une de ces études on a montré à des témoins plusieurs scènes d'agressions. Malgré le fait que la moitié des agresseurs étaient blancs et l'autre moitié étaient de couleur, la plupart des témoins relataient que 80 % des agressions avaient été commises par des gens de couleur. (Il est intéressant de noter que ce pourcentage correspond aux statistiques diffusées par les médias : en effet la plupart des délits ont lieu dans les quartiers pauvres où vivent «les minorités» qui, pour l'essentiel, sont composées de gens de couleur. Conclusion : on voit ce qu'on s'attend à voir.)

Prenez donc l'habitude de porter une plus grande attention à ce qui se passe autour de vous. En faire un véritable jeu rend la tâche amusante. Imaginez que vous êtes un détective chargé de relever le comportement de votre entourage, ou plus simplement devenez un observateur de l'humanité en étudiant les gens autour de vous. (Le café est un endroit idéal pour cela.) Shakespeare a dit « Le monde est une scène de théâtre.» Regardez autour de vous, et bientôt vous le verrez avec les yeux d'un metteur en scène. Pour cela vous n'avez besoin que d'aiguiser votre sens de l'observation. Cela peut vous amener à découvrir de nouvelles marottes. La photographie, la peinture, le dessin, l'écriture, comme toutes les activités créatrices, dépendent de l'éveil des sens, de la sensibilité, et d'une bonne observation. Les moyens d'expression sont des outils techniques qui viendront par la suite quand vous serez rentré plus au fond du sujet et que vous vous sentirez plus confiant. La clé de la création artistique comme le disait Léonard de Vinci est *sapere vedere*, savoir regarder.

Exercez-vous en examinant des objets, ce qui est facile quand on fait des courses. Dans les supermarchés, regardez les étiquettes. Il est intéressant de se demander l'effet qu'elles ont sur vous : est-ce que vous aimez la présentation, la couleur, le motif de l'emballage ? Puis lisez la liste des ingrédients. Dans les grands magasins, examinez soigneusement les articles que vous avez l'intention d'acheter. Si vous essayez quelque chose, interrogez-vous d'abord sur le plan émotionnel : Est-ce que je me sens bien en le portant ? Puis analysez cet article en cherchant s'il a des défauts, en vérifiant que les motifs sont bien juxtaposés au niveau des coutures, etc.. Procédez de manière systématique, commencez à un bout du vêtement pour terminer à l'autre. Vous constaterez que vous ferez vos achats de manière plus réfléchie, vous aurez moins de frustrations et économiserez du temps en n'ayant pas à échanger tant d'objets. Il vous arrivera même d'économiser de l'argent en obtenant des rabais pour de petits défauts de fabrication que vous aurez remarqués.

Fixez-vous un objectif quotidien

Examinez attentivement un objet qui a retenu votre attention. Choisissez quelque chose qui vous plaît, vous intrigue ou vous amuse. Soyez positif dans votre choix. Par exemple, chaque fois que vous rendez visite à un ami, fixez-vous pour objectif de noter un objet particulier de son intérieur et étudiez-le suivant les préceptes ci-dessus. De retour chez vous, essayez de revoir cet objet mentalement et décrivez-le par écrit (dans votre agenda par exemple). La description doit d'être aussi détaillée que possible. Faites en part à vos amis et il seront flattés de vos observations.

Les principes de ce chapitre peuvent s'appliquer pratiquement à toute chose. Habituez-vous à comparer et à évaluer ce que vous regardez. Vos observations deviendront vite le tremplin de nombreuses réflexions sur la vie, la culture, l'art, la personnalité, ou l'originalité, tout ce qui donne de l'intérêt à la vie. Remarquez qu'on a tendance à rechercher les points communs quand on veut unifier ou réunir. Mettre l'accent sur ce que les gens ont en commun amène à minimiser les différences qui les séparent. Cependant si vous êtes intéressé par chaque individu pris comme une entité unique, il faut rechercher les différences. Parfois ces caractéristiques sont qualifiées de stéréotypes lorsqu'il s'agit de particularités nationales, raciales ou sexuelles. En jonglant avec les similitudes et les différences et en demeurant toujours en éveil, nous limiterons peut-être les excès des préjugés. En raison de tout ce que nous avons en commun, nous devrions apprendre à vivre avec nos différences, à les assumer et même à les apprécier. Par bonheur nous vivons dans une société libre dans laquelle les différences sont tolérées, voire encouragées au nom de la diversité et de la pluralité. Puisque mettre les différences en évidence aide la mémoire, vous avez déjà là un avantage.

SYNTHÈSE RAPIDE

Pour contrôler l'enregistrement de nos souvenirs nous devons **prendre conscience de ce que nous percevons**, de comment cela nous affecte et de nos réflexions.

Une attention sélective nous permet consciemment de fixer notre attention sur ce que nous choisissons comme essentiel de retenir. Cela demande une prise de conscience sur le plan émotionnel et intellectuel. Voici ce dont il faut tenir compte pour rendre votre attention plus sélective :

1. Vos sens : Que percevez-vous, que ressentez-vous ?

2. Eléments marquants : Qu'est ce qui vous frappe en particulier ? L'ambiance ?

3. Vos émotions : Qu'est-ce qui vous touche ?

4. Votre intellect : vérifiez chacun des points suivants :
- la signification du message : le sujet
- la structure : sa composition
- les éléments pertinents et significatifs :
- les détails qui illustrent le message.

Chaque fois que vous regardez quelque chose il faut vous poser deux questions fondamentales : «Est-ce que j'aime ou pas ?» et «Qu'est-ce qui me plaît ou ne me plaît pas ?»

Ce chapitre clé illustre comment participer activement aux trois étapes de la mémorisation : **l'enregistrement, le rangement et le rappel**. En enregistrant sur les deux modes, affectif et intellectuel, avec des commentaires (processus d'élaboration) à la fois spontanés et organisés, vous classez le matériel en catégories et plantez des repères qui faciliteront le rappel.

Attention sélective

EXERCICES

ANALYSER UN TABLEAU : DE L'ENSEMBLE AUX DÉTAILS

Si vous le jugez nécessaire, vous pouvez revoir le paragraphe «Exercices d'observation avec des illustrations» avant de passer à l'exercice suivant.

1 UN TABLEAU DE VOTRE CHOIX

D'abord regardez l'ensemble du tableau et laissez parler votre émotion. Puis définissez le sujet, où il est situé sur la toile et quelle est la structure générale de l'œuvre. Laissez-vous alors guider par ce qui vous touche ou qui excite votre curiosité. Portez votre intérêt plus précisément sur ces points particuliers et analysez-les en détail. En troisième lieu analysez la peinture de manière systématique en commençant par le personnage central ou sujet principal puis en passant au premier plan et à l'arrière plan. Balayez l'image du regard plusieurs fois, enregistrant plus de détails. Une fois que vous avez l'ensemble de l'illustration bien présent à l'esprit, élaborez vos commentaires personnels. Retenez toutes les associations qui vous viennent à l'esprit. Soyez sensible à l'ambiance, la couleur, la texture, et à vos réactions. Arrêtez-vous sur les particularités propres au style de l'artiste, par exemple le travail du pinceau, les couleurs (si possible) et les thèmes qui se dégagent. Ces diverses opérations mentales vous assurent que vous êtes bien en train d'encoder toutes ces informations pour une rétention à long terme. Vous obtiendrez les meilleurs résultats, en revoyant le tableau de temps à autre.

Pour apprécier il suffit de **Regarder, Ressentir et Réfléchir**. (Facile à retenir en utilisant un truc mnémotechnique : notez les 3 R.) Après avoir appris à regarder un tableau, vous apprécierez davantage ce que vous voyez dans les boutiques, dans les vitrines, dans les salles d'attente, dans les maisons de vos amis et bien sûr dans les expositions. Saviez-vous qu'en moyenne les visiteurs ne consacrent que 6 secondes à contempler un tableau d'après une étude s'intéressant à mesurer l'attention des gens qui visitent les musées ? Il est sûr qu'un coup d'oeil aussi rapide ne va laisser qu'une trace bien faible dans le cerveau (ou même pas de trace du tout). On se souvient vaguement de ce qu'on a vu rapidement sans réellement regarder. Il n'est pas étonnant qu'on se rappelle alors si peu de choses : on fait si peu pour se rappeler ! A l'inverse, les amateurs d'art, les artistes eux-mêmes, les observateurs curieux consacrent du temps et de la réflexion, enregistrant intensément ce qui leur plaît et ce qui les intéresse. Ils analysent les peintures qu'ils regardent de manière impressionniste mais aussi structurée. Vous pouvez faire de même et accroître la qualité de votre vie et de votre mémoire.

2 LES PARTIES ET LE TOUT

Etudiez des illustrations de votre choix en procédant de la même manière. Allez chez votre libraire ou dans une bibliothèque et cherchez un livre sur un sujet de votre choix, un sujet qui vous plaise. Pensez à un thème comme les chats (domestiques et sauvages), les papillons, les arbres, les poissons, les paysages peints, les photos de fleurs, les portraits, les avions, les locomotives.... Essayez de vous rappeler ces images quelques heures plus tard, puis le jour suivant. Elaborez des descriptions précises d'abord de l'ensemble de l'image puis du maximum de détails. Vérifiez alors en revoyant l'illustration. Si vous mettez par écrit votre description, vous serez amené à noter encore plus de détails.

COMPARAISON : LA RECHERCHE THÉMATIQUE ET L'ÉTUDE DES DIFFÉRENCES

Les comparaisons secouent, rafraîchissent ou réveillent la mémoire. Quand vous voulez établir des comparaisons il vous faut bien connaître au moins un des éléments que vous désirez comparer à l'autre. Etudier la relation entre deux éléments engendre des associations d'idées personnelles. Supposons par exemple que vous regardiez des livres sur les chats parce que vous les aimez, peut-être êtes-vous à la recherche du «chat idéal». Votre chat, ou un chat que vous avez connu, vous servira de référence pour comparer les autres, tant dans leurs caractéristiques physiques que dans leur comportement. Avez-vous déjà observé attentivement votre chat ? Les exercices qui suivent vont vous pousser à le faire. Alors vous découvrirez ce qui lui est personnel tant dans l'aspect que le caractère, en étudiant les autres chats. Pour ce faire vous allez analyser et classer, ce qui aura pour effet de consolider vos connaissances sur le sujet et de vous faire mieux apprécier votre animal.

3 DIFFÉRENCES DANS LE CADRE D'UN THÈME

Tout d'abord nous allons choisir un thème ou un sujet ordinaire, et voir comment il est traité différemment : son approche et son interprétation par différents artistes varient au travers de leurs oeuvres respectives selon leur personnalité ou leur culture propre. Par exemple, les attributs du corps féminin sont universels. Et de tous temps cela a été un sujet privilégié des peintres, sculpteurs, photographes et réalisateurs de cinéma. Explorez comment l'ont exprimé de grands artistes de différents pays et de différentes époques. Allez dans une bibliothèque, et consultez quelques livres sur ce sujet. Autres sujets : Adam et Eve, Vénus, autoportraits, portraits, paysages, natures mortes, etc.

4 LES FLEURS : ANALYSER ET COMPARER EN S'ATTACHANT AUX DIFFÉRENCES

Choisissez des fleurs, familières ou exotiques. Une petite promenade au printemps est idéale pour les observer sur pied mais toute autre saison fera l'affaire même s'il faut recourir à des fleurs coupées ! D'ailleurs ce ne sont pas les livres d'art avec des reproductions photographiques remarquables qui manquent dans les bibliothèques ou dans les librairies. Dans l'idéal il faudrait comparer les deux, le réel et son interprétation par l'artiste, quel qu'en soit le support (tableau, tapisserie, objet décoré...). Voici quelques recommandations générales portant sur une de mes fleurs favorites : l'iris. Seriez-vous capable de décrire ou de dessiner un iris ? Vous connaissez certainement cette plante mais pouvez-vous dire combien de pétales elle possède ? Quelle est sa structure, l'arrangement des couleurs et comment les bourgeons se disposent-ils sur la tige ? Bien évidemment si vous êtes tant soit peu versé dans la peinture et que vous vous intéressez à ces fleurs, vous avez dû passer des heures à les observer, à les dessiner voire à les peindre. De nos jours rares sont ceux ou celles qui travaillent de mémoire alors que jusqu'au XIXe siècle par exemple, c'est dans leurs ateliers que tous les artistes peignaient les paysages, faisant appel à leur mémoire.

Tout d'abord, étudiez si possible un véritable iris, avec beaucoup de soin. Vous découvrirez peut-être, comme ce fut mon cas en visitant la pépinière d'un horticulteur spécialisé dans cette plante, qu'il existe de nombreux types d'iris. Certains sont de taille très grande, d'autres ont des pétales tombant, d'autres encore sont bicolores. Quelques variétés rares ont un parfum très fort. Il est important de bien connaître la véritable fleur pour apprécier toutes les nuances dans la manière de l'interpréter sur une toile et toutes les différences qui existent dans l'art des compositions florales en peinture. Malgré le processus de stylisation propre à chaque individu, il n'y a en fait que peu de lignes, de courbes et de couleurs qui sont typiques d'une fleur : vous les retrouverez chaque fois qu'une même fleur sera choisie comme sujet. C'est ce qui lui est propre et qui permet de l'identifier. Maintenant analysez la représentation d'un iris en essayant de progresser de l'approche émotionnelle à l'analyse intellectuelle, c'est-à-dire de l'aborder par l'émotionnel pour en arriver au raisonnement intellectuel : Essayez de dégager des questions en conséquence (ça me plaît ou pas ? qu'est-ce qui me plaît ou pas ?) et d'y répondre dans la foulée. Puis passez à une autre représentation d'iris. Comparez-la à la première en notant les ressemblances et les différences. Arrêtez-vous sur les différences. Procédez de même avec d'autres dessins ou peintures de la même fleur. Finalement, tentez de vous rappeler tous les différents types de représentation avec le maximum de détails possibles. Notez par écrit les caractéristiques de chacune. Vous serez surpris de voir combien vous pouvez apprendre par vous-même sur l'art et sur la nature en développant vos facultés d'observation.

COMPARAISON : ANALYSER LES RESSEMBLANCES ET LES POINTS COMMUNS

Les catalogues d'art comme ceux des grandes ventes aux enchères, ceux qui accompagnent habituellement les grandes expositions sur un thème ou sur un artiste, les guides des musées sont un matériel idéal avec lequel vous pouvez exercer vos talents d'observation. (Mais vous pouvez aussi comparer

5 FAIRE UN CHOIX PARMI LES PEINTRES ET LEURS ŒUVRES. COMMENCEZ PEUT-ÊTRE PAR VOS PEINTRES PRÉFÉRÉS

Artistes isolés : choisissez une exposition ou un livre sur un artiste connu et regardez attentivement plusieurs toiles de la même main. Analysez-les soigneusement en recherchant les points communs. S'agit-il d'un thème cher à ce peintre ? Comment pourriez-vous décrire ses oeuvres ? Commentez les sujets, les couleurs, la matière, les compositions, les expressions et l'ambiance.

Ecoles de peintres : choisissez plusieurs peintres d'une même école ou présentant une sensibilité identique. Recherchez les ressemblances ainsi que les différences. Vous pouvez de la sorte étudier les impressionnistes, les primitifs flamands, les maîtres italiens, les surréalistes, les cubistes, les naïfs, etc. le choix est infini.

6 POINTS COMMUNS ET DIFFÉRENCES

Analyser plusieurs tableaux d'une même série comme *La Dame à la Licorne*, en regardant d'abord leurs points communs. Procédez de manière systématique, de l'ensemble aux points de détail. Puis recommencez en vous attachant aux différences cette fois. Commentez les deux examens et tirez vos propres conclusions.

7 OBSERVATION ET ÉVEIL DES SENS

Essayez d'impliquer autant de perceptions sensorielles dans l'analyse des différents sujets ci-dessous :

1. Les fruits : choisissez un fruit et analysez-le en suivant la conduite proposée dans ce chapitre (de l'émotionnel au rationnel). Procédez de même avec d'autres fruits de la même famille et comparez en considérant ce qu'ils ont en commun et ce qui leur est propre. Vous pouvez en particulier choisir diverses variétés de pommes ou de poires, d'agrumes.

2. Les fleurs et les plantes : faites de même avec des fleurs ou des plantes de votre choix. Là encore c'est un exercice particulièrement indiqué avec des grandes familles aux variétés très nombreuses et diverses comme les roses, les dahlias, les cactus, les tulipes....

3. Les arbres : étudiez-en
- la forme générale et la structure
- le feuillage
- la ramure
- les feuilles
- les fleurs ou les fruits ou les chatons s'il y en a.

4. Les animaux : choisissez différents types de chats ou de chiens ou d'oiseaux.

5. Objets variés : prenez des séries de lampes ou d'objets décoratifs d'intérieur par exemple.

6. La «Pub» : les affiches, les revues fournissent un matériel très intéressant pour étudier l'art publicitaire (parfums, montres, voitures, etc.).

7. Environnement local : étudiez de manière systématique les rues, les parcs, les places, les magasins, les centres commerciaux qui vous entourent.

8. Les gens : examinez les visages, les voix, les attitudes, les habitudes...

9. La musique : vous pouvez apprendre par vous-même à mieux écouter les morceaux de musique que vous aimez en les analysant de la sorte. Par exemple choisissez une chanson sur un disque ou sur une bande magnétique et posez-vous les questions suivantes :

— Qui est le chanteur ? Comment peut-on définir sa voix ? Est-elle douce ou rude ? Comment est-elle posée : est-elle très haut placée ou non ? Est-ce une voix de tête ou de poitrine ? Quel est le style du chanteur ? Est-il très direct, spontané, sans fioritures ou au contraire recherché, avec des effets de style, romantique ou ironique ? Quel type de chanson le caractérise : folklorique, populaire, rock, jazz, lyrique ou la classique chanson d'amour ? Ses chansons ont-elles un message politique ou social ?

— Qu'en est-il des instruments qui l'accompagnent ? Quels sont ceux utilisés ici ? Analysez la qualité des sons (par exemple le saxophone a habituellement une connotation chaude et sensuelle alors que la flûte est souvent gaie et insouciante).

Attention sélective

— Comment est le rythme ? et le tempo ? Rapide ou lent ? Simple ou complexe ? Est-il facile de suivre les mesures ? Est-ce que cela vous donne envie de danser ou simplement de remuer en rythme ?

— Quelle sorte d'humeur cette musique véhicule-t-elle ?

Essayez de différencier la mélodie et les leitmotivs d'accompagnement et de dinstinguer chacune des deux parties qui sont données par les deux canaux de votre chaîne stéréo.

10. Vins et fromages : développez vos papilles gustatives en goûtant et analysant les différentes sortes de fromages. Commencez par ceux qui ne sont pas trop forts en terminant par tous ceux au goût très affirmé. Essayez de marier vins et fromages en étudiant précisément comment les saveurs s'harmonisent. Pour accroître votre appréciation il convient d'essayer plusieurs types de vin de la même manière : commencez par ceux qui sont légers et passez ensuite aux plus corsés. Analysez-les d'abord individuellement puis comparez-les entre eux pour mieux les apprécier. Essayez des vins différents avec différents mets pour voir ceux qui sont parfaitement complémentaires.

8 LA DIFFÉRENCE DANS LES DÉTAILS

Imaginez qu'en vue de refaire la décoration de votre maison, vous êtes en train de choisir tout ce qu'il vous faut pour vous meubler. Comparez par exemple les chaises d'un même fabricant : des chaises différentes et des chaises semblables. Progressez du général (taille, confort, style et proportions) au particulier (détails dans le dessin des pieds, forme du dos du siège, principes de construction).

EXERCICE 9

Comparez l'adaptation filmée d'un roman au roman lui-même (exemple Pagnol : *Manon des Sources* ; Kundera *L'insupportable légèreté de l'être* ; Dickens *David Copperfield* ; Hugo *Les Miserables* etc.)

Recherchez les ressemblances et les différences et réfléchissez aux deux moyens d'expression : l'écriture et l'écran. Faites des commentaires et partagez-les avec des amis.

EXERCICE 12

Comparez plusieurs films ou livres sur le même sujet. Dégagez les différences et exprimez vos préférences en les expliquant.

PARTIE 3

*A*MÉLIORER L'ORGANISATION

TECHNIQUES D'ASSOCIATION 8

> «*L'esprit de l'homme est plus intuitif que logique et comprend plus de choses qu'il ne peut en relier entre elles.*»
> VAUVENARGUES

Le dictionnaire «Petit Robert» définit le terme association comme «le fait psychologique par lequel les représentations et les concepts sont susceptibles de s'évoquer mutuellement.» Il existe un flot permanent d'associations qui entrent en jeu dans l'esprit humain en réponse à toutes les sortes de stimuli auxquels il est soumis. Ces associations sont très importantes dans les processus d'apprentissage. Une chose en appelle une autre et les associations aident à structurer les nouveaux éléments de différentes manières. Selon la manière dont nous formons des associations, nous pouvons faciliter le rappel ou au contraire le rendre plus difficile. Les psychologues Morris N. Young et Walter B. Gibson, en accord avec la théorie générale de la mémoire naturelle et artificielle, soulignent que «dans la mémoire naturelle, les associations sont logiques... mais si le système des associations naturelles et logiques flanche, des associations selon un mode artificiel ou illogique peuvent être proposées comme des supports artificiels de la mémoire.» C'est sur cette base que reposent les procédés mnémotechniques (ou mnémoniques), qui visent à faciliter un rappel rapide.

Les associations spontanées nous évoquent les souvenirs anciens sans aucun effort. Ce processus est appelé mémoire involontaire. N'importe quel stimulus, un son, un goût, un détail visible, peut déclencher le rappel du souvenir. En règle générale nous nous souvenons par le biais d'une ressemblance ou à l'inverse d'une différence entre deux éléments. Quand nous rencontrons quelqu'un, nous recherchons les points d'intérêts communs, les points de convergence. Lorsque nous lisons un roman nous enregistrons quasi-systématiquement les points communs à ce genre de littérature : le sujet ou le thème, l'histoire ou l'intrigue, les personnages. On se rappelle facilement un type particulier de personnage que l'on a découvert dans un livre et que l'on retrouve dans un autre ou que l'on rencontre effectivement dans notre vie. Les ouvrages de littérature nous affectent personnellement et nous sommes simultanément attirés par le caractère fictif et artificiel du roman qui trouve un écho dans la réalité de notre vie. Il y a un peu de «Roméo et Juliette» en chacun de nous, non seulement parce que nous tombons amoureux, mais aussi parce que nous sommes frustrés par la manière dont la société et notre famille font obstacle à nos voeux les plus chers. La plupart des gens perçoivent en premier lieu ce qu'ils ont en commun avec les personnages de roman. A l'inverse, ceux qui ont l'esprit critique et en particulier les critiques d'oeuvres littéraires, de films ou de théâtre recherchent d'abord ce qu'il y a d'original, c'est-à-dire ce qui est différent. Ils essayent de cerner le style propre d'un artiste ou d'un écrivain, ce qu'il y a de spécifique dans sa manière de ressentir les choses et d'exprimer les idées communes à tout le monde. Par exemple, Charlie Chaplin et Buster Keaton ont chacun une manière très différente d'exprimer la tristesse ou la joie et de ce fait ils nous touchent différemment.

Les personnes à l'esprit créateur présentent la caractéristique de rechercher en permanence des associations. Leur esprit est toujours en état d'activité intense et elles utilisent chaque association comme tremplin pour en découvrir de nouvelles. A ce propos, Paul Valery a écrit un essai original sur la créativité pour démystifier l'idée d'inspiration. L'inspiration est la première association qui vient à l'esprit de l'écrivain de manière inattendue et sans effort. Cependant ce n'est que le point de départ du poème. Si l'auteur ne recherche pas activement d'autres associations, il n'aura alors tout au plus qu'un très beau vers mais pas un poème. C'est le travail du style qui transforme les idées en véritables réalisations artistiques. Cela implique la recherche active d'associations intéressantes et la création de métaphores originales, de rimes, de rythmes, etc.

Voici des siècles que les associations d'idées continuent à retenir l'attention des philosophes. Le grand Aristote, père de «l'associationnisme», a été le premier à faire la distinction entre associations volontaires et associations involontaires. Bien plus tard, au XVIIIe siècle, David Hume a remarqué que l'on n'a pas le contrôle des associations involontaires car celles-ci dépendent de «coïncidences extérieures». Vous n'aviez pas envisagé de trébucher sur un pavé mais dès que cela se produit et déclenche une association, vous voilà ramené à une sensation similaire ressentie longtemps auparavant dans un autre endroit particulier.

Au début du siècle, Ebbinghaus consacra sa vie à étudier les associations, en particulier les associations par «contiguïté», c'est-à-dire celles qui sont séquencées dans un enchaînement apparaissant plus naturel. Nous y reviendrons un peu plus loin. Plus récemment Karl Jung a étudié les associations qui se forment au cours des rêves. Lors des séances de psychanalyse, la règle est de donner libre cours aux associations qui viennent à l'esprit, pour permettre aux souvenirs censurés et enfouis dans l'inconscient de faire surface.

Comme Leontiev le fait remarquer dans son livre *Le développement de la mémoire*, quand nous disons, «Ça me rappelle...» nous reconnaissons implicitement qu'il existe d'abord une association d'idées qui commence à dérouler le fil de nos pensées. Et quand nous disons «Je me souviens...», un effort de réminiscence rappelle une pensée qui entraîne derrière elle une cascade d'associations. Dans le premier cas notre pensée suit une association involontaire tandis que dans l'autre nous pensons et recherchons des associations d'une manière volontaire et consciente.

Il est intéressant de définir les différents types d'associations que l'on peut rencontrer. Celles qui surgissent librement, de manière spontanée, par coïncidence, sont quasiment imprévisibles. Il peut s'agir d'une association phonétique, un son qui nous rappelle un autre son ayant en fait une signification totalement différente du premier s'il se trouve placé dans un autre contexte ou dans une langue différente. Par exemple, le son (ou phonème) «gâteau» a une expression orale très proche du mot espagnol «gato» (qui dans cette langue signifie «chat»), ce qui amène tout naturellement une petite fille française, âgée de 5 ans, à dire «Maria est folle : elle me montre le chat et me dit que c'est un gâteau !»

Certaines associations sont faciles à retrouver en raison de leur contiguïté avec l'élément précédent. Il existe une sorte de relation de cause à effet. Elles sont communes à tout le monde et il est aisé de retrouver le fil conducteur en remontant la piste par le simple jeu des associations logiques. Ivanov donne l'exemple du personnage de Sherlock Holmes qui essaye de deviner ce à quoi son ami Watson a pensé précédemment. Il reconstruit une chaîne d'associations par contiguïté, une idée conduisant à la suivante dans un contexte particulier. Comme la situation est définie et précise, il en va de même pour les associations possibles. Quand on essaye de résoudre une énigme, on recherche les liens logiques qui peuvent exister : motif, occasion, opportunité. Quand vous abordez avec quelqu'un un sujet auquel vous pensiez à ce même instant chacun de votre côté, il est probable que vous arriviez aux mêmes associations, éprouvant alors une impression de télépathie qui vous fait dire : «Tiens, comme c'est étrange, je pensais justement à la même chose !» (L'expression idiomatique «Les grands esprits se rencontrent» rend l'idée de surprise.) Pourtant ce n'est pas si étrange comme le souligne Ivanov, mais notez que ces associations sont très différentes des associations spontanées mentionnées auparavant.

Puisque les associations renforcent la mémoire à un niveau inconscient, il est raisonnable de postuler qu'il en va de même à un niveau conscient. En d'autres termes, si nous élaborons consciemment des associations et nous en recherchons pour des raisons précises et déterminées, nous augmentons notre contrôle de l'enregistrement des souvenirs. Nous améliorons aussi nos chances de rappel en renforçant les connections mentales. En tissant un large réseau d'associations, nous élargissons le contexte dans lequel se situe chaque souvenir et de la sorte nous augmentons les probabilités d'atteindre un plus grand nombre d'indices et donc de remuer plus de souvenirs. La structuration des associations est la clé d'une rétention efficace. La recherche d'associations, ou à un degré moindre la prise de conscience des relations qui peuvent exister, devient vite un véritable jeu. Cultivez l'aspect ludique de l'entraînement et vous améliorerez votre mémoire sant ressentir d'effort.

Les méthodes de base de l'analyse et de l'association peuvent servir à apprendre une liste. C'est un moyen très facile d'évaluer votre mémoire comme les psychologues le font depuis des années. L'apprentissage d'une liste est une performance mnésique qui illustre les techniques et montre leur efficacité mais c'est aussi un moyen très pratique de simplifier la vie quotidienne. Car on peut classer sous cette rubrique de nombreuses tâches journalières comme : lettres à écrire, appels téléphoniques à passer, achats au supermarché, démarches diverses, etc. Il est bien utile de pouvoir se passer des listes écrites sur des petits bouts de papier que bien souvent on égare ou on oublie. Vous continuerez peut-être à faire des listes mais vous en aurez de moins en moins besoin. Gardez-les dans votre poche comme une sorte de sécurité et un moyen de contrôler l'efficacité de votre mémoire. En vous reposant trop sur des notes ou des listes écrites, vous négligez votre mémoire et vous la laissez rouiller.

Pour retenir une liste, il faut en analyser les différents articles et faire des associations utiles. Quand nous analysons un objet, nous pouvons le regarder sous différents angles :

1. Une approche «analogique» met l'accent sur les ressemblances entre les objets. L'analogie est une ressemblance établie par l'imagination entre deux ou plusieurs objets de constitution ou de signification par essence différente. Voici un exemple : «Elle me rappelle ma soeur Christine car toutes les deux ont les yeux bleus.»

2. Une approche «différentielle» souligne les différences entre les éléments comparés, jusqu'à comprendre les oppositions. Par exemple : «Je me souviens du nom de Monsieur Lenoir à cause de ses cheveux qui sont tout blancs !»

3. Une approche «catégorielle», c'est-à-dire par classement, range les différents éléments ou idées en catégories. La constitution de groupes est un moyen tout naturel d'organiser sa pensée, et la formation de paires est le plus simple de tous. Chaussures et chaussettes, verres et bouteilles, yeux et lunettes vont ensemble.

Tous ces modes de pensée sont complémentaires et on peut les combiner pour obtenir une meilleure rétention. Kenneth Highbee rapporte une augmentation passant de 19 % à 65 % du nombre des éléments retenus à partir d'une liste apprise en utilisant la technique des catégories. Il vaut mieux utiliser n'importe quelle catégorie ou association que de n'en utiliser aucune. Un degré d'organisation plus élevé garantit un taux de rappel des souvenirs d'autant plus important. De plus en recherchant des associations il est souhaitable d'utiliser consciemment la visualisation qui rend le processus encore plus efficace. Par exemple, voici une liste de choses à faire :

A. Poster le courrier
B. Aller à la banque
C. Aller chez le coiffeur
D. Aiguiser les ciseaux

Les différents éléments de cette liste peuvent être groupés par paires comme suit : **A** avec **B** (car il y a une boîte aux lettres devant la banque) et **C** avec **D** (le coiffeur a besoin des ciseaux pour couper les cheveux).

Regrouper différents éléments en catégories oblige à faire des associations et l'association d'images oblige à visualiser ces connections. Finalement en utilisant votre imagination, vos commentaires renforceront encore plus vos associations :

A et B : Imaginez que vous glissez votre chéquier dans la boîte aux lettres et que vous remettez votre lettre à l'employé de la banque. Cette image tragi-comique relie banque et lettre tout en séparant bien les deux opérations. L'analogie réside dans la proximité géographique des deux choses.

C et D : Imaginez votre coiffeur vous coupant les cheveux avec vos vieux ciseaux émoussés : quelle image douloureuse !

Avec l'entraînement, la recherche d'associations deviendra une seconde nature. Compter les différents éléments d'une liste, les regrouper par classes, rechercher des associations d'images entre eux en utilisant des analogies, des différences ou des oppositions, le tout avec l'aide de votre imagination vous rendront l'apprentissage de listes réellement facile.

Le principe de l'association d'images peut s'appliquer de la manière suivante. Au moment d'enregistrer un souvenir, observez d'abord de très près ce que vous voulez retenir (par exemple, vos clés) ; ensuite faites-en un gros plan. Puis visualisez-les là où vous les posez en désignant l'objet à proximité (dans ce cas, près du téléphone). Troisièmement commentez l'association des deux objets (clés-téléphone). Au moment du rappel, les clés et le téléphone vont vous apparaître comme une seule image. C'est ce que nous faisons spontanément quand nous nous rappelons où nous avons mis quelque chose. Nous pouvons «le voir là à cet endroit !» Le faire de manière consciente vous garantira de ne plus oublier aussi souvent qu'auparavant.

CATÉGORIES ET PRINCIPES GÉNÉRAUX

La recherche de catégories va vous aider à vous souvenir des instructions, recettes et autres procédures. La bonne compréhension du principe de base est la clé d'un apprentissage efficace. Par exemple, cuisiner peut devenir un plaisir une fois que vous avez compris les principes de base qui régissent la préparation des plats. Pour se souvenir comment préparer une sauce à l'oseille, il suffit de penser aux différents types de sauce : blanche ou brune, type béchamel ou déglaçage. Dans quelle catégorie votre sauce à l'oseille entre-t-elle ? Pensez au principe d'une sauce blanche. Cela commence par un roux de farine et de beurre mélangé à chaud jusqu'à ce qu'il bouillonne et roussisse (un signe que la farine est cuite). Un liquide blanc (ou incolore) est ajouté à cet agent épaississant. Dans ce cas c'est du fumet de poisson car la sauce est prévue pour accompagner du saumon. On ajoute de la crème fraîche à la dernière minute pour donner du velouté à la sauce une fois qu'elle a été réduite à la consistance que vous désirez. Si vous pensez à de nouvelles recettes en les classant en principes et catégories, vous aurez seulement à apprendre les différents ingrédients ou les minimes variations de procédure, par exemple les condiments que l'on ajoute aux sauces en fin de cuisson pour leur conserver toute leur saveur. Ici il faudra ajouter du Xérès et des feuilles d'oseille en menus morceaux et laisser mijoter quelques minutes. Pour terminer, retirer du feu, ajouter de la crème fraîche et assaisonner avec du sel et du poivre selon votre goût. L'art de substituer des ingrédients pour des raisons de goût ou de santé s'appuie sur les principes généraux qui sous-tendent les recettes particulières. Vous pouvez réduire l'apport de corps gras de deux manières différentes, soit en utilisant une poêle qui n'attache pas, recouverte de teflon, soit en utilisant de petites quantités de margarine.

Un autre exemple porte sur la manière dont sont formés des noeuds et comment s'en rappeler. C'est ainsi qu'une fois j'assistais à une démonstration sur le port du paréo tahitien. Le paréo, vêtement fait d'une seule pièce rectangulaire de coton léger, peut être enroulé autour du corps de plus de 50 manières différentes. Or, peu de gens se souviennent de plus de trois d'entre elles, me racontait la jeune femme qui faisait la démonstration. Je décidais de faire mieux en recherchant les quelques principes qui sous-tendent toutes ces variations. Il se dégage trois grands principes :

1. Vous pouvez nouer les coins ensemble ou vous pouvez créer de nouvelles extrémités en prenant le tissu quelques centimètres plus vers le milieu et en laissant retomber les coins. (Cela a pour effet de réduire la quantité de tissu qui passe par le noeud.)

2. Vous pouvez nouer le paréo sur le devant, dans le dos, sur les côtés, dessus ou dessous l'épaule, derrière le cou ou sur la poitrine.

3. Vous pouvez le croiser devant ou derrière. Si vous avez un paréo très long, vous pouvez passer la partie basse entre les jambes et la rattacher où vous le souhaitez : à la ceinture, aux hanches ou à la poitrine.

De la sorte n'importe qui peut retrouver bien plus de trois manières différentes de nouer un paréo. Il faut penser en termes de principes généraux ou de catégories et vous n'avez alors qu'à vous rappeler les différences, c'est-à-dire les variations à partir de la norme.

Exemple

Voici une liste de commissions comportant 10 mots, dont certains ont déjà été mentionnés plus haut. Ecrivez-les verticalement de haut en bas : cordonnier, noix, pain, banque, asperges, coiffeur, laitue, ciseaux, bananes et courrier.

1. Regroupez les divers éléments en catégories comme vous le désirez, par exemple les articles alimentaires. Comptez les articles dans chaque catégorie et analysez-les : légumes verts et fruits, noix et pain.

2. Associez les articles à l'aide d'une histoire. Par exemple : «pain aux noix et à la banane» réunit en une seule image 3 des 5 aliments à retenir. Ce système améliore votre rappel parce qu'il vous oblige à relier entre eux dans un ensemble clair et unique des articles qui auparavant n'avaient à première vue aucun rapport.

CONCLUSION

Si nous combinons différentes sortes d'associations et la visualisation, nous disposons alors d'un outil particulièrement efficace avec lequel nous pouvons améliorer notre mémoire. L'association d'images et l'imagination élaborent le contexte nécessaire à une bonne rétention. Comme le philosophe David Hume le disait, l'association est une «force douce» que vous pouvez apprendre à maîtriser.

SYNTHÈSE RAPIDE

1. Les associations provoquent le rappel.

2. La recherche d'associations spécifiques, ressemblances, différences et catégories, aide à l'enregistrement et au rappel de l'information.

3. L'association d'images fait intervenir la visualisation et facilite l'élaboration de pensées qui constituent le traitement de l'information.

4. L'imagination affine ce traitement et personnalise vos souvenirs pour aboutir à un meilleur rappel de ceux-ci.

5. Raisonner en termes de principes généraux rend l'apprentissage plus facile.

EXERCICES

1 IMAGES ET CONTEXTE

La figure 8-1 est constituée d'un ensemble d'objets. Essayez de les classer en catégories. Comptez-les et faites des associations entre les objets des différents groupes. Au bout de 2 minutes d'étude, prenez une feuille de papier et écrivez le nom des objets dont vous vous souvenez, puis remarquez de quelle manière vous avez structuré l'ensemble.

Techniques d'association 131

figure 8-1

2 LISTE ET CONTEXTE

Essayez de regrouper les différents mots d'une manière qui les rende plus facile à mémoriser pour vous. Imaginez une histoire qui les relie entre eux et visualisez cette histoire. Mettez votre imagination à contribution.

     panda   air
     charrette   fougère
     abeille   chat
     bouton d'or soleil
     marguerites eau

3 VISUALISATION, CONTEXTE ET ASSOCIATIONS

Pendant 2 minutes regardez la figure 8-2 qui présente des noms d'animaux. Visualisez-les là où ils sont placés et construisez une histoire pour les associer entre eux. Tournez alors la page, prenez une feuille de papier et essayez de replacer chacun d'entre eux exactement à sa place d'origine.

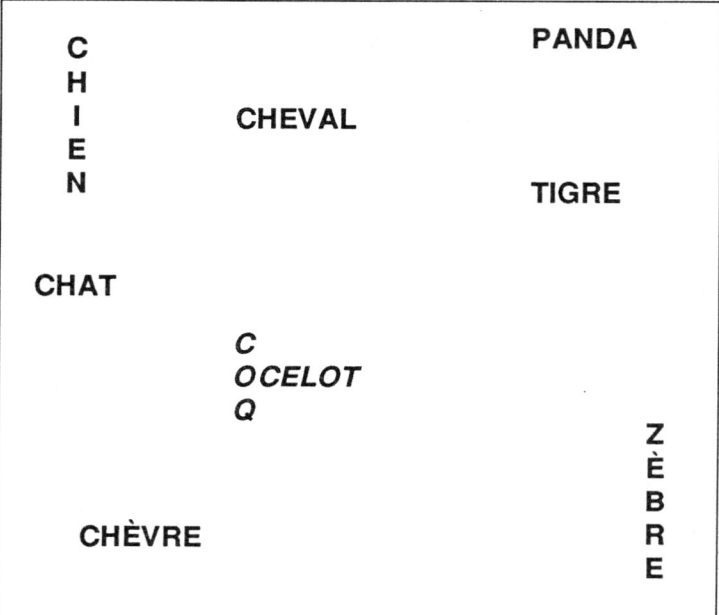

figure 8-2

Techniques d'association   133

4 ASSOCIATIONS

Cet exercice va vous amener à penser par associations, ce qui est un des buts de cet entraînement. En premier lieu, écrivez toutes les associations qui vous viennent à l'esprit à partir des mots suivants :

          chameau   ongle
          Madrid   verre
          solaire   anneau

Maintenant essayez d'analyser la logique de vos associations. Classez-les en différentes catégories (relisez le début de ce chapitre) puis continuez de la sorte tout au long de la journée et notez-les sur votre calepin.

5 ASSOCIATIONS ILLOGIQUES

Faites des associations dans les groupes de mots que vous trouverez sur chaque ligne. Ecrivez la première association qui vous vient à l'esprit. Laissez votre esprit divaguer librement sans vous limiter à des associations logiques. Vous en arriverez à créer une petite histoire que vous projetterez sur l'écran de votre esprit.

       1. livre / fleur / saucisson / savon
       2. dieu / hiver / papier / triste
       3. chaise / bougie / glissant / mère
       4. lampe / ordure / lundi / football
       5. Kodak / rivière / plante / mystérieux

Pour plus de pratique, élaborez votre propre liste en choisissant des mots au hasard à partir du journal par exemple. (Cela garantira que vous n'avez pas fait d'associations spontanées au moment de choisir ces mots.)

6 PAIRES ET ASSOCIATIONS

Ecrivez les associations qui vous viennent à l'esprit en lisant les paires de mots qui suivent :

    1. tulipe / parapluie   6. buisson / baie
    2. chat / chaussure   7. bâton / cuir
    3. friandise / chagrin   8. président / panier
    4. peinture / couteau   9. nénuphar / chimiste
    5. ciel / voiture   10. nuage / heureux

7 CONCRÉTISATION DE L'ABSTRAIT

Trouvez une association d'images concrètes pour chacun des mots abstraits qui suivent, par exemple amour = un cœur :

1. hiver
2. pauvreté
3. rock'n'roll
4. chaleur
5. liberté
6. valse
7. concret
8. justice
9. espoir
10. cupidité
11. temps
12. mort
13. patience
14. repas
15. maladie
16. énergie
17. ennui
18. vitesse
19. tendresse
20. bonheur

8 ASSOCIATION ET VISUALISATION

En combinant les mots suivants, construisez une histoire et projetez-en l'image dans votre esprit : canard, or, charmant, pied, primevère, noeud.

9 ASSOCIATION ET VISUALISATION

Essayez de vous rappeler tous les noms de fleur suivants. Visualisez chacune d'entre elles et associez-la avec une autre. Puis inventez une histoire pour les placer toutes dans un même contexte. Pensez à un jardin imaginaire dont vous êtes l'architecte paysagiste. Ou bien supposez que vous voulez composer un ou plusieurs bouquets pour en faire don à diverses personnes. Définissez une image mentale très claire de toutes les fleurs que vous groupez ensemble. Quand vous pensez les avoir en tête, mettez votre minuteur de cuisine sur 5 minutes. Quand il sonne, écrivez tout ce dont vous vous souvenez : histoire, associations et, bien sûr, le nom de toutes les fleurs.

violette	iris	glaïeul	marguerite
orchidée	crocus	oeillet	tulipe
dahlia	jasmin	myosotis	rose

Note : Si vous êtes impatient de tester votre mémoire à long terme, essayez de vous souvenir de ces fleurs pour au moins 2 jours, voire plus. Vous serez agréablement surpris des résultats impressionnants de cette méthode : il n'y a pas de doute, ça marche ! Si vous êtes un scientifique de nature (ou de

Techniques d'association 135

penchant), vous voudrez peut-être apprendre par coeur d'autres listes de fleurs juste en utilisant la répétition pour vérifier si vous les retenez aussi facilement et aussi précisément. Le rappel immédiat est relativement facile. Pour augmenter la difficulté, il suffit d'établir un rappel différé d'au moins 10 minutes pendant lesquelles vous pouvez détourner vos pensées en relisant le chapitre.

10 ASSOCIATION D'IMAGES, CINÉMA, PRESSE ET PUBLICITÉ

Essayez de vous rappeler les images représentant les publicités de marques que vous avez vu récemment à la télévision, au cinéma ou dans la presse. Ecrivez les noms de ces produits et visualisez les publicités correspondantes. Ecrivez tout ce que vous percevez avec les «yeux de votre mémoire», y compris les souvenirs que ces images amorcent (les voix, la musique, les dialogues, les attitudes, l'ambiance, le ton, etc.). En étudiant les publicités, vous exercerez votre mémoire et vous apprendrez dans la pratique comment les associations d'images sont un merveilleux support de la mémoire. Le produit à promouvoir et son nom de marque doivent être étroitement associés dans une image forte et unique qui le replace dans son contexte. Si vous pensez «bébé et savon» vous visualisez la face joviale d'un nourrisson, éventuellement dans la mousse du bain, et c'est de Cadum qu'il s'agit, l'association d'images a marché ; évoquez de la même manière «la fraîcheur sauvage», la mère Denis, l'explorateur Camel, le lapin du Crédit Agricole, etc.

Noms de marques : Voici une liste de marques dont on rencontre souvent la publicité (en France du moins). Visualisez l'annonce publicitaire avec son association d'image et décrivez-la brièvement avec autant de détails que possible :

1. Esso
2. B.N.P.
3. LEVIS
4. DIM
5. le Club Méditerranée
6. la carte American-Express
7. Darty
8. la BX Citroën
9. la Poste
10. DASH
11. Colgate
12. le Crédit Lyonnais

Note : La musique et la rime apparaissent souvent dans la publicité. Vous n'aurez pas de mal à retrouver la mélodie qui accompagne les produits suivants :

136   Améliorer l'organisation

- Les pâtes Panzani
- Le jus de fruit Oasis
- L'électro ménager Darty
- Le Coca Cola
- Le Chewing Gum Hollywood
- Les produits laitiers Chambourcy
- Les crèmes dessert Danette

11 ASSOCIATIONS ILLOGIQUES DE PAIRES DE MOTS SANS RAPPORT L'UN AVEC L'AUTRE

Cet exercice va consister à visualiser ensemble deux objets qui n'ont rien en commun, c'est-à-dire qui ne sont pas associés spontanément par la logique. Plutôt que de résister à ces associations étranges, souriez, tout simplement parce que «ça marche».

1. Campez une image mentale claire de chaque objet.
2. Puis visualisez les deux objets ensemble jusqu'à ce que vous obteniez une association d'images claire qui les réunisse en une seule image.

Au cours de ce processus vous prendrez conscience de vos pensées et de vos émotions dès que vous commencerez à tisser vos associations en une petite histoire. Laissez éclore toutes les associations possibles et n'essayez pas de les censurer. Par exemple avec les mots «cheveu» et «eau» pourquoi ne pas imaginer des cheveux trempés par une averse ou encore la chevelure d'Ophelie flottant à la surface de l'onde au milieu de nymphéas ? Chaque individu va imaginer sa propre association. Gardez la première qui vous vient à l'esprit. Accentuez autant que faire se peut le côté spectaculaire de votre association d'images : l'ambiance, l'humeur, les émotions, la joie, la tristesse, la colère, la surprise sont autant de colorations affectives qui vont vous aider à traiter l'information de manière plus élaborée, à l'encoder plus profondément. Voici dix paires pour vous entraîner. Visualisez chaque paire ensemble :

1. pot / couloir
2. tapis / café
3. bague / lampe
4. ongle / dictionnaire
5. palmier / chewing gum
6. soleil / doigt
7. patio / ciseaux
8. steak / sable
9. licorne / manteau
10. dentiste / W.C.

Quelles images vous restent à l'esprit ? Combien de paires avez-vous retenues ? Dans quelques jours, demandez à un ami de vous souffler un mot de chaque paire, vous constaterez que l'autre vous reviendra automatiquement. Vous serez peut-être surpris d'être votre propre souffleur tant ces associations d'images sont tenaces !

Maintenant que vous avez accepté le principe d'associations artificielles et illogiques, vous êtes prêt à découvrir les systèmes de mémoire basés sur ce type d'association d'images. Vous en verrez bientôt l'application pratique.

LA MÉMOIRE DES 9
NOMS ET VISAGES

« Nos noms sont la lumière qui luit la nuit sur les vagues de la mer, puis disparaît sans même laisser de traces. »
Rabindranath TAGORE

Nous vivons dans une société qui accentue fortement l'importance de l'individu. Ainsi il nous faut savoir mettre un nom sur un visage pour fonctionner normalement et nous sentir intégré dans notre environnement social et professionnel. Dans certaines cultures où les règles de politesse ou du moins les coutumes diffèrent, cela est encore plus important car il faut en saluant une personne la nommer par son nom : « Comment allez-vous, Monsieur Baker ? » Aux USA par exemple il est impossible de dire simplement « Bonjour Madame, ou Monsieur ». Il est alors toujours possible, quand on n'arrive pas à remettre un nom sur un visage, de s'en tirer par un « Comment allez-vous, mon cher ! » mais cela nous laisse en général gêné et insatisfait. Au fur et à mesure que l'on prend de l'âge les noms propres semblent nous bouder de plus en plus. Nous attendons anxieusement que ces noms reviennent... et trop souvent nous ne les retrouvons pas !

Même si l'on a des difficultés avec les noms et les visages, on se souvient bien de certains, et il est intéressant d'essayer de comprendre comment on y arrive alors sans même y penser. Dans la vie quotidienne nous nous souvenons des noms de gens avec lesquels nous avons affaire tout le temps. Revoir le nom et voir la personne nous le remet en permanence bien en mémoire : on l'entend prononcer par d'autres, on le voit écrit sur des courriers, des boîtes aux lettres, des bureaux ou des portes. Tous ces éléments font fonction de rappels ou de souffleurs. Cependant, rares sont ceux qui se rappellent le nom d'une personne qu'ils voient très peu ou qu'ils viennent juste de rencontrer. Ceux qui y arrivent ont pour cela une motivation supplémentaire. Ils font preuve d'un intérêt constitutionnel pour les noms propres et tirent une grande satisfaction de réaliser parfois de véritables exploits en se les rappelant avec une telle aisance. Ils utilisent leur talent en permanence, faisant en fait des associations spontanées. Par dessus tout, ils se font un point d'honneur de se souvenir des noms là où tant d'autres capitulent et ne font plus la moindre tentative pour retenir ces informations.

Il y a des associations automatiques qui aident le rappel. Quand elles fonctionnent, nous nous rappelons bien les choses. Par exemple si une jeune fille fort gracieuse se nomme Grace, vous noterez à coup sûr le lien et ses traits si gracieux s'inscriront dans votre cerveau comme «Grace» sans difficulté aucune. La même chose se produit si la personne que vous venez de rencontrer a le même nom que l'un de vos amis, spécialement s'ils ont quelque ressemblance. L'esprit a un penchant naturel pour les associations. Les noms que nous retenons facilement sont un peu comme une cloche qui sonne, éveillant en nous une signification. Ils sont plus concrets car liés à un sens (Dupuis = du puits), ou à une image (nom inscrit sur la porte par exemple). Pourtant trop souvent nous laissons la réussite de ce mécanisme à la simple chance et aux associations logiques spontanées. Une rétention globale très médiocre peut être radicalement transformée en apprenant comment associer les noms et les visages au moyen d'une association artificielle.

DISCOURS DE LA MÉTHODE

La méthode qui suit est basée sur le principe d'association d'images avec lequel vous êtes maintenant bien familiarisé. Vous l'utilisez déjà en fait lorsque vous collez une association d'images concrète à un nom propre pour vous aider à vous en rappeler : Dassault comme les avions, Noiret comme l'acteur, etc. Mais la plupart des gens s'en tiennent là au lieu d'aller jusqu'à greffer cette association sur le visage : résultat, elle reste à part dans le compartiment des «noms» séparé de celui des «visages». Il est facile de visualiser un visage à partir d'un nom. Tandis que mettre un nom sur un visage est parfois un véritable défi. Si vous êtes désireux de mettre à l'oeuvre vos nouvelles capacités de motivation et votre imagination, vous allez découvrir combien il est facile d'utiliser la méthode qui consiste à tirer un indice à partir du nom d'une personne et à le greffer sur son visage : dès que vous verrez son visage, il comportera cet indice visuel qui vous mettra directement en contact avec le nom.

Pour associer un nom à un visage, il faut porter attention à ce qui est marquant tant dans ce visage que dans ce nom. En analysant ce visage, nous allons rechercher un «trait dominant», c'est-à-dire un trait frappant ; en analysant le nom, nous allons rechercher une signification concrète, c'est-à-dire une image concrète, par le biais d'une transformation plus ou moins importante du nom. Et finalement il suffira de raccorder ensemble le trait dominant du visage et le nom modifié dans une seule et unique association d'images. Ces trois stades successifs réclament un certain temps qu'il est facile de réduire avec la pratique. Cependant il ne faut pas vous sentir pressé quand vous êtes à la recherche de ces associations. Il s'agit de la phase essentielle qui vous permettra de greffer le nom sur le visage de la personne dont vous voulez vous souvenir.

Les visages sont plus faciles à retenir que les noms parce qu'ils constituent eux mêmes des images concrètes. Donc si vous voulez mettre un nom sur un visage, il vous faut extraire un sens concret du nom. Cette recherche doit vous conduire à une image que vous puissiez facilement visualiser et surimposer sur le trait retenu. A moins de faire un effort conscient pour relier le nom au visage, vous vous en souviendrez séparément et pas forcément à la demande, c'est-à-dire «à volonté».

Avant de commencer, regardez soigneusement le visage et écoutez attentivement le nom car en fait, le plus souvent nous n'y prêtons pas assez attention. Essayez alors de prendre plaisir à créer cette association d'images. Faites appel à votre imagination quand vous réfléchissez aux transformations possibles du nom et lorsque vous visualisez cette association sur le trait dominant.

Pour choisir le trait dominant du visage, vous trouverez qu'il est plus facile d'examiner la face avec candeur, en prenant conscience de la manière dont vous la percevez. Soyez sensible à la façon dont ces traits vous touchent et aux réactions qu'ils provoquent en vous. Par exemple, des cheveux grisonnants, un sourire doux, une peau de pêche — imaginez ce que vous pourriez ressentir si vous la touchiez ! Cette démarche affective peut vous conduire directement à ce qui vous frappera dans ce visage : le trait dominant. Interrogez-vous alors sur ce qui vous semble être le trait le plus marquant. Il arrive que cela vous saute aux yeux au premier coup d'oeil mais si tel n'est pas le cas (et il en est souvent ainsi), procédez systématiquement en analysant chaque trait, l'un après l'autre : forme générale du visage, peau, chevelure, coiffure, front, yeux, nez, joues, bouche, lèvres, menton. Notez les détails spécifiques. Demandez-vous lequel parmi ces éléments vous paraît le plus typé, le plus intéressant : cette analyse vous aura demandé quelque temps et vous aura permis de faire certains commentaires. Quand vous aurez choisi le trait dominant, fixez votre attention sur lui en le visualisant comme un gros plan.

Le trait dominant

Puisque le visage est le stimulus qui nous amène à retrouver le nom, prenez d'abord conscience du trait qui vous marque le plus. Il n'existe pas de trait «idéal». Il s'agit là d'une approche subjective et c'est en la matière votre opinion qui compte. Inutile d'essayer de trouver un trait objectif sur lequel vous obtiendrez l'unanimité des avis, d'autant que c'est rarement possible. Le trait qui vous parle le plus dans ce visage est pour vous le trait dominant. En vous concentrant sur celui-ci vous allez renforcer le stimulus qui conduit à la reconnaissance. La prochaine fois que vous verrez ce visage, le trait principal vous frappera d'autant plus que vous aurez correctement analysé les caractéristiques et marqué un temps à la fin pour le visualiser. Il vous aurait probablement frappé inconsciemment, mais vous êtes en train de vous en assurer en l'isolant et en l'analysant. Vous consolidez la trace mnésique en renforçant le stimulus extérieur : plus il est précis et mieux ça vaut. Alors fermez les yeux et voyez si vous pouvez recréer ce trait dominant dans votre esprit. Essayez de le visualiser dans le contexte plus général de l'ensemble du visage. Obtenez-vous une image claire ? Sinon, revérifiez avec l'original, trait par trait.

Note : il est important de vous en tenir à un seul trait dominant. Si vous n'arrivez pas à choisir entre deux (ou plus), sélectionnez-en un arbitrairement. Ça ira plus vite si vous essayez d'être réceptif à ce qui vous frappe le plus. Recherchez le trait le plus intéressant, le moins commun, le plus différent, le plus marquant. Une fois que vous avez décidé d'un trait dominant, vous n'en considérez plus d'autre et vous commencez à l'analyser et à le visualiser. N'oscillez pas d'un trait à un autre. Il est préférable de fixer votre attention sur celui que vous avez choisi. Vous le replacerez dans son contexte, le visage dans sa globalité, tout à fait naturellement, par la simple observation : en regardant le trait principal vous ne pourrez pas vous empêcher de voir le reste du visage. Apprenez donc à ne retenir qu'un élément et à vous concentrer sur celui-ci car une image spécifique est plus facile à visualiser qu'une autre qui ne l'est pas.

La transformation du nom

A partir de maintenant il vous faut veiller à la signification des noms. Votre objectif dans ce domaine est de trouver une signification concrète du nom propre. Nous appelons cela «la transformation du nom». Le nom abstrait doit être transformé en un nom concret : la difficulté varie selon les noms. Prononcez le nom à voix haute et demandez-vous si sa consonance vous évoque d'autres mots. Bientôt vous serez à même de lire une signification dans la plupart des noms propres. Pour appliquer la méthode, vous devez choisir une signification que vous puissiez visualiser. Cette nouvelle perspective va vous pourvoir en images concrètes pour presque tous les noms que vous allez rencontrer.

Certains noms conduisent d'eux-mêmes à des transformations directes : la signification concrète fait partie intégrante du nom ; par exemple des noms comme LOISEAU, LECARPENTIER, LANG, DELORS, etc.

LOISEAU : l'oiseau,
LECARPENTIER : charpentier
LANG : langue
DELORS : de l'or

Dans ces cas, il vous suffit de penser à la signification du mot et de l'utiliser directement pour avoir une image illustrant la signification. Les gens font rarement attention à la signification des noms parce que beaucoup de noms n'en ont pas de manière évidente et directe ou parce que celle-ci a été profondément altérée au cours des siècles ou encore parce que cette signification a perdu sa pertinence de nos jours. Jadis, dans une organisation sociale moins complexe, nombreux étaient les noms qui correspondaient à des points de référence très pratiques : LECARPENTIER était de fait le charpentier de la communauté, de même que MEUNIER en était le meunier. Des patronymes tels que LEBORGNE, LEGROS, LEGRAND correspondaient à des caractéristiques physiques familiales évidentes. Ces noms avaient une signification concrète élémentaire et il était facile de les rappeler et les situer dans leur contexte. D'autres noms en revanche vont demander un certain travail d'élaboration et le concours de notre imagination. Répétez le nom à voix haute pour vous-même jusqu'à ce que, de ce son, résonne un autre sens, un mot aux sonorités voisines. L'approximation phonétique du nom est tout à fait satisfaisante pour l'usage mnésique auquel il est destiné à condition qu'elle comprenne une image concrète. Par exemple BOUYER fait penser à «bouillir», BARDOT est facilement transformable en «bar d'eau» (ou «barre d'eau») tout comme LETAIS devient «l'été». Ces transformations de noms, directes ou indirectes, fournissent une image concrète qui correspond au nom. Nous aboutissons donc à deux images claires que nous pouvons visualiser en une seule : (1) le trait principal et (2) l'image du nom transformé. La dernière étape qui est la plus importante consiste à combiner les deux en une seule association d'images.

Note : Avec certains noms vous pouvez vous trouver un peu à court d'idées et vous sentir de ce fait frustré mais n'abandonnez pas cette technique avant de l'avoir suffisamment essayée. Avec l'entraînement vous allez développer une véritable compétence à trouver une signification pour chaque nom. C'est comme l'exercice physique : quand vous commencez à vous mettre (ou à vous remettre) à faire du sport il vous semble au début impossible d'y arriver alors que vous savez qu'en faisant ces exercices peu à peu vous y arriverez.

L'association d'images

Pour unir les deux images concrètes en une seule, placez «arbitrairement» l'image concrète construite à partir du nom sur le trait principal du visage. Visualisez alors cette image composée jusqu'à ce qu'elle vous soit familière. Dans le chapitre 8, «Techniques d'association», nous avons vu comment faire une association d'images avec deux objets sans rapport. Vous en découvrez maintenant l'application pratique. Littéralement vous mettez un nom, ou tout au moins quelque chose qui tient lieu de nom (ou le représente) sur un trait du visage.

Commentaires sur l'association d'images

Les commentaires que vous faites sur l'association d'images fixent plus profondément le souvenir dans votre mémoire. Si vous formulez une appréciation sur la façon dont la transformation du nom que vous avez trouvée s'adapte (ou pas) au trait dominant, vous renforcez l'association. Il faut vous amuser des associations illogiques plutôt que de vous rebeller contre elles. Laissez vos critères logiques de côté l'espace d'un instant : celui de l'association d'images.

Pour fixer cette association dans votre mémoire, il est vivement recommandé de consacrer au moins 15 secondes à visualiser les deux images en une seule. Voici un exemple :

Nom : docteur Yesavage
Trait dominant : les sourcils broussailleux
Transformation du nom : yes - sauvage (indirecte)
Association d'images : mettez un symbole pour sauvage (par exemple un bandeau de plumes d'indien, l'image du bon sauvage de Rousseau !) dans ses sourcils.

Il suffit de visualiser des plumes tribales primitives plantées dans ses sourcils. Vous devez être alors capable de décrire précisément le trait dominant (foncés, broussailleux, proéminents) sinon il pourrait s'agir de quelqu'un d'autre. Prononcez le nom YESAVAGE en même temps que vous visualisez les plumes dans les sourcils. Assurez-vous que vous associez bien Sauvage à plumes sinon vous risquez fort de finir par dire «Bonjour, Docteur CANARD ou LAPLUME». Visualisez les plumes mais pensez et répétez «Sauvage, Yes, Sauvage, Yesavage.» Yes = oui en américain, sauvage d'amérique. Étant donné que le Docteur Yesavage est américain, ça colle bien, comme les plumes !

Parfois on a de la chance et la première association qui saute à l'esprit coordonne parfaitement la situation. Dans ce cas par exemple, on peut penser à un homme des cavernes au front proéminent et aux sourcils broussailleux avec des yeux profondément enfoncés. L'association d'images est parfaitement adéquate : homme des cavernes = sourcils proéminents = sauvage. Cependant il faut prendre garde à une chose : il est facile de se laisser entraîner par le désir d'associations logiques. On projette alors une image du nom qui en réalité n'est pas sur le visage : Imaginez une femme nommée LEQUERRE avec un menton pointu. Vous trouvez que la forme de sa bouche est inhabituelle et forme, en conséquence, un excellent trait dominant. Quand vous recherchez une transformation du nom, vous tombez sur «coeur» et soudain son visage avec son menton pointu prend pour vous la forme d'un coeur. Vous êtes alors tenté de modifier votre premier choix de trait dominant et d'abandonner l'association d'images que vous alliez faire en vous disant «Oh, c'est facile, c'est absolument évident !» Cependant bien que cela vous apparaisse évident à ce moment là, il n'en sera peut-être pas de même la prochaine fois que vous rencontrerez cette personne. Pourquoi ? Simplement parce que c'est le nom qui a déclenché l'association «coeur-menton pointu comme un cœur». Sans le nom vous n'y aviez pas pensé et n'y penserez pas, car objectivement ce visage n'a pas la forme d'un coeur, c'est là une projection de votre part. Pour provoquer le rappel vous avez besoin d'une indication plus forte, d'un indice qui ne provienne pas du nom, mais de votre première impression du visage que vous allez retrouver comme stimulus. C'est pourquoi il est important de suivre la séquence indiquée : (1) Trait dominant, (2) Transformation du nom, et (3) Association des deux. Sinon c'est comme si on mettait la charrue avant les boeufs ! (Entre parenthèses, toute la méthode décrite dans ce livre est basée sur la séquence des chapitres tels qu'ils sont présentés. Cela correspond aux résultats obtenus dans ces conditions dans nos travaux de recherche. L'entraînement préliminaire des première et deuxième parties du livre doit précéder l'entraînement mnémotechnique de la troisième partie.) La morale de l'histoire de «coeur» est qu'il est néfaste d'essayer de trouver un lien logique entre trait dominant et indice du nom : il n'en existe pratiquement jamais ! (Madame Roux est rarement rousse....)

Le fait de placer artificiellement un objet sur un trait marquant du visage est un moyen très sûr d'enregistrer une association d'images efficace. Vous ne laissez pas de place pour une projection subjective du type évoqué auparavant. S'il vous en vient une à l'esprit, ignorez-la, et continuez à appliquer le système qui a été conçu pour effectivement amorcer le rappel. Si vous placez un chapelet de petits coeurs s'envolant hors de cette bouche, la prochaine fois que vous verrez ce visage, vous allez vous fixer sur cette bouche et vous verrez ces coeurs apparaître dans cette image. «Coeur» vous rappellera alors LEQUERRE. Ce système a largement prouvé son efficacité dans de nombreux cours de perfectionnement de la mémoire. Il m'a été loisible de l'enseigner avec des diapositives. A chaque fois la démonstration est impressionnante. Après s'être entraîné avec 12 photos de personnes du même âge, les participants se souviennent très bien des noms quand on leur montre les visages. Je demande «Quel est le trait dominant ? Qu'est-ce que vous avez mis dessus, c'est-à-dire quelle transformation du nom ? Quel est le nom qu'elle représente ?» Et chacun s'étonne de la facilité avec laquelle la chaîne du rappel découle du stimulus (le trait dominant) à l'indice de rappel (la transformation du nom) puis au nom lui-même.

TRUCS UTILES POUR APPLIQUER CE SYSTÈME

Visages

Pour obtenir une meilleure image du visage, observez spécifiquement chacun des traits en progressant des cheveux jusqu'au menton avant de décider du trait dominant. Portez votre attention sur les éléments suivants :

Chevelure : notez-en le volume, la couleur, la consistance, la coupe, la longueur. Les cheveux sont-ils droits, bouclés, crépus. Epais ou fins, gras ou secs ?

Nez : considérez sa taille, son épatement, la distance de la pointe à la lèvre supérieure, examinez soigneusement les narines ; comme les empreintes digitales, elles sont toutes différentes et très typées pour chacun.

Bouche : notez-en la forme et la taille. Regardez aussi les dents, les lèvres, le sourire.

Impression générale : le visage est-il rectangulaire ou rond, doux ou rude ?

Une étude précise de ces divers caractères vous empêchera de vous tromper au moment de la reconnaissance voire de confondre les traits de plusieurs personnes.

Noms

Vous devriez vous créer un fichier mental avec les différentes catégories de noms auxquels vous associerez des symboles visuels. Par exemple, étudiez les catégories suivantes :

Noms de professions : Charpentier (une scie), Meunier (un moulin), Boulanger (une baguette de pain), etc.

Noms de choses : Dupont (un pont familier), Lefour (votre four), Dupuis (un puits), etc.

Noms de lieux : Berlin (le mur), Paris (la tour Eiffel).
Noms de marque ou noms fameux : Benetton (des habits colorés) ; Cartier (une montre).

Sachez que toutes les associations qui vous viennent à l'esprit sont précieuses pour votre mémoire car elles augmentent vos fiches de référence. Il faut les prendre comme un atout supplémentaire. Cependant les associations visuelles que vous recherchez sont particulières : elles sont destinées à amorcer le rappel, à vous souffler l'information au moment précis où vous en aurez besoin. Continuez à chercher des transformations de noms et à faire des associations entre des éléments que vous pouvez visualiser.

Associations d'images

Puisque les images actives sont mieux mémorisées, vous avez intérêt à ajouter une touche de **mouvement** aux images, c'est-à-dire de visualiser que vous essayez de coller les plumes sur les sourcils du Dr. YESAVAGE en plein vent ou avec une mauvaise colle.

Contrairement à ce qu'on a pu dire, les images ridicules ne demeurent pas plus longtemps en mémoire que les autres. Ce qui est absolument nécessaire c'est de faire une association d'images **claire et précise**.

Si vous arrivez à identifier le trait dominant sans toutefois retrouver d'emblée l'indice que vous y aviez attaché, réexaminez-le à nouveau systématiquement. Alors que vous l'analysez en détail, tous les commentaires que vous aviez fait à son sujet vont vous revenir. Comme nous l'avons vu, construire une petite histoire avec des **commentaires** personnels est un bon moyen de renforcer les connexions. Par exemple vous avez pu dire de Madame LEFOUR, dont vous avez remarqué la grande bouche «Un four pourrait loger dans une bouche pareille !» Cette remarque vous reviendra quand à nouveau vous noterez la bouche de Madame LEFOUR. Prendre en compte les détails particuliers du trait retenu est la clé d'une solide association. Utilisez votre imagination. Une fois que vous avez la transformation du nom, vous tenez votre indice pour le nom de la personne.

A ce stade, même si vous ne pouvez pas retrouver le nom exact, vous en êtes si proche que cela ne doit pas vous inquiéter : n'hésitez pas, allez-y et dites Madame DUFOUR au lieu de LEFOUR, ou CHARPENTIER pour CARPENTIER, ou encore POIGNET pour POIGNAT. Ces noms ont une consonance si proche que bien des gens ne noteront même pas la différence (la transformation du nom). Et même s'ils la notaient ils vous corrigeront et la prochaine fois vous serez en mesure de retrouver le nom exact. Avoir 80 % de bon est quand même beaucoup mieux que rien du tout. Pour obtenir de meilleurs résultats lors des rencontres, redemandez le nom de la personne avant de la quitter et cherchez tout de suite une transformation de nom, essayez de vous isoler dans une pièce et visualisez l'indice sur le trait du visage qui vous a frappé en parlant avec cette personne.

Les prénoms et les noms de choses

Prenez l'habitude de rechercher une signification à tous les noms que vous désirez retenir. Vous pouvez utiliser ce système pour les noms de livres, les titres de films, les noms de marque, de produits, les rues, etc. Puis transposez cette signification en un symbole imagé. Voici un exemple d'association d'images très utile pour se souvenir des noms autres que les patronymes et les noms propres.

Supposons que vous désiriez vous souvenir du nom de la personne qui vient réparer votre réfrigérateur. Il est très utile de faire une association entre l'ustensile à réparer (le réfrigérateur) et le nom du réparateur (disons Alfredo). Alfredo vous rappelle le nom d'un ami : Alfred. Il n'y a plus qu'à associer les trois ensemble, votre ami Alfred, Alfredo le réparateur et votre réfrigérateur : imaginez votre ami en train de regarder le réfrigérateur. La prochaine fois que vous penserez «panne de réfrigérateur», vous verrez votre ami, ce qui vous fera penser à Alfredo, la version espagnole de son nom. Si vous découvrez d'autres associations, utilisez-les. Par exemple vous avez pu penser à une marque de pâtes italienne ou à un restaurant près de chez vous, ou à la sauce «Alfredo». Imaginez alors un plat de «Fettuccini Alfredo» placés dans le réfrigérateur. Quand vous penserez réfrigérateur, vous verrez ces pâtes à l'intérieur, indice qui vous mettra sur le chemin d'Alfredo. Une autre association qui peut vous venir à l'esprit vient de l'italien « al freddo » qui signifie « dans le froid ». Cette association convient parfaitement au contexte d'un réfrigérateur. Je mémorise et visualise le réparateur criant et gesticulant en italien car il est resté enfermé dans le réfrigérateur « al freddo » ! Un peu loufoque mais efficace.

Il existe des millions d'associations possibles. Vous allez découvrir comment elles vous viendront facilement à l'esprit dès que vous commencerez à les rechercher. Faites-en un jeu. Entraînez-vous à vous rappeler les noms en demandant le nom des diverses personnes que vous rencontrez. Au restaurant, à la poste, à la banque, il suffit dans bien des cas de regarder l'étiquette que les employés portent sur la poitrine. Quand vous regardez un film essayez de retenir le nom des principaux personnages.

Mais direz-vous, la plupart des gens qui se souviennent des noms le font sans avoir recours à cette méthode. Comment s'y prennent-ils ? Motivation, concentration, une opération mentale quelconque pour imprimer le message et surtout une pratique permanente. Dans un de mes cours, il y avait une femme qui a réussi à se souvenir des noms et prénoms des 12 photos du test initial (avant entraînement). Un score parfait au départ est si inhabituel que c'était suspect... Pourtant les tests sont présentés de façon à éliminer la possibilité de tricher. Quand je lui demandais ce qu'elle avait fait pour se souvenir, elle était incapable d'expliciter sa technique autrement qu'en signalant certaines associations et définissant des places précises. Or, elle n'aurait pas pu utiliser l'ordre de présentation car les photos sont présentées dans un ordre différent au moment du rappel. Ce à quoi elle faisait allusion c'était sa technique pour se souvenir des noms de ses élèves en classe : elle avouait avoir été institutrice pendant 35 ans et s'être toujours fait un point d'honneur de se rappeler les noms de tous ses élèves « le premier jour d'école ». Pourquoi se fixer un objectif si difficile ? Elle expliquait que c'était pour elle le moyen de prendre immédiatement en main sa classe. « Je n'ai eu de ce fait jamais aucun problème de discipline. Un enfant tout de suite interpellé

La mémoire des noms et visages

par son nom enregistre qu'il a été observé personnellement. » Le prodige s'effectuait en même temps pour les élèves et pour la mémoire de l'enseignante. Peu de gens ont une telle motivation et c'est pourquoi la plupart d'entre nous aurions intérêt à avoir recours à des systèmes mnémotechniques. Le rappel est si facile quand on en use. Voyez vous-même !

SYNTHÈSE RAPIDE

Pour mettre un nom sur un visage, il est nécessaire d'identifier un «trait dominant» de ce visage, de concrétiser le nom (en effectuant une «transformation du nom») et de placer artificiellement l'image obtenue à partir du nom sur ce trait dominant. Ce système d'association d'images donne les garanties d'un bon enregistrement et d'un rappel facile dans tous les cas et pas seulement quand le nom est d'emblée en relation avec le visage : par exemple Monsieur ROUSSEAU dont les cheveux sont roux.

Au moment d'enregistrer vos souvenirs, assurez-vous d'effectuer dans l'ordre les trois étapes suivantes :

1. Visage : choisissez un «trait dominant» (marquant, différent, inhabituel, typé.)

2. Nom : trouvez une «transformation du nom». Pour ce faire, écoutez le nom en le répétant à voix haute, et demandez-vous s'il signifie quelque chose ou s'il vous évoque un mot aux sonorités voisines.

3. Association d'images : visualisez ensemble les deux images (trait dominant et indice du nom) pendant 15 secondes. Utilisez votre imagination et amusez-vous avec ces associations illogiques. Accepter l'aspect artificiel du système est indispensable à la réussite.

Pour renforcer la trace mnésique, portez un jugement affectif sur cette association d'images, en commentant sur la manière dont le nom transformé s'apparie au trait dominant. Vous serez alors capable de retrouver l'indice (transformation du nom) en revoyant simplement ce trait du visage et toutes vos remarques vous reviendront. Pour retrouver le nom, il suffit de suivre les étapes de la chaîne des associations remontant du stimulus vers le nom.

Au moment du **rappel**, posez-vous les questions :
1. Quel est le trait de visage dominant ?
2. Qu'ai-je placé dessus ? (indice du nom)
3. Quel est le nom ?

Si ça ne marche pas, c'est probablement que vous n'avez pas défini de manière suffisamment concrète le trait dominant du visage ou la transformation du nom. Vous devez avoir des deux une image claire. Il se peut aussi que vous n'ayez pas passé assez de temps à visualiser les 2 images ensemble. Au début commencez par 15 secondes. Prenez le temps de **commenter** l'association. Augmentez votre motivation en choisissant quelqu'un qui vous intéresse vraiment, et n'abandonnez pas à votre premier échec. Persévérez et vous réussirez.

La mémoire des noms et visages   153

EXERCICES

1 RENCONTRES

1. Quand vous rencontrez quelqu'un pour la première fois, «regardez» bien son visage et déterminez le trait qui vous frappe le plus. C'est le trait dominant que vous remarquerez d'abord la prochaine fois que vous verrez ce visage.

2. «Ecoutez» bien le nom et analysez-le. Recherchez une signification dans ce nom. Transformez le nom abstrait en mot concret facile à visualiser au moment de faire une association d'images.

3. «Associez» le nom et le visage en plaçant l'image résultant du nom transformé sur le trait dominant. Trouvez une histoire ou une image forte qui associe les deux. Visualisez les 2 objets concrets ensemble comme une seule et même image. Passez au moins 15 secondes à vous concentrer sur cette association d'images. C'est le point le plus important pour fixer l'enregistrement. Pour mieux vous concentrer, isolez-vous dans une autre pièce pour faire cette association. Et ayez confiance, ce n'est pas sorcier ; c'est tout bonnement une question de pratique !

2 ETUDE DE PHOTOS ET DE NOMS

La figure 9-1 page suivante montre 12 photos de personnes. Appliquez le système mnémotechnique décrit ci-dessus. Quand vous aurez fini, tournez la page et, à l'aide de la figure 9-2, comptez combien de noms vous pouvez retenir à ce stade. Vérifiez deux jours après.

3 TRANSFORMATION DU NOM

Ecrivez le nom de famille de 10 personnes que vous connaissez. Recherchez une signification pour chacun de ces noms jusqu'à ce que vous trouviez une transformation du nom facile à visualiser. Est-ce une transformation «directe» découlant du nom (comme RENARD ou LYON) ou est-ce que cette transformation est «indirecte» et demande un effort d'imagination (comme YESAVAGE = yes - sauvage) ? Voyez desquelles vous vous souvenez le mieux dans quelques jours.

Améliorer l'organisation

Gérard Dumont

Jocelyne Leroux

Noëlle Imbert

Jacques Raynaud

François Duplessis

Maria Krause

Figure 9-1a

La mémoire des noms et visages 155

Robert Méchain

Michelle Bigeault

Pierrette Gilbert

Dominique Jeffroy

Jean Desfossés

Agnès Bersani

Figure 9-1b

Figure 9-2a

La mémoire des noms et visages 157

Figure 9-2b

4 SYMBOLES VISUELS POUR DES NOMS TRANSFORMÉS

Vous pouvez préparer une liste de symboles visuels prêts à l'emploi. Par exemple tous les noms commençant par DE- peuvent être visualisés avec un chiffre 2 ou des jumeaux en arrière-plan. Faites de même avec les préfixes : LE-, DU-, LA-, MI-, MON(T)-.

Pensez à des symboles pour les noms communs que vous rencontrez souvent et ils seront là lorsque des personnes portant ces noms se présenteront à vous. Par exemple Dupont, Dufour, Lecoq, etc.. Entraînez-vous également avec les noms étrangers qui ont souvent des suffixes intéressants : par exemple -SEN (Christensen), -SKI (Zielinski).

5 DIFFÉRENCES DANS LES VISAGES

Entraînez-vous à discerner les différences. Chaque jour choisissez un visage et analysez-le trait par trait. Une fois que vous avez isolé le trait dominant, observez-le en détail. Supposons que le trait dominant soit le nez. Vous allez le comparer avec tous les nez que vous verrez ce jour là. Après une semaine, je suis sûre que vous serez beaucoup plus sensible aux particularités des traits de chacun.

Note : Ne vous inquiétez pas si vous ne trouvez pas le vocabulaire pour décrire les détails au début. Contentez-vous alors de les observer et d'enregistrer l'image mentale des différences relevées.

6 PRATIQUE SUPPLÉMENTAIRE

Faites-en un petit jeu : relevez des noms et des visages qui se présentent à vous : au cinéma, à la télévision, dans des revues ou tout simplement au hasard des rencontres. Dans un calepin notez pour chacun des noms et des visages : le trait dominant, le nom transformé, l'association d'image, le nom exact. Engagez-vous à suivre ce système et pratiquez aussi souvent que possible.

7 SE RAPPELER LE NOM D'AUTRES CHOSES

Pour se rappeler des noms de fleurs, de rues, des titres de livres ou les noms d'autres objets, essayez de suivre les principes suivants :

La mémoire des noms et visages 159

1. Analysez le nom et trouvez une transformation concrète qui ait une signification pour vous.

2. Répétez cette transformation de nom en regardant l'objet en question.

3. Associez le nom transformé et l'objet en visualisant les deux ensemble.

Profitez de toutes les occasions pour vous exercer. Par exemple, en me promenant un beau jour de printemps, je découvris une fleur que je n'avais jamais vue auparavant. Je la regardais avec soin et retrouvais son nom dans un livre sur la flore de la région : je lis «Godetia» et je me mis à chercher une association. En répétant «Godetia,» je fis le rapprochement avec le mot «godet». Pour renforcer mon association chaque fois que je voyais cette fleur, je visualisais un godet rempli de ces fleurs. Cela a fait l'affaire car depuis je me rappelle du nom chaque fois que je vois ces fleurs. De la même manière j'ai retenu le nom d'un nouveau parc appelé «Butano» : je pense à une bouteille de gaz Butane que j'imagine me tenir chaud sur la côte venteuse où ce parc se trouve. Essayez cela quand vous rencontrerez de nouveaux mots.

Voici un autre exemple : j'essayais un maillot de bain dans une petite rue de Cannes. Je regardai la pancarte du nom de la rue qui s'appelait «Molière». J'avais là une signification et une image issue du nom car je pouvais visualiser le portrait de Molière. De plus en faisant la relation avec ses pièces de théâtre, je pouvais l'imaginer raillant la vanité des femmes lorsqu'elles essayent des maillots de bain. Avec sa perruque blanche aux cheveux bouclés il paraissait bizarre dans le cadre de cette boutique. En regardant le nom de la rue transversale je lis «rue de la République», il m'a suffit d'ajouter un symbole républicain à la scène pour fixer l'endroit exact. Je n'oublierai pas de sitôt où se trouve cette boutique, et cela grâce au miracle de l'association d'images.

Dernier exemple pour vous amener à appliquer le même principe aux noms d'auteurs et de leurs livres, de metteurs en scène et de leurs films et ainsi de suite. «Les allumettes suédoises» ont été écrites par SABATIER. Sabatier me fait penser à sabot ; des sabots brûlent et pour y mettre le feu j'utilise des allumettes, suédoises bien sûr car c'est un grand pays de forêts, donc producteur de bois, donc d'allumettes et peut-être de sabots. Je répète «SABATIER allumettes suédoises» en même temps que j'imagine une paire de sabots qui brûlent avec à côté la boîte d'allumettes suédoises, c'est-à-dire avec le drapeau suédois, ou la tête d'Ingrid ou Ingmar Bergman sur le couvercle. A vous de trouver d'autres exemples...

Recherchez une signification pour les initiales de noms de marques, de systèmes, de sociétés (c'est-à-dire d'acronymes comme SNCF).

Si malgré tous vos efforts pour vous rappeler les noms des gens vous échouez toujours, demandez-vous si vous tenez vraiment à les retenir. Il est bien évident qu'on ne se rappelle des noms que si l'on décide que c'est assez important pour justifier l'effort que cela demande. Si vous êtes sûr d'avoir usé de toutes vos ressources, n'y prêtez plus attention et consolez-vous avec humour, comme le fait Frédéric Skinner : quand il doit présenter à sa femme quelqu'un dont il a oublié le nom, il applique cette stratégie : «S'il y a la moindre chance qu'elle ait déjà rencontré cette personne, je lui dis simplement : naturellement tu te rappelles... Elle saisit alors la main tendue en disant : Bien sûr, comment allez-vous ? Cette connaissance peut bien ne pas se rappeler avoir rencontré ma femme mais elle non plus n'est pas tout à fait sûre de sa mémoire...»

LA MÉTHODE DES LOCI OU «EN PREMIER LIEU» 10

> «Commence par le commencement, dit le roi gravement,
> et va jusqu'à la fin... et là arrête-toi.»
> Lewis CAROLL

Dans le chapitre 8, «Techniques d'association», vous avez découvert qu'il était plus facile d'apprendre une liste d'éléments en les regroupant en catégories et en les rassemblant dans une petite histoire qui leur donne un contexte. Ajoutez à cela ce que vous avez appris sur l'éveil des sens et la visualisation et vous serez capable d'activer votre mémoire, en particulier la mémoire visuelle qui repose sur l'association d'images. Utilisées ensemble, ces opérations mentales peuvent vous donner des résultats tout à fait satisfaisants pour la plupart des listes ordinaires que vous composez dans la vie quotidienne. Toutefois elles ne garantissent pas le succès à cent pour cent. Il se peut que vous vous souveniez d'une partie de la liste seulement, à moins que vous n'ayez un moyen de vérifier chaque élément avec un système de rappel.

Les mnémoniques, ou moyens mnémotechniques, ont pour fonction de faciliter un rappel total. Vous êtes déjà familiarisé avec le système des noms et visages. Vous allez maintenant apprendre un système connu de longue date puisqu'il remonte à l'époque grecque classique et à Simoneides qui en serait le précurseur. Il permet de se souvenir d'une liste dans l'ordre. Cela peut être très commode pour économiser ses pas, son argent, son essence au lieu de faire ses courses dans le désordre. Cela peut aussi vous aider à vous souvenir des étapes d'une procédure comme celle d'allumer la veilleuse de votre chauffe-eau ou des choses à faire avant de quitter la maison sans avoir cette désagréable impression d'avoir oublié de vérifier quelque chose.... Vous en découvrirez même d'autres applications une fois que vous aurez compris comment cela fonctionne. Du défi personnel au jeu collectif, cette méthode était très répandue pendant des siècles avant d'être éclipsée par l'invention de l'imprimerie.

Comme le système pour les noms et visages, la méthode des loci (du latin locus : lieu) est une application pratique du principe d'association d'images. Vous souvenez-vous du dernier exercice du Chapitre 8 sur les techniques d'association ? Il s'agissait de visualiser deux objets disparates ensemble dans une seule représentation (par exemple lampe et boucles d'oreille). C'est également ce que vous faisiez quand vous placiez un objet, symbole d'un nom, sur un trait dominant d'un visage : vous associez les deux dans une seule image composée. A présent vous ne devriez donc plus trouver si curieux d'associer deux objets qui n'ont apparemment rien en commun. Nous allons appliquer le même principe dans de nombreux domaines. Certaines associations peuvent paraître ridicules ou tirées par les cheveux, mais quelle importance si elles vous aident à mieux vous souvenir ? Elles habitent l'intimité absolue de votre pensée et à moins de vous en ouvrir à quelqu'un, personne ne les connaîtra jamais.

Les individus dotés de mémoires prodigieuses utilisent spontanément des associations d'images qui défient la logique. Si vous lisez l'histoire du mnémoniste russe Shereshevski racontée par le psychologue A.R. Luria dans «Une telle mémoire», vous entrerez dans un monde fantastique qui vous étonnera : son esprit était un écran et il pensait en images aussi naturellement qu'il respirait. Vous pouvez développer la même technique. Vous ne deviendrez pas forcément un expert mais vous commencerez à accroître votre maîtrise et à vous sentir plus en confiance, en constatant vos succès et en acceptant l'oubli comme faisant partie du processus de la mémoire normale. Le mnémoniste russe prodige était en fait considérablement handicapé car il ne parvenait pas à oublier d'innombrables détails sans importance et sans utilité. Il était incapable de sélectionner l'essentiel de sorte que bien souvent les arbres lui cachaient la forêt. Ceci montre bien que mémoire et intelligence sont deux capacités différentes quoique fortement associées à un niveau organisationnel. La plupart des gens intelligents ont une bonne mémoire mais les études scientifiques ont montré que la réciproque n'est pas vraie : les prodiges de la mémoire n'avaient pas tous des quotients intellectuels (le fameux QI) très élevés. En fait, la mémoire, la connaissance, et la pratique de stratégies mentales semblent être plus importantes que le QI, d'autant que celui-ci évalue principalement la performance d'un individu au regard de notre système scolaire. Des études anglaises ont prouvé qu'on pouvait entraîner les gens à passer les tests QI et que l'on constatait des progrès mesurables chez tout le monde.

L'opposition mémoire-jugement n'est certes pas nouvelle : Montaigne a fondé sa pédagogie anti-scolastique sur ces bases. Ses successeurs ont privilégié le jugement et il n'est pas étonnant qu'actuellement de nouvelles tendances émergent dans les techniques d'apprentissage, en particulier pour les adultes. On considère désormais que la rapidité de pensée est moins importante que la flexibilité et l'ouverture d'esprit à des options différentes. Puisque vous devez vous tenir au courant de ce qui est nouveau dans votre domaine, au risque d'être dépassé, vous avez tout intérêt à utiliser votre mémoire le mieux possible. Dans un épisode de son émission télévisée «Une promenade à travers le XXe siècle», Bill Moyers résume notre dilemme moderne : «Il n'y a jamais eu autant de gens comprenant aussi peu autant de choses.» En raison de l'avancée permanente du progrès, et devant le flot grossissant d'informations, il vous faut être de plus en plus efficace pour apprendre à bon escient. Dans le chapitre suivant, vous allez découvrir comment, à l'aide de certains principes, vous pouvez combiner vos propres systèmes d'associations. Vous aurez alors pour la première fois l'occasion de constituer votre propre fichier de références en matière d'association d'images.

Apprendre une liste dans l'ordre est particulièrement difficile quand vous avez affaire à un ensemble d'éléments disparates, car il est très souvent impossible d'utiliser des groupes logiques ou des analogies pour les relier entre eux. A la place, vous devez faire appel à un système artificiel basé sur des lieux précis et fixés, ou loci, qui serviront de points de référence pour les images et les associations faites en relation avec ce dont il faut se souvenir. Le principe est que, paradoxalement, vous n'avez pas à vous soucier de l'ordre puisque vos points de repère (= loci) sont des places familières que vous pourrez replacer et restituer spontanément dans l'ordre où ils se trouvent. Quant à votre liste d'éléments à retenir, elle sera calquée sur cet ordre.

Le mot loci, pluriel de locus, signifie lieux en latin. La méthode des loci était en fait utilisée par les orateurs de la Rome antique pour retenir les différentes parties de leurs discours. Le rhétoricien choisissait un bâtiment ou un lieu bien connu, comme le Forum par exemple et en dégageait un certain nombre d'endroits particuliers ou loci contigus. Dans chacun de ces endroits, il plaçait des objets associés avec les parties de son discours. Ainsi s'il voulait parler de la guerre, il pouvait «placer», dans son esprit, une lance dans le premier endroit, l'échoppe du boucher par exemple. Si la guerre avait pour raison l'approvisionnement en céréales, il plaçait un sac de grain dans la deuxième place, chez le cordonnier. Il continuait de la sorte jusqu'à ce qu'il ait casé chaque partie de son discours. Pour reconstruire son exposé, il lui suffisait d'aller de place en place retraçant mentalement son circuit, en suivant l'ordre naturel, et il greffait la première partie de son exposé au premier endroit, la seconde au deuxième et ainsi de suite. C'est là l'origine de l'expression : «En premier lieu».

Chaque orateur avait son ordre propre de loci qu'il respectait toujours. Il avait spécialement recours à cette méthode quand il devait aborder des sujets sans rapport entre eux car la pensée analytique aide à faire les transitions seulement si elle représente un lien logique entre les deux éléments. La méthode des

La méthode des loci ou «en premier lieu»

loci répond parfaitement aux nécessités d'un ordre artificiel qui se situe en dehors de toute pensée logique.

Vous trouverez probablement facile de parcourir votre maison et de numéroter vos loci, dans votre cas les pièces, en partant de l'entrée vers l'arrière de la maison dans l'ordre qui vous semble le plus naturel. Au cas où votre liste serait plus longue que le nombre de loci dont vous disposez, il suffit de rajouter un tour détaillé d'une pièce de la maison. Par exemple, la salle de séjour peut être divisée en plusieurs endroits : le tapis, le divan, l'âtre de la cheminée, le coin de la télévision et de la chaîne de musique, etc.. Suivez le même schéma dans chacune des pièces, vous déplaçant **toujours dans le même sens**, peut-être dans le sens des aiguilles d'une montre. Imaginons que vous vouliez vous souvenir de l'ordre dans lequel il vous faut faire les courses : il suffit alors de bien visualiser l'objet de chaque course à faire et de le relier à chaque endroit de la maison. Ce faisant vous consoliderez l'association d'images et amorcerez le rappel, dans l'ordre que vous avez déterminé.

Eléments à se rappeler	Loci
1. Garagiste	1. Porte d'entrée
2. Banque	2. Couloir
3. Poste	3. Salle de séjour
4. Teinturier	4. Salle à manger
5. Supermarché	5. Cuisine

D'un côté vous avez la liste des choses à faire et l'ordre dans lequel vous voulez les faire. De l'autre, vous avez les loci, les endroits familiers que vous pouvez retrouver à loisir dans l'ordre donné.

1. Pensez au premier élément à retenir : le garagiste. Elaborez alors une image mentale de votre voiture bloquant la porte d'entrée car elle a besoin d'être réparée. Arrêtez-vous quelques instants sur cette association : «**garagiste-porte d'entrée**».

2. Faites de même pour tous les autres éléments. Pour la «**banque-couloir**», visualisez tous les chèques que vous voulez déposer à la banque dispersés sur le sol du couloir.

3. «**Poste-salle de séjour**» : imaginez que le colis que vous devez expédier se trouve au creux de votre fauteuil favori. Un objet spécifique dans la pièce est plus facile à visualiser que l'ensemble de la pièce.

4. «**Teinturier-salle à manger**» : imaginez vos habits traînant sur la table, sales et fripés si vous avez à les déposer, ou a l'inverse soigneusement pliés dans leur sac plastique si c'est les rechercher que vous devez.

5. «**Supermarché-cuisine**» : cette association se trouve être parfaitement logique, alors imaginez votre réfrigérateur vide, ou au contraire rempli de tout ce que vous devez acheter.

Pour retrouver votre liste de commissions dans un certain ordre, il suffit de vous déplacer de pièce en pièce, comme vous en avez l'habitude et les éléments associés à chaque pièce vont vous revenir automatiquement. Il est nécessaire de passer un peu de temps et de faire un léger effort pour visualiser les associations d'images (les éléments spécifiques dans les endroits spécifiques). Vous devrez utiliser votre imagination et visualiser des choses dans des endroits où elles ne sont pas habituellement. Il ne vous arrivera que rarement de tomber sur des associations logiques comme celle du supermarché et du réfrigérateur, puisque tributaire de l'ordre imposé des éléments et devant respecter toujours la même succession de loci, vous ne pouvez absolument pas décider de la place à attribuer à chacun : l'ordre de vos loci est préétabli et immuable, l'ordre de votre liste de choses à se rappeler a été déterminé auparavant. Vous ne devez pas la changer pour répondre à l'appel d'une association logique. Cela perturberait la dynamique propre de la méthode. Il convient d'accepter certaines associations bizarres quand elles arrivent et en sourire. **Placez le premier élément dans la première place, le deuxième dans la seconde et ainsi de suite.** Assurez-vous de passer 15 secondes à visualiser chaque élément à sa bonne place pour sceller votre association d'images. Il faut faire particulièrement attention aux associations trop faciles car il est tentant de passer à la suivante trop rapidement. Il y a toujours un minimum de temps requis pour traiter l'information. Ne supposez pas que vous allez vous souvenir sans effort, faites l'effort conscient qui seul garantit le rappel.

Vous garderez une liste en mémoire pour environ 24 heures

après quoi elle s'effacera. Ce système fonctionne comme un tableau noir sur lequel un texte écrit à la craie est forcément remplacé par le suivant. Si pour une raison quelconque vous ne voulez pas utiliser votre maison pour mettre en place le système de loci, il existe des alternatives : vous pouvez par exemple utiliser un autre bâtiment, la grande rue ou des rues principales de votre ville, un centre commercial que vous connaissez bien, votre chambre à coucher, votre voiture ou encore les poches d'un costume ou d'un sac à main. Il existe de multiples possibilités. **Le principe directeur est de choisir un ensemble de loci permanent et familier que vous pouvez facilement retracer mentalement dans un ordre donné.**

Ultérieurement vous pourrez utiliser différents ensembles de loci pour garder en mémoire des listes permanentes. Par exemple vous pouvez utiliser votre cuisine pour lister et retenir le contenu de votre coffre en banque. Cela peut vous être utile pour savoir ce que vous y avez déposé. Après quoi vous n'avez plus à vous faire de soucis comme je m'en fis un jour pensant que mon collier de perles avait disparu. Des listes de ce genre peuvent rester très vivantes dans votre mémoire à condition de les revoir régulièrement.

LA MÉTHODE DES LOCI

La méthode des loci est basée sur l'association d'images : il s'agit de projeter une image mentale claire de l'élément dont on veut se souvenir et l'associer à un endroit déterminé auquel on peut se référer facilement. Pour appliquer la méthode des loci, il faut abandonner toute recherche d'associations logiques car le système est justement basé sur des associations d'images sans rapport logique.

Avant tout, on doit fixer une séquence d'endroits ou «loci» familiers. C'est l'étape la plus importante à ne pas bâcler ! Il est essentiel de prendre son temps pour s'assurer d'avoir un canevas permanent et clair avec lequel travailler. 20 loci devraient suffire pour commencer.

1. Premièrement visualisez, et dessinez si vous le désirez, un plan de votre logement. Commencez à la porte d'entrée et procédez de pièce en pièce dans l'ordre qui vous est spontané. Décidez une fois pour toutes du sens dans lequel vous vous dirigerez. (Une flèche serait une bonne indication visuelle.) Au moment du rappel vous retracerez mentalement votre chemin dans la même direction, suivant ainsi l'ordre de vos loci. Avant d'appliquer le système il convient de bien connaître vos loci et de pouvoir les visualiser dans l'ordre où ils se présentent.

2. **Deuxièmement nommez et numérotez vos loci**, en utilisant une liste du genre de celle qui suit (ce sont mes loci personnels) :

1. Boîte aux lettres
2. Porte d'entrée
3. Patio
4. Porte vitrée
5. Couloir
6. Salle de séjour
7. Salle télé
8. Cuisine
9. Salle à manger
10. Chambre à coucher
11. Penderie
12. Petit lavabo
13. Douche
14. Bureau
15. Buanderie
16. Chambre bleue
17. Salle de bain
18. Chambre jaune
19. Jardin
20. Garage

Vous constaterez que vous avez l'embarras du choix de loci. Dans cet exemple je n'ai pas eu besoin de détailler les pièces parce que c'est une grande maison. S'il s'agissait d'un studio, j'aurais pu faire le découpage de la manière suivante : (1) boîte aux lettres, (2) porte d'entrée, (3) couloir, (4) stéréo, (5) fauteuil en cuir, (6) haut-parleurs, (7) divan, (8) table basse, (9) âtre, (10) chaise orange, (11) bibliothèque, (12) poste de télévision, (13) table chinoise, (14) le tableau au mur, (15) baie vitrée, (16) canapé, (17) guéridon, (18) lampe sur pied, (19) pendule, (20) tapis.

Comme vous le voyez il n'est pas difficile de trouver des loci. Vous pouvez détailler autant de pièces que vous le souhaitez. L'expérience m'a appris qu'il est plus efficace de visualiser un objet comme symbole pour chaque pièce qui n'est pas détaillée ; car plus l'image de l'endroit est spécifique, plus il est facile de faire une association d'images avec la chose à se rappeler. Par exemple lorsque je pense «cuisine», le premier et le plus cher objet qui me vient à l'esprit est mon réfrigérateur.

Il possède cette belle patine de l'âge et il est plus logeable que les nouveaux modèles que l'on trouve maintenant dans le commerce. Choisissez vos loci spontanément, en sélectionnant les objets que vous aimez le mieux. Assurez-vous simplement de les prendre dans l'ordre où ils se présentent.

3. Maintenant parcourez à nouveau mentalement vos loci dans l'ordre et le sens que vous avez fixé. Ayez une image claire de chaque endroit et de son numéro d'ordre. Vous devez être capable d'apprendre votre choix d'endroits car vous suivez la disposition naturelle de votre maison. Puisque votre ensemble de loci est permanent et familier, vous les connaissez déjà et vous allez les visualiser dans le bon ordre quand vous en aurez besoin.

En relisant votre liste, vérifiez si vous pouvez visualiser chaque endroit clairement et distinctement. Il ne doit pas y avoir d'endroit difficile à visualiser (une femme nous a fait remarquer qu'elle oubliait toujours ce qu'elle plaçait sur une petite table cachée dans le coin d'une entrée très sombre. Il a fallu qu'elle renonce à cet endroit). Anticipez cette erreur : si vous ne pouvez pas «voir» un endroit clairement, ne le choisissez pas comme un de vos loci, passez-le car cela risquerait fort de se révéler par la suite être un point faible.

4. Dès que vous aurez établi votre liste de divers endroits, vous êtes prêt à utiliser la méthode des loci pour retenir une liste dans le bon ordre. Avant de vous lancer dans ce travail de sélection, lisez les deux paragraphes suivants : ils vous faciliteront la tâche en vous permettant d'éviter les écueils que j'ai relevés au cours d'années d'expérience.

Erreurs à éviter

1. Evitez de vous empresser d'écrire la liste de vos loci. Prenez votre temps en mettant au point votre séquence de loci destinés à être permanents et définitifs. C'est l'étape la plus importante. Sélectionnez soigneusement les endroits que vous voulez visualiser. Utilisez l'exercice d'essai pour tester leur validité. Si vos loci ne sont pas clairs et ne sont pas dans un ordre «naturel», vous éprouverez quelques difficultés à en retracer l'itinéraire. Quand vous tenez un ensemble de loci avec lequel vous vous sentez parfaitement à l'aise, écrivez votre liste définitive dans votre calepin.

2. Evitez de choisir deux loci similaires : par exemple les deux mêmes tables de chaque côté du divan, deux armoires semblables, deux ou plusieurs chaises identiques. Regroupez-les plutôt en une seule image. Il est en effet impossible d'identifier deux places différentes si le même objet les représente toutes deux, ce qui compromet la précieuse séquence.

3. Sautez les portes sauf si elles sont très particulières : pour éviter les confusions, ne prenez pas en compte les portes. Elles sont trop neutres et semblables. Comme si vous étiez un fantôme, ignorez toutes les portes de ces différentes pièces.

4. Choisissez des loci permanents : ne prenez pas des objets susceptibles de changer de place, les livres par exemple à moins que ce soit une véritable bibliothèque. Il peut y avoir des fleurs à tel endroit aujourd'hui, mais elles n'y seront plus demain, alors passez-les à moins que vous ayez un bouquet éternel de fleurs séchées toujours au même endroit.

5. Evitez de surcharger vos loci en essayant au début de vous rappeler un trop grand nombre de listes à la fois. Une par jour est plus que suffisant. Bien que cela fonctionne comme un tableau noir, la nouvelle liste chassant la précédente, vos premiers essais peuvent laisser des traces plus durables dans votre mémoire parce que vous passerez plus de temps et vous y consacrerez plus d'effort que par la suite. Avec le temps et l'arrivée de nouvelles listes enregistrées de manière plus «souple», les premières vont s'estomper progressivement. Si au début 2 objets au lieu d'un seul vous viennent à l'esprit dans un de vos loci, ne vous énervez pas trop. Il suffit d'identifier le nouveau et l'ancien et de continuer. Si vous voulez vous souvenir de plusieurs listes le même jour, il faut utiliser des endroits séparés pour différencier les listes. Par exemple pour 12 articles de supermarché, utilisez les 12 premiers loci, puis pour les 5 choses à faire utilisez les 5 loci suivants (13-17).

Conseils utiles

1. N'essayez pas d'accélérer le processus de l'association d'images. Avec la pratique, vous irez plus rapidement mais cela demandera toujours un peu de temps, au moins quelques secondes. La fixation des souvenirs n'est jamais un processus instantané. Temps et effort font toujours partie du traitement en profondeur de l'information à mémoriser, même si nous n'en avons pas conscience.

2. En ajoutant un commentaire et un jugement affectif ou émotionnel à l'association d'images on va approfondir l'enregistrement des souvenirs. Cela les rend plus personnels puisque cela implique plusieurs aspects différents de notre personnalité. Par exemple :

Elément : pain
Endroit : boîte aux lettres
Association d'image : ça ne rentre pas dedans
Emotion : quel dommage de devoir l'abîmer.

3. Jouez avec les associations irrationnelles, bizarres et sans logique plutôt que de les repousser. Sans doute vous rebellerez-vous d'abord contre le système au nom de la logique.(«C'est complètement idiot» direz-vous), mais essayez quand même, vous verrez que ça marche !

4. Soyez patient : donnez-vous l'occasion de réussir ; cela prend du temps de saisir l'idée du système, de l'accepter comme un outil valable et finalement de l'utiliser avec aisance.

Exercice d'essai

1. Faites une liste de vos loci sur une feuille de papier volante. Numérotez-les clairement. En face de chacun d'entre eux écrivez et numérotez une liste de commissions.

2. Visualisez votre première place et votre première course. Construisez une association d'images claire des deux pris simultanément. Par exemple imaginez les carottes sortant de la boîte aux lettres.

3. Passez quelque temps à visualiser les deux éléments ensemble. Vous devez déboucher sur une petite histoire teintée d'une touche émotionnelle : amusement, indignation, surprise, peu importe.

4. Fermez les yeux et **commentez** votre association d'images. Passez alors au couple suivant et ainsi de suite jusqu'au dernier. La visualisation des 2 éléments doit prendre au minimum 15 secondes par item.

SYNTHÈSE RAPIDE

1. La méthode des loci permet de se souvenir facilement d'une liste dans un ordre déterminé.

2. Elle fonctionne comme un tableau noir qui garderait les informations pendant 24 heures.

3. Basé sur l'association d'images, cela consiste à associer un élément dont vous voulez vous souvenir avec un endroit familier. La visualisation simultanée des deux choses est le principe de base, le même qui est utilisé pour associer des noms et des visages.

4. Puisque votre liste de loci est fixe, permanente et qu'elle suit un ordre naturel, il est facile d'en retrouver l'ordre en toute circonstance et à la demande.

5. Visualisez le premier élément dans le premier endroit du parcours, puis le deuxième élément dans le second endroit et ainsi de suite jusqu'au dernier. Commentez chaque association.

6. Un parcours mental à travers les différents loci va vous ramener la liste des choses à se rappeler.

La méthode des loci ou «en premier lieu»

EXERCICES

1 LISTE D'ESSAI : LA PRÉPARATION D'UN VOYAGE

Ecrivez la liste qui suit verticalement et placez-la en vis-à-vis de votre propre liste de loci : (1) passeport, (2) permis de conduire, (3) chèques de voyage, (4) billets d'avion, (5) carnet d'adresses, (6) appareil photo, (7) affaires de toilette, (8) séchoir à cheveux, (9) rasoir, (10) parapluie, (11) maillot de bain, (12) médicaments, (13) nécessaire de couture, (14) crème antisolaire, (15) produit à lessive, (16) lunettes de soleil, (17) chaussures de marche, (18) imperméable, (19) chapeau de soleil, (20) clés de la maison.

Visualisez le premier élément dans la première place, le deuxième dans la deuxième, et continuez jusqu'à la fin de la liste. Enfin retrouvez cette liste en repassant en revue vos loci.

2 AUTRES TYPES DE LISTES

Les listes qui suivent sont composées de mots divers à la manière des listes utilisées par les psychologues. Il s'agit là d'un exercice formel, ces listes n'ayant aucune utilité pratique. Etudiez-les progressivement. Commencez par la première et essayez d'apprendre 10 mots par la méthode des loci, puis rajoutez-en 5 de plus et essayez pour finir de prendre les 20 éléments. Faites de même avec la deuxième liste ; quand à la troisième, commencez par 15 éléments et ajoutez ensuite les 5 derniers articles.

	Liste 1	Liste 2	Liste 3
1.	Bûche	Chien	Porc
2.	Dinde	Allumettes	Sable
3.	Eléphant	Plat	Cuillère
4.	Fourchette	Livre	Magazine
5.	Ordinateur	Fleur	Herbe
6.	Paille	Gui	Abeille
7.	Serviette	Caverne	Pin
8.	Feu	Brouillard	Maïs
9.	Monnaie	Pièces	Pluie
10.	Malchance	Plume	Pain de seigle

11. Pied	Main	Egratignure
12. Dentiste	Médecin	Chirurgien
13. Feu	Vent	Prise
14. Mental	Double	Malin
15. Disque	Dos	Cornichon
16. Bain	Nonne	Infirmière
17. Vin	Whisky	Cheval
18. Croix	Etoile	Loi
19. Triangle	Carré	Cercle
20. Colère	Peur	Amour

Une fois que vous vous sentirez à l'aise avec des listes de mots aussi divers, essayez d'utiliser le système comme un petit jeu collectif. Demandez à des amis de nommer des objets, un par un. Donnez-vous le temps de visualiser chacun d'entre eux dans les différents loci. Reparcourez vos loci dans l'ordre établi et les différents mots sortiront de tous ces endroits comme par magie. Ultérieurement quand vous les connaîtrez tous très bien, vous serez capable de les rappeler par leur numéro sans forcément suivre l'ordre, ce qui est encore plus impressionnant.

3 COMMENT RETENIR LES RECETTES DE CUISINE (OU D'AUTRES INSTRUCTIONS) AVEC LA MÉTHODE DES LOCI

Par mesure de clarté, j'illustrerai la méthode avec mes loci.

Plat du jour : Coquelet à la papaye
(ou tout autre fruit exotique)

1. Dans le premier lieu (exemple : boîte aux lettres), visualisez les volailles enduites d'une couche de margarine travaillée au curry. Visualisez tout autant le fait de mélanger les ingrédients et d'en couvrir la viande que l'aspect général du plat prêt à la cuisson.

2. Dans le deuxième lieu (exemple : porte d'entrée), visualisez les volailles enduites que l'on met dans le four réglé à four moyen. Visualisez le chiffre 4 inscrit en lettres rouges sur la porte du four.

3. Dans le troisième lieu (exemple : patio), visualisez un bol dans lequel vous avez mélangé du chutney et le jus d'un citron vert. Programmez un minuteur sur 30 minutes et visualisez la sauce que l'on verse sur la volaille quand le minuteur sonne.

La méthode des loci ou «en premier lieu» 175

4. Dans le quatrième lieu (exemple : porte vitrée), visualisez une papaye mûre, couleur or, coupée en petits cubes que vous disposez autour des coquelets comme garniture jusqu'à ce qu'elle soit réchauffée. Réglez cette fois le minuteur sur 10 minutes et visualisez la papaye froide qui se réchauffe autour des coquelets.

5. Dans le cinquième lieu (exemple : couloir), visualisez le riz pilaf qui est prêt à accompagner notre plat.

Note : Revoyez l'ensemble en vous assurant que vous avez les temps de cuisson corrects. Cela prend une heure de cuisson en tout qui se répartit en trois étapes : qu'ajoutez-vous après 30 minutes, et après 50 minutes et avec quoi le servez-vous ?

Ce n'est qu'un modeste exemple de la manière dont vous pouvez utiliser cette méthode. Vous pouvez essayer en segmentant la recette en plus de loci que dans cet exemple. Je pense qu'il est utile de séquencer les étapes comme je l'ai fait ci-dessus car dans une seule association d'images il est facile de visualiser simultanément plusieurs ingrédients mélangés ensemble. Vous pouvez obtenir une image très précise et fidèle de la consistance, de la couleur et du goût de la composition obtenue. Cela vous donne également une dimension dynamique de la recette. Cela marche très bien pour la plupart des types de cuisine. Essayez cette méthode la prochaine fois qu'une amie vous donne une recette de cuisine ou que vous en lisez une qui plaît dans un périodique.(attention, notez-la dans les 24 heures).

4 APPRENTISSAGE DE LISTES QUOTIDIENNES

Chaque jour écrivez une liste pratique et commentez la manière dont vous arrivez à vous en souvenir. Relisez et visualisez vos loci avant de commencer. Vous devez parfaitement les connaître. Lors de vos premiers essais vous pouvez consulter votre liste de loci quand vous placez et rappelez la liste des éléments à retenir. Bientôt vous n'aurez plus besoin de vérifier. Commencez avec 10 éléments, puis 15 et enfin 20. En plus d'apprendre une liste chaque jour, vous pourriez écrire la façon dont vous y êtes arrivé et les difficultés que vous avez rencontrées. Il y a dans ce chapitre quelques exemples de listes mais vous devez constituer vos propres listes. Vous aurez d'ailleurs plus de motivation pour vous rappeler mieux ce que vous avez choisi.

Exercez-vous avec des choses à faire, des courses à effectuer, la liste de vos biens, la liste de vos objets de valeur (dans le coffre ou chez vos beaux-parents), la liste de vos soucis favoris, vos souhaits principaux, des choses à dire au téléphone, etc.. Faites votre propre choix. Votre liste sera plus intéressante pour vous que les listes expérimentales sur lesquelles il est quand même intéressant de travailler comme on fait des gammes.

Il est particulièrement important d'utiliser le système à toutes les occasions qui se présentent, car il stimule la mémoire. Tout comme les capacités d'observation, les systèmes vont peu à peu s'intégrer à votre vie. La pratique quotidienne garantit un succès rapide. **En utilisant votre mémoire vous éviterez de la perdre.** En matière de vieillissement, il y a un dicton qui émerge dans tous les domaines de la gérontologie : «Sans usage, hors d'usage».

LIRE POUR RETENIR 11

« Il y a des livres à goûter, d'autres à dévorer et quelques rares à déguster et à assimiler. »
Francis BACON

Ne serait-il pas fantastique de pouvoir vous rappeler sur commande tout ce que vous avez lu ou appris ? Peut-être, mais rien n'est moins certain car vous avez dû lire bien des choses sans intérêt ou dont l'intérêt s'est estompé avec le temps. La mémoire travaille pour satisfaire les besoins du moment présent, ou ceux du futur immédiat. Cependant il y a des gens qui semblent lire avec une telle efficacité qu'ils ont un ensemble inépuisable de références sur tous les sujets. Que font-ils de spécial pour en arriver là ?

Ces gens-là ont habituellement une curiosité intellectuelle peu commune et un grand penchant à s'intéresser aux mécanismes de tout et de rien. Ils sont particulièrement sensibles à toutes sortes de stimuli qui mettent leur mémoire en état d'excitation permanente. Ils sont sélectifs, opérant constamment de nombreux choix ; ils possèdent une grande souplesse d'esprit qui leur permet de doser exactement l'effort nécessaire pour retenir quelque chose. Leur perception du monde extérieur ou de l'ambiance qui s'en dégage est excellente et leur système de rangement est efficace. A partir de plusieurs fichiers organisés par catégories, ils ont accès à de multiples souvenirs. Avant tout ils consultent sans cesse ces divers fichiers car leur cerveau «bouillonne» d'activité. Parmi eux les perfectionnistes se plaignent de leur mémoire d'une manière tout à fait injustifiée comme Michel de Montaigne qui était incapable de se reconnaître une remarquable mémoire associative. Comme il rechignait à apprendre par répétition «mécanique», il connaissait très peu de textes par coeur. Pourtant sa culture apparaît immense quand on lit ses essais. Sa devise mérite d'être rappelée dans ce livre : «Mieux vaut une tête bien faite qu'une tête bien pleine.»

Même ceux qui ont une excellente mémoire ne se rappellent qu'une partie de ce qu'ils lisent et cela paraît être plus que suffisant. Pourtant ils sont de bien meilleurs lecteurs que les autres. Ils travaillent sur ce qu'ils lisent en marquant des pauses pour réfléchir, se laissant aller à des commentaires, prenant des notes, revoyant et restructurant les sujets qui les ont intéressés. Ils ont tous une passion en commun : le besoin permanent de comprendre le monde qui les entoure. Mortimer Adler dans son ouvrage «Comment lire un livre» souligne l'importance de lire de manière à la fois critique et candide dans le but de bien comprendre. «Quand nous lisons pour nous informer, nous prenons le factuel ; quand nous lisons pour comprendre, nous cherchons non seulement les faits mais aussi leur signification.» Et c'est précisément ce qui aide la mémoire.

Si vous voulez vous souvenir de ce que vous venez juste de lire, vous devez le garder à l'esprit un peu plus longtemps que la simple lecture du texte pour le fixer dans votre mémoire. Cela demande un effort qui peut être agréable et intéressant, allié à un certain savoir-faire basé sur de nouvelles applications des principes généraux que nous avons déjà étudiés.

Des travaux réalisés à l'Institut Carnegie-Mellon pour l'Education ont montré que les différences de résultats que l'on observe en classe ne sont pas tant fonction de différences de Q.I. que de différences dans les stratégies d'apprentissage. Cela veut dire que selon la manière dont on lit un texte, on apprend et on retient plus ou moins. C'est pourquoi la pédagogie ou l'art d'enseigner fait toute la différence. En passant de la théorie à la pratique, en appliquant nos connaissances à nos expériences, nous apprenons de manière plus efficace. Plutôt que d'accumuler uniquement des faits ou des données, il vaut mieux réfléchir et essayer de les comprendre. Les chercheurs modernes ont vérifié l'hypothèse que la compréhension est une des bases de l'apprentissage et de la mémoire. De multiples expériences ont montré que lorsqu'on ne comprend pas le sens d'une information, il est très difficile de la retenir. Les mots dépourvus de sens s'oublient vite car ils ne reçoivent pas un traitement de l'information à un niveau suffisant pour assurer une rétention à long terme. Comme nous l'avons vu tout au long de ce livre, la recherche d'une signification personnelle est l'élément dont dépend la qualité de l'encodage.

De fait, vous pouvez apprendre à lire de manière plus efficace. Comment ? En engageant votre esprit dans un processus actif et dynamique, en vous posant des questions, en structurant la substance même de votre lecture, en marquant des pauses pour réfléchir sur l'idée directrice et en revoyant tout ça d'une manière créatrice. **Le meilleur moment pour commenter votre lecture, la développer et l'orienter selon vos besoins se situe juste après avoir lu.** Si vous ne souhaitez que retenir une idée générale pour en parler en société, cela ne vous demandera pas le même temps ni le même investissement psychologique que si vous deviez étudier pour un examen. Même dans ce cas, il est normal dans une certaine mesure d'oublier à la longue ce que vous avez appris si vous n'y faites pas référence de temps à autre. Par exemple vous avez pu posséder de bonnes connaissances en matière de chimie, de littérature ou d'aviation jadis mais, ne vous y intéressant plus, il vous semble qu'il ne vous en reste plus rien. Il est vraisemblable qu'il n'en reste pas de traces dans vos fichiers actifs quotidiens, la zone de couleur bleue, mais des traces mnésiques demeurent profondément ancrées dans la zone grise. Si vous avez pris soin d'enregistrer ces informations de manière systématique, en comprenant le principe général, vous serez capable de retrouver ces souvenirs quand une occasion les ravivera. A partir de là vous serez capable de rappeler plus de choses par déduction et par d'autres opérations mentales logiques. Si vous avez enregistré des exemples ou des illustrations du principe, ils réapparaîtront comme une association d'images.

La culture est un processus d'apprentissage cumulatif. Quand on rencontre quelque chose de nouveau, on l'intègre dans l'ensemble de tout ce que l'on connaît déjà. Comme la mémoire de reconnaissance est très bonne, on retrouve facilement quelque chose que l'on a étudié autrefois. Il est plus facile de réapprendre quelque chose parce qu'il existe déjà un fichier de référence auquel on peut se rapporter. Tout cela est vrai à condition qu'il s'agisse de choses d'importance que nous avons correctement apprises. Bachoter pour des examens peut être efficace dans une perspective à court terme mais cela ne résiste guère à l'usure du temps. Les meilleurs élèves étudient régulièrement et en profondeur. Ils laissent aux diverses matières le temps de se fixer. Celles-ci s'intègrent aux connaissances antérieures de manière organisée. Ces élèves ne sont pas comme les pierres qui roulent et n'amassent pas mousse. Ils sont en général plus cultivés. En acquérant de nouvelles connaissances, ils revoient ce qu'ils savent déjà de sorte qu'ils ont un plus grand nombre de fichiers actifs en mémoire que la moyenne des gens. Après plusieurs années nous nous souvenons seulement de ce que nous avons appris en profondeur de manière systématique et de ce qui nous a touché le plus. C'est l'harmonieuse combinaison d'un versant émotionnel et d'un versant intellectuel qui fait des merveilles pour la mémoire. Il vous est facile de vérifier cette affirmation en vous demandant quels sont les cours, les auteurs et les enseignants qui vous ont le plus marqué au point de vous en souvenir aujourd'hui.

Essayer de se rappeler la totalité de ce qu'on a lu est tout à fait impossible et irréaliste. Cependant il est à la fois possible et bien pratique de travailler à se souvenir de ce qui vous intéresse dans le but spécifique de le partager avec quelqu'un d'autre tant que c'est encore de circonstance, c'est-à-dire de fraîche date. Normalement 48 heures après la lecture d'un document, on ne se rappelle en moyenne que 20 % de ce qu'on a lu, et seulement les idées principales. Pour améliorer les chances de rétention, il faut suivre un schéma d'éveil et d'analyse. Il y a des choses à faire avant, pendant et après la lecture pour faciliter le rappel.

Il faut avant tout favoriser la concentration en éliminant les sources de distractions et d'interférences. Sinon mettez des boules dans les oreilles pour vous isoler de l'entourage. Notez également qu'en vous fixant une limite de temps vous lirez avec plus d'intensité. Si vous la respectez vous vous rendrez compte que vous lisez plus attentivement.

Avant de commencer à lire, il vous faut avoir une idée de ce que vous attaquez. Le sujet déterminera quels degrés de concentration et d'organisation seront nécessaires pour une telle lecture. Définissez votre but : lisez-vous pour vous distraire ? Pour partager vos impressions avec quelqu'un ? Ou pour vous informer ? Ou encore pour approfondir des connaissances ? Votre disposition influencera le choix de la méthode et le degré de structuration nécessaire. Maintenez en vous la flexibilité nécessaire pour passer de l'une à l'autre méthode et vous aurez plusieurs cordes à votre arc.

Pendant la lecture vous devez vous fixer sur ce que vous considérez essentiel de retenir. Lisez de manière active en notant mentalement les mots, les idées ou les images clés. (Vous pouvez également souligner dans les livres de poche ou articles divers.) Interrompez votre lecture lorsqu'une association vous vient à l'esprit et commentez au fur et à mesure. Prenez alors conscience de la manière dont ce texte vous affecte. Ceci vous amènera au stade suivant : celui de la critique.

Après avoir terminé votre lecture, reprenez les éléments qui vous ont le plus intéressé pour les revoir et les évaluer. Laissez parler vos propres commentaires si le texte ou le sujet en valent la peine. L'habileté avec laquelle vous revoyez le texte déterminera grandement ce qui vous en restera. Si possible, faites-le immédiatement.

D'abord, je vais vous montrer comment intégrer l'imagerie mentale et la visualisation dans vos habitudes de lecture puis selon le modèle fondamental du traitement de l'information, comment passer des canaux sensitifs et émotionnels au domaine intellectuel. Je vous présenterai alors un principe général plus des éléments spécifiques pour diriger votre esprit d'emblée vers ce qui est le plus important : orienter la pensée vers une tâche précise. Finalement je vous proposerai une stratégie d'apprentissage facile et fiable, le Q3POC. Chacun de ces quatre sujets sera suivi par des exercices pour appliquer chaque méthode prise isolément. Ultérieurement vous pourrez les utiliser toutes et vous constaterez qu'en combinant ces diverses techniques vous obtiendrez des résultats encore bien meilleurs.

LA MÉTHODE D'IMAGERIE MENTALE : UNE NOUVELLE PERSPECTIVE DE LECTURE

Vous avez pu constater tout au long de ce livre combien l'imagerie mentale et la visualisation aident la mémoire et combien l'imagination est précieuse dans le processus d'élaboration des images. La transposition de ces techniques à la lecture est facile et gratifiante. En utilisant la visualisation et votre imagination, vous obtiendrez une image claire du sujet du livre. En structurant ces images en une séquence et en ajoutant un commentaire, vous faciliterez considérablement le rappel.

Principe général

Partez des images du texte pour avancer vers l'idée ou la signification qu'elles illustrent, de la forme vers le fond. Pour ce faire imaginez que votre cerveau est une caméra enregistrant tout en termes d'images. Le texte du livre devient alors un scénario avec des décors, des personnages, le déroulement d'une intrigue, un plan d'action, et une série de scènes.

1. Visualisez le texte au fur et à mesure que vous le lisez. Fixez plus précisément les situations spécifiques, les émotions et l'ambiance qu'elles évoquent. Ces images concrètes animeront les idées qu'elles représentent.

2. Notez la succession des images et la manière dont les scènes s'enchaînent. Visualisez-les dans l'ordre où elles apparaissent dans le texte. Réfléchissez aux idées qu'elles illustrent.

3. Structurez les idées à partir de cette séquence d'images. Chacune contient une ou plusieurs idées. Pour extraire l'idée de l'image il suffit de la formuler en une phrase. (Le titre du passage fournit souvent l'idée principale.) Etudiez l'enchaînement des idées.

4. Commentez les images et les idées qui les sous-tendent. Les images reflètent le style et véhiculent un message personnel. Réfléchissez à l'originalité de l'auteur et formulez une opinion sur le sujet et la manière dont il est présenté. (Vous enregistrez ainsi le texte sur le registre émotionnel et intellectuel pour un maximum d'efficacité.)

EXERCICES

1 LIRE EN VISUALISANT

Commencez avec les textes suivants puis choisissez d'autres textes qui vous intéressent. Visualisez le texte en le lisant avec force images et scènes dans votre esprit. Après avoir lu la totalité du texte écrivez le maximum d'images que vous pouvez vous rappeler. Notez-les aussi précisément que possible quand elles surgissent dans votre esprit. Cela fait, essayez de reconstruire la séquence des différentes scènes telles qu'elles figurent dans le texte. Vérifiez en jetant un rapide coup d'œil sur le texte. Notez ce que vous avez omis mais aussi ce dont vous vous êtes souvenu et continuez à appliquer cette méthode à tout ce que vous lisez. Cela prend du temps de développer de nouvelles habitudes de lecture mais vous verrez comme il est agréable de lire en imageant son texte. Les scènes vivantes resteront dans votre mémoire pour les années à venir tout comme l'essence même du livre. Vous vous souviendrez d'images précises et de fragments de textes. Plus que les thèmes abordés par les auteurs, ce sont le style et l'approche de ceux-ci qui vous resteront à l'esprit. Cette méthode par l'image favorise les textes littéraires et la poésie. Les étudiants en littérature en particulier peuvent tirer grand profit de cette méthode. Mais elle est également applicable à la lecture des journaux et magazines et de toutes sortes de textes descriptifs.

LE JOUJOU DU PAUVRE

Je veux donner l'idée d'un divertissement innocent. Il y a si peu d'amusements qui ne soient pas coupables !

Quand vous sortirez le matin avec l'intention décidée de flâner sur les grandes routes, remplissez vos poches de petites inventions à un sol, - telles que le polichinelle plat mû par un seul fil, les forgerons qui battent l'enclume, le cavalier et son cheval dont la queue est un sifflet, - et le long des cabarets, au pied des arbres, faites-en hommage aux enfants inconnus et pauvres que vous rencontrerez. Vous verrez leurs yeux s'agrandir démesurément. D'abord ils n'oseront pas prendre ; ils douteront de leur bonheur. Puis leurs mains agripperont vivement le cadeau, et ils s'enfuiront comme font les chats qui vont manger loin de vous le morceau que vous leur avez donné, ayant appris à se défier de l'homme.

Sur une route, derrière la grille d'un vaste jardin, au bout duquel apparaissait la blancheur d'un joli château frappé par le soleil, se tenait un enfant beau et frais, habillé de ces vêtements de campagne si pleins de coquetterie.

Le luxe, l'insouciance et le spectacle habituel de la richesse, rendent ces enfants-là si jolis, qu'on les croirait faits d'une autre pâte que les enfants de la médiocrité ou de la pauvreté.

A côté de lui, gisait sur l'herbe un joujou splendide, aussi frais que son maître, verni, doré, vêtu d'une robe pourpre, et couvert de plumets et de verroteries. Mais l'enfant ne s'occupait pas de son joujou préféré, et voici ce qu'il regardait :

De l'autre côté de la grille, sur la route, entre les chardons et les orties, il y avait un autre enfant, sale, chétif, fuligineux, un de ces marmots-parias dont un oeil impartial découvrirait la beauté, si, comme l'oeil du connaisseur devine une peinture idéale sous un vernis de carrossier, il le nettoyait de la répugnante patine de la misère.

A travers ces barreaux symboliques séparant deux mondes, la grande route et le château, l'enfant pauvre montrait à l'enfant riche son propre joujou, que celui-ci examinait avidement comme un objet rare et inconnu. Or, ce joujou, que le petit souillon agaçait, agitait et secouait dans une boîte grillée, c'était un rat vivant ! Les parents, par économie sans doute avaient tiré le joujou de la vie elle-même.

Et les deux enfants se riaient l'un à l'autre fraternellement, avec des dents d'une égale blancheur.

Charles BAUDELAIRE

PUNITION, PLUS RIGOUREUSE QUE LA MORT, D'UN MARI ENVERS SA FEMME ADULTÈRE.

Le roi Charles, huitième de ce nom, envoya en Allemagne un gentilhomme nommé Bernage, seigneur de Cyré, près Amboise, lequel, pour faire bonne diligence et avancer son chemin, n'épargnait jour ni nuit, en sorte qu'un soir bien tard arriva au château d'un gentilhomme où il demanda logis, ce qu'à grand-peine put avoir. Toutefois, quand le gentilhomme entendit qu'il était serviteur d'un tel roi, s'en alla au devant de lui et le pria de ne se mal contenter de la rudesse de ses gens : car, à cause de quelques parents de sa femme qui lui voulaient mal, il était contraint tenir sa maison ainsi fermée. Au soir, ledit Bernage lui dit l'occasion de sa légation, en quoi le gentilhomme s'offrait de faire tout service à lui possible au roi son maître. Et le mena dedans sa maison, où il le logea et festoya honorablement ; et, étant heure de souper, le gentilhomme le mena en une salle tendue de belle tapisserie, et, ainsi que la viande fut apportée sur la table, vit sortir de derrière la tapisserie une femme, la plus belle qu'il était possible de regarder ; mais elle avait la tête toute tondue, le demeurant du corps habillé de noir à l'allemande. Après que le gentilhomme eut lavé avec ledit Bernage, l'on apporta l'eau à cette dame, qui lava et s'en alla seoir au bout de la table, sans parler à nul, ni nul à elle. Le seigneur de Bernage la regarda bien fort, et il lui sembla l'une des plus belles dames qu'il eût jamais vue, sinon qu'elle avait le visage bien pâle et la contenance fort triste. Après qu'elle eut un peu mangé, demanda à boire, ce que lui apporta un serviteur de céans dedans un émerveillable vaisseau, car c'était la tête d'un mort, de laquelle les pertuis étaient bouchés d'argent ; et ainsi but deux ou trois fois la damoiselle. Après qu'elle eut soupé et lavé les mains, fit une révérence au seigneur de la maison, et s'en retourna derrière la tapisserie sans parler à personne. Bernage fut tant ébahi de voir chose si étrange qu'il en devint tout triste et pensif. Le gentilhomme, qui s'en aperçut, lui dit : «Je vois bien que vous vous étonnez de ce que vous avez vu en cette table ; mais, vu l'honnêteté que j'ai trouvée en vous, je ne vous veux celer que c'est, à fin que vous ne pensiez qu'il y ait en moi telle cruauté sans grande occasion. Cette dame que vous voyez est ma femme, laquelle j'ai plus aimée que jamais homme ne pourrait aimer la sienne, tant que pour l'épouser j'ai oublié toute crainte, en sorte que je l'amenai ici malgré ses parents. Elle aussi me montrait tant de signes d'amour que j'eusse hasardé dix mille vies pour la mettre céans à son aise et au mien, où nous avons vécu longtemps en tel repos et contentement que je me tenais le plus heureux gentilhomme de la chrétienté. Mais en un voyage que je fis, où mon honneur me contraignait d'aller, elle oublia tant le sien, sa conscience et l'amour qu'elle avait pour moi, qu'elle fut amoureuse d'un jeune gentilhomme que j'avais nourri céans, dont à mon retour je m'en cuidais apercevoir. Si est-ce que l'amour que lui portais était si grande que je ne me pouvais défier d'elle, jusques à ce que l'expérience m'ouvrît les yeux et vis ce que je craignais plus que la mort. Parquoi l'amour que je lui portais fut convertie en fureur et désespoir, de sorte que je la guettai de si près qu'un jour, feignant aller dehors, me cachai en la chambre où maintenant elle demeure, en laquelle bientôt après mon partement se retira, et fit venir ce jeune gentilhomme, lequel je vis entrer avec la privauté qui n'appartenait qu'à moi avoir à elle. Mais, quand je vis qu'il voulait monter sur le lit auprès d'elle, je saillis dehors et le pris entre ses bras, où je le tuai, et pour ce que le crime de ma femme me sembla si grand que telle mort n'était suffisante pour la punir, je lui ordonnai une peine que je pense qu'elle a plus désagréable que la mort : c'est de l'enfermer en la chambre où elle se retirait pour prendre ses plus grands délices, et en la compagnie de celui qu'elle aimait trop mieux que moi, auquel lieu je lui ai mis dans une armoire tous les os de son ami, tendus comme une chose précieuse en un cabinet. Et, à fin qu'elle n'en oublie la mémoire, en buvant et mangeant, lui fais servir à table tout devant moi, en lieu de coupe, la tête de ce méchant, à ce qu'elle voie vivant celui qu'elle fait son mortel ennemi par sa faute, et mort pour l'amour d'elle celui duquel elle avait préféré l'amitié à la mienne. Et ainsi elle voit à dîner et souper les deux choses qui plus lui doivent déplaire, l'ennemi vivant et l'ami mort, et tout par son péché. Au demeurant je la traite comme moi, sinon qu'elle va tondue, car l'ornement des cheveux n'appartient à l'adultère, ni le voile à l'impudique : parquoi s'en va rasée, montrant qu'elle a perdu l'honneur, la chasteté et pudicité. S'il vous plaît prendre la peine de la voir, je vous y mènerai.» Ce que fit volontiers Bernage, et descendirent en bas, et trouvèrent qu'elle était en une très belle chambre, assise toute seule devant un feu. Le gentilhomme tira un rideau qui était devant une grande armoire où il vit pendus tous les os d'un homme mort. Bernage avait grande envie de parler à la dame ; mais, de peur du mari il n'osa. Ce gentilhomme, qui s'en aperçut, lui dit : «S'il vous plaît lui dire quelque chose, vous verrez quelle phrase et parole elle a.» Bernage lui dit à l'heure : «Ma dame, si votre patience est égale au tourment, je vous estime la plus heureuse femme du monde.» La dame, ayant la larme à l'œil, avec une grâce tant humble qu'il n'était possible de plus, lui dit : «Monsieur, je confesse ma faute être si grande que tous les maux que le seigneur de céans, lequel je ne suis digne de nommer mari, me saurait faire ne me sont rien au prix du regret que j'ai de l'avoir offensé.» Et, en disant cela, se prit fort à plorer. Le gentilhomme tira Bernage par le bras et l'emmena.

Le lendemain au matin s'en partit pour aller faire la charge que le roi lui avait donnée. Toutefois, disant adieu au gentilhomme, ne se put tenir de lui dire : «Monsieur, l'amour que je vous porte et l'honneur et privauté que vous m'avez faits en votre maison me contraignent vous dire qu'il me semble, vu la grande repentance de votre pauvre femme, que vous lui devez user de miséricorde, et aussi que vous êtes jeune et n'avez nuls enfants, et serait grand dommage de perdre une telle maison que la vôtre, et que ceux qui ne vous aiment peut-être point en fussent héritiers.» Le gentilhomme qui avait délibéré de ne parler jamais à sa femme, pensa longuement au propos que lui tint le seigneur de Bernage, et en fin connut qu'il lui disait vérité, et lui promit que, si elle persévérait en cette humilité, il en aurait quelque pitié. Ainsi s'en alla Bernage faire sa charge. Et, quand il fut retourné devers le roi son maître, lui fit tout au long le conte, que le prince trouva tel comme il disait ; et, entre autres choses, ayant parlé de la beauté de la dame, envoya son peintre, nommé Jean de Paris, pour lui rapporter au vif cette dame : ce qu'il fit après le consentement de son mari, lequel, après longue pénitence, pour le désir qu'il avait d'avoir enfants et par la pitié qu'il eut de sa femme, qui en si grande humilité recevait cette pénitence, la reprit avec soi, et en eut depuis beaucoup de beaux enfants...

Marguerite de NAVARRE
(L'Heptaméron, Nouvelle trente-deuxième)
Edition Clubs des Libraires de France 1964

APPRENDRE DES POÈMES

Bien que tout texte puisse être visualisé, la poésie se prête en particulier à être lue avec l'imagerie mentale. Les poèmes sont faits d'images, de métaphores qui frappent l'imagination, touchent les sens, parlent à l'esprit et, de ce fait, ne demandent qu'à être gardés en mémoire. En voici quelques-uns pour votre plaisir.

LA PLUIE

Il pleure dans mon coeur
Comme il pleut sur la ville ;
Quelle est cette langueur
Qui pénètre mon coeur ?

O bruit doux de la pluie
Par terre et sur les toits !
Pour un coeur qui s'ennuie
O le chant de la pluie !

Il pleure sans raison
Dans ce coeur qui s'écoeure.
Quoi ! nulle trahison ?
Ce deuil est sans raison.

C'est bien la pire peine
De ne savoir pourquoi
Sans amour et sans haine
Mon coeur a tant de peine !

Paul VERLAINE

LE CHAT

Viens mon beau chat, sur mon coeur amoureux ;
Retiens les griffes de ta patte,
Et laisse-moi plonger dans tes beaux yeux,
Mêlés de métal et d'agate.

Lorsque mes doigts caressent à loisir
Ta tête et ton dos élastique,
Et que ma main s'enivre du plaisir
De palper ton corps électrique,

Je vois ma femme en esprit. Son regard,
Comme le tien, aimable bête,
Profond et froid, coupe et fend comme un dard,

Et, des pieds jusques à la tête,
Un air subtil, un dangereux parfum
Nagent autour de son corps brun.

Charles BAUDELAIRE

Lire pour retenir 189

2 L'APPRENTISSAGE D'UN POÈME

1. Lisez la première strophe du premier poème à voix haute en vous concentrant sur les images qui y sont contenues.

2. Fermez les yeux et essayez de le visualiser. Projetez d'autres sens si possible.

3. Passez à la strophe suivante. Lisez à haute voix et visualisez-la. Continuez de la sorte pour la totalité du poème.

4. Vous devez avoir présent à l'esprit un tableau très clair des images que le poème contient. Vérifiez si tel est le cas en lisant le poème d'une traite, à haute voix. Cette fois l'imagerie prendra forme dans votre esprit, renforçant concrètement les idées.

5. Essayez de reconstruire le poème à partir des images. Fermez les yeux et visualisez les images dont vous vous souvenez. Ecrivez-les alors avec les mots qui vous reviennent.

6. Vérifiez en relisant le poème à haute voix à nouveau. Corrigez les images le cas échéant en lisant très attentivement le poème. Corrigez aussi l'ordre dans lequel vous les revoyez.

7. Dernier point mais pas le moindre, réalisez bien la consonance des mots. Prenez conscience des rythmes et des rimes.

3 PARLER D'UN POÈME

Parlez à un ami ou un parent de ce poème, en le décrivant tout d'abord puis en lui faisant part de vos impressions sur ce texte.

4 APPRENDRE ET RETENIR LE POÈME PAR COEUR

Finalement il se peut que vous vouliez retenir le poème mot à mot. Ayez alors recours à la méthode d'apprentissage cumulative : apprenez une strophe par jour, en revoyant toujours les strophes précédentes quand vous en apprenez une nouvelle. Essayez d'intégrer tout ce que vous avez appris jusqu'à présent - visualisation, ambiance, contexte, implications émotionnelles, impact sensitif - et apprenez ce poème à la manière d'un acteur en le répétant avec un mélange de réflexion et de sentiment : vous trouverez le ton juste que vous n'oublierez pas, à condition que vous le revoyiez de temps à autre.

5 COMPARER DES POÈMES SUR LE MÊME THÈME : LE CHAT, LA PLUIE

Retenez les différentes métaphores propre à chaque poète, ainsi que les différences de sensibilité, de ton, d'atmosphère, de sonorité, de rythme et de point de vue.

LIRE DES TEXTES À MESSAGES EN DÉGAGEANT UN AVIS PERSONNEL

Procédez du général au particulier, c'est-à-dire de la globalité aux détails.

1. Notez d'abord le sujet ou le thème avec les idées principales. Recherchez le message essentiel de l'auteur : sur quoi porte ce texte ? Faites une pause.

Arrêtez-vous sur le titre, le sous-titre à l'occasion, la table des matières, les citations ou toute autre indication donnée par l'auteur. Tous ces éléments concourent à définir l'idée principale. Dégagez des questions car elles émanent des idées principales. Mettez-vous alors en quête de réponses dans le cours du texte en lisant l'ouvrage et après l'avoir lu.

Suivez le fil conducteur de l'idée directrice. Remarquez comme elle se développe et comment elle est illustrée. Laissez-vous guider comme Thésée par Ariane dans le labyrinthe. Il faut vous y accrocher pour ne pas vous égarer dans les digressions et les détails superflus.

2. Notez les éléments les plus marquants : ton du passage, argumentation, explications, informations. En lisant soulignez les mots clés, les images force et les exemples qui servent de support aux idées principales.

3. Analysez la structure du passage : elle reflète l'intention de l'auteur et fait ressortir les idées principales. Combien de parties contient-il ? Comment s'agencent-elles ? Habituellement dans un texte bien écrit il y a une idée par paragraphe. Tentez de retrouver le plan et de le noter. Le fait de donner des titres aux parties oblige à faire la synthèse des idées qu'elles recouvrent. Il s'agit là d'une révision organisée du texte. Il est plus facile de suivre le fil d'Ariane de l'idée principale si vous remarquez la structure au fur et à mesure que vous lisez. Ainsi donc structurez en lisant, mais aussi après.

Lire pour retenir 191

4. Commentez le texte en dégageant votre avis personnel :
D'abord essayez de définir le point de vue de l'auteur et faites-en une évaluation : est-il original, valable, solide, pratique, sympathique, éthique ?

Le ton et le style du texte ajoutent-ils quelque chose de positif au contenu ? Calculez l'impact que la forme et le fond ont sur vous. Etes-vous convaincu, sceptique, satisfait, ravi, irrité, choqué, voire outré ?

Note : Si vous avez du mal à cerner l'idée principale demandez-vous de quel genre de message il s'agit. La psychologue américaine Bonnie Meyer a testé favorablement une méthode qui permet de retenir l'idée principale d'un texte en retrouvant «le plan» utilisé par l'auteur pour l'exprimer. Pour ce faire il faut identifier dans le texte les mots-signes qui en révèlent le sens. Selon elle, il y aurait cinq «plans» possibles à identifier : **description**, **séquence**, **problème/solution**, **comparaison** et **cause/effet**. On formule ensuite une phrase qui résume le texte en exposant sa structure. Par exemple :

- «Le refroidissement de la température est dû aux masses d'air polaire déferlant sur le continent.» Le mot-signe est «est dû». Il indique le plan : cause/effet. Cette phrase résume la cause du changement de température.

- «Pour vivre heureux vivons cachés.» Le mot signe est «pour» ; le plan : problème / solution. Ce texte propose une solution à la quête du bonheur.

- «Hédonisme éclipse le Club Méditerranée.» Les mots signes sont les noms des deux clubs ; le plan : comparaison. Ce texte a pour but de comparer deux clubs concurrents dont l'un semblerait supérieur.

- «Pour bien bronzer il faut d'abord se protéger la peau avec une crème anti-solaire, puis s'exposer graduellement, enfin se laver en douceur.» Les mots-signes sont : «d'abord, puis, enfin» ; le plan : séquence. Ce texte donne une recette infaillible pour bronzer en sécurité et en beauté. Elle repose sur trois opérations à exécuter dans un certain ordre.

Ainsi on se souvient de l'essentiel et peut-être de plus... Mais tout texte complexe comporte plusieurs plans, ce qui rend cette méthode surtout valable pour des textes à message : publicité, proverbes, informations, instructions, articles de journaux, tous textes relativement brefs. Elle est un outil intéressant, non une fin en soi. Car l'idée principale n'est que le squelette d'un texte. Elle lui donne corps sans toutefois lui donner d'âme.

6 LIRE SELON UN PRINCIPE DIRECTEUR POUR EXTRAIRE L'ESSENTIEL

Ecrivez un court commentaire sur tous les textes dont vous voulez vous souvenir en suivant les recommandations précédentes. Commencez par celui que j'ai sélectionné pour vous dans ce chapitre (*Un Cœur Simple*). A la première lecture, dégagez l'idée principale et remarquez les mots et les images clés. Au fur et à mesure que vous avancez, regroupez-les. Dégagez une impression d'ensemble. A la deuxième lecture, recherchez plutôt la structure et les détails. Il faut approfondir votre compréhension du texte. Arrêtez-vous après chaque paragraphe ; (après tout la ponctuation est faite pour ça !), et posez-vous quelques questions sur le texte : vous plaît-il ou pas ? pourquoi ? Est-ce qu'il vous affecte ? Comment ? Est-ce que l'auteur émet un avis très original sur la question ? A-t-il prouvé son point de vue ? Prend-il position ? Etes-vous d'accord avec lui ? Commentez...

UN CŒUR SIMPLE

Pendant un demi-siècle, les bourgeoises de Pont-l'Evêque envièrent à Mme Aubain sa servante Félicité.

Pour cent francs par an, elle faisait la cuisine et le ménage, cousait, lavait, repassait, savait brider un cheval, engraisser les volailles, battre le beurre, et resta fidèle à sa maîtresse - qui cependant n'était pas une personne agréable.

Elle avait épousé un beau garçon, sans fortune, mort au commencement de 1809, en lui laissant deux enfants très jeunes et une quantité de dettes.

Alors elle vendit ses immeubles, sauf la ferme de Toucques et la ferme de Geffosses, dont les rentes montaient à 5000 francs tout au plus, et elle quitta la maison de Saint-Melaine pour en habiter une autre moins dispendieuse, ayant appartenu à ses ancêtres et placée derrière les halles.

Cette maison, revêtue d'ardoises, se trouvait entre un passage et une ruelle aboutissant à la rivière. Elle avait intérieurement des différences de niveau qui faisaient trébucher. Un vestibule étroit séparait la cuisine de la (*salle*) où Mme Aubain se tenait tout le long du jour, assise près de la croisée dans un fauteuil de paille. Contre le lambris, peint en blanc, s'alignaient huit chaises d'acajou. Un vieux piano supportait, sous un baromètre, un tas pyramidal de boîtes et de cartons. Deux bergères de tapisserie flanquaient la cheminée en marbre jaune et de style Louis XV. La pendule, au milieu, représentait un temple de Vesta, - et tout l'appartement sentait un peu le moisi, car le plancher était plus bas que le jardin.

(...)

Elle se levait dès l'aube, pour ne pas manquer la messe, et travaillait jusqu'au soir sans interruption ; puis, le dîner étant fini, la vaisselle en ordre et la porte bien close, elle enfouissait la bûche sous les cendres et s'endormait devant l'âtre, son rosaire à la main. Personne, dans les marchandages, ne montrait plus d'entêtement. Quant à la propreté, le poli de ses casseroles faisait le désespoir des autres servantes. Econome, elle mangeait avec lenteur, et recueillait du doigt sur la table les miettes de pain, - un pain de douze livres, cuit exprès pour elle, et qui durait vingt jours.

En toute saison elle portait un mouchoir d'indienne fixé dans le dos par une épingle, un bonnet lui cachant les cheveux, des bas gris, un jupon rouge, et par-dessus sa camisole un tablier à bavette, comme les infirmières d'hôpital.

Son visage était maigre et sa voix aiguë. A vingt-cinq ans, on lui en donnait quarante. Dès la cinquantaine, elle ne marqua plus aucun âge ; - et, toujours silencieuse, la taille droite et les gestes mesurés, semblait une femme en bois, fonctionnant d'une manière automatique.

Gustave FLAUBERT

LIRE POUR RÉPONDRE A DES QUESTIONS : LE Q3POC

Voici une méthode très facile pour vous aider à cerner les idées principales de toutes sortes de textes et par extension de films, de pièces, etc. que vous rencontrerez.

Pour lire efficacement, devenez actif et essayez de trouver les réponses aux six questions élémentaires : **Qui fait Quoi, Quand, Pourquoi, Où et Comment**. C'est une méthode utilisée aux USA dans les écoles de journalisme pour s'assurer que les élèves abordent tous les différents aspects d'un événement. Vous pouvez aussi l'utiliser pour fixer votre attention sur une conversation, une émission ou n'importe quel message ou discours important. La lecture des articles de journaux se prête parfaitement à cette méthode.

7 LIRE AVEC LE «Q3POC»

Lisez le texte de Candide en gardant très présentes à l'esprit ces 6 questions : Qui sont les protagonistes ? Que se passe-t-il ? Quand et Où se passe l'action ? Pourquoi et Comment ? Arrêtez-vous périodiquement et apportez des réponses à ces diverses questions.

CANDIDE OU L'OPTIMISME

Il y avait en Westphalie, dans le château de M. le baron de Thunder-Ten-Tronckh, un jeune garçon à qui la nature avait donné les mœurs les plus douces. Sa physionomie annonçait son âme. Il avait un jugement assez droit, avec l'esprit le plus simple ; c'est, je crois, la raison qu'on le nommait Candide. Les anciens domestiques de la maison soupçonnaient qu'il était le fils de la soeur de M. le baron et d'un bon et honnête gentilhomme du voisinage, que cette demoiselle ne voulut jamais épouser, parce qu'il n'avait pu prouver que soixante et onze quartiers, et que le reste de son arbre généalogique avait été perdu par l'injure du temps.

M. le baron était un des plus puissants barons de la Westphalie, car son château avait une porte et des fenêtres. Tous les chiens de ses basses-cours composaient une meute dans le besoin ; ses palefreniers étaient ses piqueurs ; le vicaire du village était son grand aumônier. Ils l'appelaient tous monseigneur, et ils riaient quand il faisait des contes. Mme la baronne, qui pesait environ trois cent cinquante livres, s'attirait par là une très grande considération, et faisait les honneurs de la maison avec une dignité qui la rendait encore plus respectable. Sa fille Cunégonde, âgée de dix-sept ans, était haute en couleur, fraîche, grasse, appétissante. Le fils du baron paraissait en tout digne de son père. Le précepteur Pangloss était l'oracle de la maison, et le petit Candide écoutait les leçons avec toute la bonne foi de son âge et de son caractère.

Pangloss enseignait la métaphysico-théologo-cosmolonigo-logie. Il prouvait admirablement qu'il n'y a pas d'effet sans cause, et que, dans ce meilleur des mondes possibles, le château de monseigneur le baron était le plus beau des châteaux, et madame la meilleure des baronnes possibles.

« Il est démontré, disait-il, que les choses ne peuvent être autrement ; car tout étant fait pour une fin, tout est nécessairement pour la meilleure fin. Remarquez bien que les nez ont été faits pour porter des lunettes : aussi avons-nous des lunettes. Les jambes sont visiblement instituées pour être chaussées, et nous avons des chausses. Les pierres ont été formées pour être taillées et pour en faire des châteaux ; aussi, monseigneur a un très beau château : le plus grand baron de la province doit être le mieux logé ; et les cochons étant faits pour être mangés, nous mangeons du porc toute l'année : par conséquent ceux qui ont avancé que tout est bien ont dit une sottise ; il fallait dire que tout est au mieux. »

Candide écoutait attentivement, et croyait innocemment ; car il trouvait mademoiselle Cunégonde extrêmement belle, quoi qu'il ne prit jamais la hardiesse de le lui dire. Il concluait qu'après le bonheur d'être né baron de Thunder-Ten-Tronckh, le second degré de bonheur était d'être Melle Cunégonde ; le troisième, de la voir tous les jours ; et le quatrième, d'entendre maître Pangloss, le plus grand philosophe de la province, et par conséquent de toute la terre.

Un jour, Cunégonde en se promenant auprès du château, dans le petit bois qu'on appelait parc, vit entre les broussailles le docteur Pangloss qui donnait une leçon de physique expérimentale à la femme de chambre de sa mère, petite brune très jolie et très docile. Comme Melle Cunégonde avait beaucoup de disposition pour les sciences, elle observa sans souffler les expériences réitérées dont elle fut témoin ; elle vit clairement la raison suffisante du docteur, les effets et les causes, et s'en retourna toute agitée, toute pensive, toute remplie du désir d'être savante, songeant qu'elle pourrait bien être la raison suffisante du jeune Candide, qui pouvait aussi être la sienne.

Elle rencontra Candide en revenant au château, et rougit ; Candide rougit aussi ; elle lui dit bonjour d'une voix entrecoupée, et Candide lui parla sans savoir ce qu'il disait. Le lendemain après le dîner, comme on sortait de table, Cunégonde et Candide se trouvèrent derrière un paravent ; Cunégonde laissa tomber son mouchoir, Candide le ramassa, elle lui prit innocemment la main, le jeune homme baisa innocemment la main de la jeune demoiselle avec une vivacité, une sensibilité, une grâce toute particulière ; leurs bouches se rencontrèrent, leurs yeux s'enflammèrent, leurs genoux tremblèrent, leurs mains s'égarèrent. M. le baron de Thunder-Ten-Tronckh passa auprès du paravent, et, voyant cette cause et cet effet, chassa Candide du château à grands coups de pied dans le derrière ; Cunégonde s'évanouit ; elle fut souffletée par Mme la baronne dès qu'elle fut revenue à elle-même ; et tout fut consterné dans le plus beau et le plus agréable des châteaux possibles.

VOLTAIRE

LA MÉTHODE SQ3R : UNE STRATÉGIE D'ÉTUDE POUR UNE LECTURE SÉRIEUSE

Pendant la Seconde Guerre mondiale, cette méthode avait été mise au point pour entraîner n'importe qui à acquérir rapidement l'habileté d'étudier. Elle pourrait être sous-titrée : «Comment apprendre mieux, plus rapidement, de manière plus efficace». Cette méthode s'est révélée être si efficace qu'elle figure toujours aux programmes de nombreux collèges et universités aux USA. Ce type d'apprentissage se vante d'un pourcentage de rappel de 80 % après 8 heures contre une moyenne de 20 % ordinairement. Il s'attaque aux processus de l'oubli en vous amenant à vous fixer spécifiquement sur l'essentiel, privilégiant les idées principales et revoyant le texte en gardant sa structure à l'esprit. Il est fondé sur les principes mentionnés ci-dessus mais en plus il contient des étapes précises données par l'acronyme SQ3R, qui signifie :

S = Survoler
Q = Questionner
3R = Repérer (en lisant)
Réciter (en disant)
Revoir (en révisant)

8   LIRE AVEC LA MÉTHODE SQ3R

Choisissez un texte ou un livre qui vous intéresse. Il est important d'être plus particulièrement motivé pour accéder à un maximum de concentration. Pour un premier essai vous pouvez utiliser les textes dans ce chapitre ou encore vous pouvez choisir d'étudier un des chapitres de ce livre, comme le Chapitre 2 «Comment fonctionne la mémoire». Il faut appliquer la méthode SQ3R comme suit :

Survolez le texte pour dégager une idée générale du sujet.

Questionnez c'est-à-dire reformulez les titres en les transformant en questions puis mettez-vous en quête de réponses dans le déroulement du texte.

Repérez rapidement les articulations du texte, recherchant activement les idées principales qui sont les réponses à vos questions.

Récitez-vous mentalement ces idées force, vous arrêtant à la fin des longs paragraphes. Prenez quelques notes succinctes.

Revoyez immédiatement les textes pour reprendre les idées principales et l'ordre dans lequel elles sont présentées, c'est-à-dire la structure de l'ensemble. Vous devriez avoir un profil général qu'il convient de meubler avec les détails importants. Vérifiez vos notes par un rapide coup d'oeil sur l'ensemble du texte pour consolider votre étude. Notez alors ce que vous avez oublié mais aussi ce que vous vous êtes rappelé. En dernier lieu, et c'est néanmoins très important, **exprimez vos commentaires propres et vos critiques**. Toutes les questions posées ont-elles trouvé leurs réponses ? Assurez-vous d'avoir saisi le point de vue de l'auteur. Appréciez sa prise de position par son contexte propre, replacez-la dans sa perspective et voyez si l'ensemble se tient. Recherchez les objections, les données erronées, les erreurs, les contresens, les préjugés et les biais.

Vous pouvez adapter cette méthode à vos besoins en sautant l'étape «Réciter». Le «Survol» de journaux, magazines, revues, rapports et livres vous fera gagner du temps et vous épargnera des efforts : vous vous concentrerez sur ce qui vous intéresse le plus. Vous réaliserez combien il est important de «Revoir» vos lectures immédiatement : vous ne pouvez sceller vos acquisitions qu'en les discutant et les commentant juste après la lecture. Prenez le temps de rassembler vos idées quand vous avez le texte encore tout frais à l'esprit : vous en retiendrez davantage. Dépassez le stade d'être simplement d'accord ou pas avec l'auteur. Essayez de dire pourquoi tel est votre avis et de décrire précisément ce que vous aimez et ce que vous n'aimez pas. Vous développerez de la sorte votre sens critique en devenant un lecteur averti. Si vous parlez de vos lectures avec vos amis, vous les garderez plus longtemps dans les fiches actives de votre mémoire.

SYNTHÈSE RAPIDE

1. Lire de manière plus efficace consiste à lire dans le but de retenir le maximum pour aussi longtemps que possible. Pour ce faire il est nécessaire de **structurer sa pensée**. Voici plusieurs façons de le faire. Chaque méthode a ses mérites. Essayez-les toutes avant de choisir celle qui vous convient le mieux. Soyez flexible et utilisez-en plusieurs selon vos lectures. La méthode par la visualisation nécessite un peu plus d'entraînement car c'est une approche nouvelle. Cependant elle est très efficace et s'applique à un plus grand nombre de textes qu'on ne le croirait à priori.

2. Visualisez ce que vous lisez par la méthode de l'imagerie mentale : elle vous permet de reconstituer un texte par ce qu'il a de plus frappant et personnel, les images qui servent de support aux idées. **Commentez.**

3. Lisez avec un principe directeur, en procédant du général au particulier, pour retenir l'essentiel. Notez les idées principales, comment elles sont structurées, et faites un commentaire personnel en sélectionnant les détails de votre choix.

4. Lisez dans le but d'obtenir des réponses spécifiques : **Q3POC.**

5. Apprenez plus facilement avec la méthode **SQ3R.**

6. Revoyez vos lectures **immédiatement** en partageant aussitôt vos commentaires avec votre entourage.

Note : Quelle que soit la méthode que vous utilisiez, adaptez-la à vos besoins : vous seul êtes juge du degré de détail que vous souhaitez retenir. Pour une lecture personnelle il suffit de vous rappeler ce qui vous a frappé et intéressé (ex : certaines idées, certaines images.), tandis qu'une étude de texte demande une analyse plus objective et exhaustive. Dans tous les cas, la règle d'or est de **sélectionner** avec attention les éléments à enregistrer sur plusieurs modes : sensoriel, intellectuel et émotionnel. Ainsi donc, **repérez, analysez et commentez** ce qui vous intéresse et vous vous en souviendrez pendant longtemps, pourvu que vous y repensiez de temps à autre.

LES NOMBRES — 12

> *« Vous ne pouvez pas vous en remettre à votre jugement quand votre imagination n'est pas de la partie. »*
> Mark TWAIN

Dans ce chapitre nous allons appliquer aux chiffres et nombres tout ce que nous avons déjà vu auparavant. L'association d'images est une technique très facile à généraliser une fois qu'on l'a parfaitement intégrée dans son mode de penser. N'oubliez pas, il n'y a pas de miracle en matière de mémoire, juste des opérations mentales appropriées.

Combien de fois nous sentons-nous frustrés et vexés de ne pas nous souvenir d'un nombre, du numéro d'un immeuble où nous devons nous rendre, de la plaque d'immatriculation d'un véhicule ou du numéro de téléphone d'un parent ou d'un ami. Même si vous n'aimez guère les chiffres, ce qui est bien sûr la raison majeure pour laquelle vous ne vous souciez pas de leur accorder la moindre attention, vous pouvez trouver un système qui vous convienne et vous permette de vous les rappeler. Il faut prendre ça comme un jeu et essayer cette méthode avant de la rejeter comme trop compliquée, trop farfelue ou demandant trop de temps.

De tous temps il a été reconnu que les moyens mnémotechniques étaient de véritables supports de la mémoire, mais rares sont ceux qui de nos jours en connaissent beaucoup. Certains enseignants avisés guident leurs élèves en leur en proposant :

par exemple «Mais Ou Et Donc OrNiCar» ; «La circonférence est toute fière d'être égale à $2\pi R$ et le cercle est tout joyeux d'être égal à $\pi R2$» ; pour se souvenir de mettre un «s» à la première personne du conditionnel et le différencier du futur simple, il suffit de penser au «s» de si : «Si j'avais une belle voix, je chanterais plus souvent.» Quand on quitte l'école, le lycée ou l'université, on arrête de recourir aux mnémoniques car le besoin n'est plus aussi marqué. Il y a même des personnes qui pensent ne pas pouvoir les apprendre, et en conséquence elles n'essayent même pas. D'autres encore cachent leur paresse ou leur manque de confiance derrière un scepticisme de mauvais aloi. Cela prend du temps d'apprendre et de pratiquer le système finalement choisi. Certains l'utilisent même comme un jeu intellectuel pour mettre leur mémoire à l'épreuve. Comme tout commence par la motivation, trouvez-vous un but qui vous stimule. Choisissez un numéro que vous avez toujours voulu vous rappeler, par exemple un numéro de compte bancaire ou le numéro de téléphone d'un ami. Il est reconnu que pour retenir les nombres il faut s'y intéresser ; une minorité de gens en sont même parfois littéralement fascinés et ils utilisent une ou plusieurs stratégies de réflexion pour manipuler les nombres mentalement.

Le système de base le plus répandu est le découpage qui consiste à séparer l'élément à apprendre en plusieurs parties. Cela peut être un nombre, une phrase ou un paragraphe de texte. C'est d'ailleurs ainsi que l'on écrit ou épelle les numéros quand ils dépassent une certaine longueur comme les numéros de Sécurité Sociale, de compte bancaire, de cartes de crédit ou même de téléphone. L'esprit enregistre mieux des petites unités d'informations les recombinant ultérieurement ensemble. C'est un moyen facile de structurer le matériel à retenir. Cela rappelle le principe très simple qui consiste à utiliser des petits bouts de fil quand on coud. Il peut apparaître fastidieux de faire un nœud, de couper le fil, d'enfiler l'aiguille à nouveau et de recommencer encore et encore mais c'est la meilleure manière de faire. L'histoire biblique raconte que le diable, ange déchu visant toujours à prouver sa supériorité, riait de Dieu qui cousait avec des petits bouts de fil et il le défia dans une course de vitesse. Le diable sûr de lui, ne prit même pas le soin de faire une bobine, certain qu'il utiliserait un fil fait d'une seule pièce mais il fut vite pris dans un inextricable enchevêtrement de noeuds sans être capable de faire le moindre point à son ouvrage. Un masque de colère et de honte sur le visage, il abandonna le défi. Tout pareillement nous sommes condamnés à échouer et à capituler si nous essayons de retenir des nombres trop longs sans les découper en plusieurs parts. La simple juxtaposition de la suite des petits morceaux peut suffire pour retenir l'ensemble des chiffres ; c'est de la sorte que vous connaissez votre numéro de téléphone et que vous l'utilisez en permanence.

Visualiser un chiffre donne également d'excellents résultats. C'est de cette manière que la mémoire photographique fonctionne. Ceux qui ont développé cette aptitude s'en servent aussi facilement qu'ils respirent. De plus, beaucoup d'entre eux analysent le nombre, le subdivisant en de multiples opérations élémentaires sur une base de calcul arithmétique logique. Par exemple, pour se souvenir du nombre 10248, découpez-le en 10, 2 et progression de base 2 :

$$(1 \times 2 = 2, 2 \times 2 = 4, 4 \times 2 = 8) :$$
cela donne 10 suivi de 2, 4, 8.

Cela apparaît élémentaire à ceux qui ont tant soit peu «l'esprit mathématique», mais pour ceux que l'arithmétique a rejetés et qui n'ont aucun penchant naturel pour ces opérations, les systèmes qui se fondent sur le développement d'une imagerie mentale sont plus gratifiants. Les chiffres et les nombres peuvent être transformés en symboles concrets à combiner en associations d'images. Dans ce chapitre vous aurez l'occasion de mettre votre imagination à l'oeuvre. Vous avez deviné que derrière ces divers systèmes, il y a des principes qui vous sont maintenant familiers :

1. remplacer une abstraction par une image concrète,

2. construire une association d'images en utilisant la visualisation,

3. élaborer une trame de support en échafaudant une petite histoire autour de l'association (commentaire).

Dans le but de se rappeler plus facilement les nombres, il n'y a besoin que d'un nombre très limité de symboles, habituellement 10. Ce sont eux que vous allez associer dans une histoire. Selon que vous avez une tournure d'esprit à prédominance verbale ou visuelle, vous pouvez privilégier un code ou l'autre. Ceux qui sont déjà très forts pour se souvenir des nombres combinent souvent les deux. Lisez d'abord le chapitre pour vous familiariser avec l'ensemble des diverses techniques. Puis, faites votre choix personnel et mettez-le en application. Plus tard vous développerez peut-être votre propre système «fait sur mesure».

ASSOCIATIONS FIXES ET CODES

Code Verbal

Les personnes «à prédominance verbale» sont plus sensibles aux sons et à la dynamique propre des mots. Spontanément elles trouvent des rimes, des calembours ou d'autres analogies verbales. Elles peuvent ainsi trouver très pratique de retenir une liste de références de ce type :

zéro = Zorro vu par Walt Disney

un = Hun comme Attila

deux = boeufs (J'ai 2 beaux boeufs dans mon étable)

trois = Troyes la ville en Champagne (ou celle de l'Iliade, Troie)

quatre = gâteau quatre-quarts (ou quart de rhum)

cinq = zinc (ou St. Sébastien au sein percé)

six = une scie (ou une saucisse)

sept = cep (cèpe, un sceptre ou Sètes)

huit = huître (ou huis-clos)

neuf = un oeuf (ou neuf, nouveau)

dix = un disque

onze = une once

douze = douce comme la peau (ou douze bouses de vache)

A vous de choisir car il ne s'agit là que d'une proposition et vous pouvez vous-même trouver des analogies ou des correspondances qui vous seront plus parlantes. On peut aussi faire appel à des comptines comme «Un, deux, trois nous irons au bois...» Tout est possible. Pour se rappeler ces chiffres de la manière dont on se rappelle un nom et un visage on forme une association d'images entre le nombre et la valeur de ses différents chiffres. Pour former des nombres plus longs, on assemble dans une combinaison les différents chiffres. Par exemple si vous voulez retenir votre vol d'avion numéro 381 en utilisant la liste proposée ci-dessus vous aurez :

     3 : ville de Troie
     8 : huître
     1 : Attila

Il faut alors combiner les chiffres avec une histoire associative qui les relie entre eux et imaginer le cheval de Troie d'où sortent des tonnes d'huîtres et finalement Attila le Hun qui se régale ! Il faut noter qu'en concevant une petite histoire de ce genre on prend soin de placer les différents concepts dans le bon ordre : 3 puis 8 puis 1, cheval de Troie-huîtres-Attila, l'histoire complète revue dans un panoramique : 381 le numéro de votre vol d'avion.

Code Visuel

Les personnes qui à l'inverse sont plus portées sur le visuel vont visualiser tout naturellement, c'est une lapalissade, mais celle-ci a le mérite de rappeler qu'ils mémorisent facilement les formes, les contours, les figures géométriques, les couleurs (encore que les couleurs fassent appel à un autre système au niveau du cerveau). Des images claires et précises leur viennent à l'esprit ; elles sont cependant souvent à connotation culturelle. Par exemple pensant à une équipe de football de 11 joueurs, ces personnes les imaginent très clairement sur le terrain. Elles préféreront utiliser une liste de références qui fasse appel à leur sensibilité visuelle :

zéro : un cercle (ou un rond)

un : un poteau (ou un piquet, ou l'obélisque)

deux : des jumeaux (ou un couple, un duo, un tandem)

trois : un triangle (ou la trinité, une pyramide, un tricycle, les Mousquetaires)

quatre : un carré (les 4 pattes d'un animal, les 4 évangélistes)

cinq : un pentagone (ou une main à plat, une étoile de mer)

six : la face correspondante d'un dé

sept : un chandelier à 7 branches (ou les sept nains de Blanche Neige)

huit : un sablier (ou la figure de l'infini à la verticale)

neuf : le Pont Neuf (ou la nef d'une cathédrale)

dix : deux mains (ou la table des dix commandements)

onze : une équipe de football, le Onze de France

douze : une douzaine d'oeufs (ou midi sur un cadran solaire ou une pendule)

Ces éléments visuels sont facilement associés avec les nombres correspondants et peuvent être utilisés pour former des histoires associatives. Par exemple pour se rappeler le numéro du vol de l'exemple précédent, il faut alors voir un triangle au lieu du cheval de Troie, un sablier au lieu de l'huître et un piquet au lieu d'Attila le Hun. Visualisez alors un triangle sur un sablier planté sur un piquet. Un peu tiré par les cheveux, peut-être mais ça vous restera en mémoire. Avec la pratique, vous retrouverez très facilement le numéro à partir de l'image du triangle sur le sablier planté sur un piquet. Il s'agit bien sûr de 381 ! Vous pouvez imaginer des scènes bien plus complexes. A vous d'essayer avec l'exercice suivant.

Exercice d'essai : rappel numérique visuel ou verbal

En utilisant soit le code verbal, soit le code visuel, faites les associations nécessaires pour vous souvenir du nombre d'unités dans la liste qui suit. Par exemple vous voulez vous souvenir qu'il n'y a qu'une seule vache dans la grange. Tout d'abord vous choisissez la liste verbale ou visuelle puis vous imaginez le scénario suivant :

1. Code verbal : une vache sur laquelle se précipite Attila le Hun qui la dévore.

2. Code visuel : une vache attachée à un piquet tout droit.

Ces images doivent amorcer le rappel du nombre 1 et du mot vache. En ajoutant une petite touche personnelle (du genre «Quel barbare cet Attila de manger de la viande crue» ou dans l'autre cas «Comme c'est amusant une vache qui se gratte le flanc sur ce piquet») vous campez un modeste décor, un contexte émotionnel qui consolide considérablement la trace mnésique que vous vous efforcez d'implanter dans votre cerveau.

Liste d'essai

Une vache	Sept billes
Deux voitures	Huit ampoules
Trois chemises	Neuf anneaux
Quatre glaces	Dix verres
Cinq soldats	Onze lacs
Six crayons	Douze colombes

Maintenant cachez la liste et écrivez le nombre de chacun des éléments donnés ci-dessus : combien y a-t-il d'objets dans chaque catégorie ? Les objets sont les suivants : chemises, colombes, soldats, crayons, billes, vaches, anneaux, lacs, glaces, ampoules et verres.

On parle souvent de ces codes comme les codes «crochet» car il est possible d'y accrocher des éléments un peu comme on l'a fait avec les loci. Les paragraphes suivants décrivent d'autres techniques. Vous constaterez qu'elles combinent parfois associations visuelles et verbales.

AUTRES SYSTÈMES DE CODAGE

Codage numérique et analogies visuelles

Par l'intermédiaire d'analogies (par essence logiques), chaque chiffre se réfère à une association d'images à partir d'une consonne.

0 = z,s	(0 est zéro)
1 = t	(1 ressemble à un t, un bâton et une barre en travers)
2 = n	(n a deux jambages)
3 = m	(m a trois jambages)
4 = r	(r est la lettre qui roule dans 4)
5 = L	(L était le chiffre romain pour 50)
6 = G doux comme j, ch	(6 a la même forme que la capitale G)
7 = K comme Q	(K ressemble à une barre verticale avec un 7 couché de la sorte : I<)
8 = f ou v	(en cursive, le 8 a deux boucles comme le f)
9 = p ou b	(9 ressemble à un p à l'envers ou à un b renversé)

Pour se rappeler un chiffre, il faut le convertir en consonnes correspondantes et alors compléter avec des voyelles au choix pour former des mots signifiants et par là un groupe nominal ou une courte phrase. Faites appel à votre imagination et faites comme pour les noms : prononcez les consonnes et les syllabes à haute voix jusqu'à ce qu'elles évoquent des mots. Par exemple prenons un numéro de téléphone :

5	6	2	4	2	8	9	4
L	G	n	r	n	f	p	r
Le	Gé	né	ral	ne	fait	pas	rire

Pour trouver des associations il est plus facile de s'y attaquer d'une manière systématique :

1. Copiez les consonnes correspondant aux chiffres.
2. Commencez à essayer les voyelles dans l'ordre alphabétique : a, e, i, o, u, y ;
3. Pensez à toutes les voyelles ou consonnes avant de choisir les meilleures en fonction du contexte. Pensez à transformer le f en v par exemple.
4. Quand vous avez l'essentiel ou le début de votre phrase, essayez d'adapter la fin.

Puis il faut visualiser «le général ne fait pas rire,» grimé comme pour le carnaval avec un chapeau pointu et l'associer à la personne dont c'est le numéro de téléphone, votre boucher par exemple. Ce général essaye donc de faire rire votre boucher mais n'y arrive pas. Pour retrouver le numéro de téléphone à partir du message, il suffit de convertir les lettres en chiffres. Il est évident que ce système demande un peu d'entraînement mais s'il vous amuse et si vous le pratiquez régulièrement la conversion n'aura plus de secret pour vous. Plus vous le pratiquerez, plus vous l'apprendrez vite.

Il peut être amusant d'attribuer à chacune de vos relations une petite histoire de ce genre qui en fait leur attribue leur numéro de téléphone. Si vous êtes sceptique, vous objecterez qu'ici on a choisi un numéro qui se prête à être interprété, et que ce n'est pas toujours aussi facile. En fait il est bien rare qu'on ne puisse pas donner à une succession de consonnes une signification quelconque même si parfois elle est un peu saugrenue. L'imagination est le moteur des associations d'images. Il suffit de la mettre en marche pour la développer. La fonction crée l'organe.

Code numérique phonétique

Chaque chiffre représente la sonorité d'une consonne ou d'un groupe de consonnes (qui sont très proches ou qui appartiennent au même groupe phonétique, les labiales, les dentales...). Ce système est en partie dérivé du code visuel que nous avons décrit plus haut. Pour chaque lettre correspondant à un chiffre il existe un mot-crochet pour l'illustrer et le rappeler. Ces mots sont très courts et ne présentent pas d'autre consonne pour ne véhiculer que le son pur de la consonne illustrée.

0 = z	:	zoo		5 = l	:	lait	
1 = t	:	thé		6 = ch	:	chat	
2 = n	:	Noé		7 = k	:	kilt	
3 = m	:	mie		8 = v	:	vin	
4 = r	:	riz		9 = b	:	bol	

Vous avez sans doute noté que ce système combine les associations verbales et visuelles. Pour accroître leur efficacité les mnémonistes mettent simultanément en jeu plusieurs modes sensoriels différents. La synesthésie est un phénomène rare qui déclenche plusieurs expressions sensorielles par l'amorce d'un seul sens. Ceux qui bénéficient de cette particularité ont en général des mémoires remarquables. C'est pourquoi vous mémoriserez mieux si vous associez l'image d'un mot et sa sonorité. Si le choix des mots proposé ici ne vous plaît pas, il faut faire votre propre sélection pourvu que vous récusiez tous les mots qui ne sont pas monosyllabiques et qui comportent d'autres consonnes. Par exemple vous pouvez trouver amusant un code basé sur une seule voyelle comme :

de 0 à 9 = Zut, Tu, Nu, Mû, Rue, Lu, Chu, Ku, Vu, Bu

Vous pouvez utiliser un système crochet comme le système des loci pour vous souvenir d'une liste dans l'ordre. Il suffit d'associer le premier élément avec «thé», le second avec «Noé» et ainsi de suite. Au delà de 9 vous pouvez articuler les images crochet, de telle sorte que 10 sera le thé au zoo, etc.. Vous visualisez ainsi une tasse de thé à l'entrée du zoo. Vous pouvez encore mettre au point de nouvelles constructions : par exemple 10 = 1 + 0 = t + s = tas (tas de sable ou TASS, l'agence de presse soviétique : visualisez un marteau et une faucille entrelacés sur fond rouge).

Sélection de deux codes faciles

Les systèmes mnémotechniques qui suivent, basés sur des codes d'association d'images ont été développés au XVII siècle. Après cette période, de nombreux livres sur le sujet ont été écrits en France, en Angleterre et aux USA. Les codes présentés ici sont ceux sélectionnés par Young et Gibson. Le premier est fondé sur la visualisation, le deuxième utilise le schéma des lettres d'un cadran téléphonique. Ce sont là des systèmes relativement simples et faciles à utiliser.

Méthode des 10 dessins

Ce code a pour principe de visualiser chaque chiffre sous la forme d'un objet. Avec un peu d'imagination il n'est pas difficile d'imaginer les symboles suivants derrière chacun des chiffres :

0	= assiette		5	= main tendue
1	= javelot		6	= serpent
2	= cygne		7	= sémaphore
3	= fourche		8	= sablier
4	= voilier		9	= escargot

Cette méthode est idéale pour retenir très rapidement des nombres assez petits. Essayez avec des horaires : trains, rendez-vous, programmes. Par exemple pour retenir 8h12, il faut imaginer un sablier, un javelot et un cygne. Consacrez quelques instants à visualiser les images dans le bon ordre. Imaginez qu'il s'agit d'un dessin animé et construisez un scénario sommaire pour associer les divers éléments dans l'ordre prévu en vous laissant conduire par votre imagination.

L'alphabet du téléphone

Sur les cadrans de téléphone, tous les chiffres, sauf le 1 ont une correspondance avec les lettres de l'alphabet, ce qui permet de mémoriser assez facilement les numéros. En général il est beaucoup plus facile de retenir rapidement un mot de 8 lettres qu'une succession de 8 chiffres. De plus le fait que plusieurs lettres soient affectées à un seul chiffre permet de trouver plus facilement des solutions. Ce système était très répandu à Paris où les 3 premières lettres de l'indicatif permettaient même de localiser le correspondant dans la région parisienne : DANton, MOLitor, BELépine, ODEon, ALEsia, etc.....Ce système reste tout à fait praticable même si la numérotation mise en place en 1985 oblige à débuter tous les numéros d'une même région par un choix imposé de lettres.

2 = ABC   7 = PRS
3 = DEF   8 = TUV
4 = GHI   9 = WXY
5 = JKL   0 = OQZ
6 = MN

Par exemple :
27 88 72 08
AS TU RB OT = AS TURBOT

Il est bien évident que certains numéros amènent à un résultat cohérent et satisfaisant alors que d'autres ne conduisent qu'à des successions de consonnes dont il est parfois dur de tirer une signification. (auquel cas il convient de se rabattre sur un autre code).

Application pratique des associations de nombres

On a souvent besoin dans la vie quotidienne de se rappeler des nombres et les associations facilitent cette tâche et peuvent même la rendre amusante. Supposons que vous vouliez vous souvenir que votre dentiste habite au quatrième étage ; 4 = un bateau à voile. Il suffit de l'imaginer en train de faire de la voile.

La chose la plus importante est de suivre assez spontanément votre imagination et d'élaborer une image associant un objet et un nombre. Vous pouvez utiliser votre liste de référence ou créer spécialement pour cette occasion une image claire et forte.

Pour retenir plusieurs nombres, analysez-les séparément puis faites des associations entre eux. Supposons que vous deviez racheter un verre pour un cadre du salon qui mesure 10 cm sur 12 cm. Tout d'abord visualisez bien la forme : un rectangle. Quelle sorte de rectangle est-ce ? Avec la première liste dont nous avons parlé, la largeur vaut les doigts de vos deux mains (10) et la longueur une douzaine d'oeufs (12). Vous vous rappellerez alors les dimensions du verre que vous devez commander en revoyant vos deux mains tenant une boîte à oeufs.

Les nombres

Associations personnelles libres

Nous avons vu combien cela facilite les choses de se rappeler les nombres en faisant une association d'images concrètes qui les représentent. Reprendre des systèmes de codes anciens décrits depuis longtemps est la manière classique et traditionnelle de faire, mais j'ai essayé d'étendre cette théorie à des associations personnelles spontanées et cela marche très bien. Utilisez votre imagination pour projeter un sens concret sur des chiffres. Pour n'importe quel chiffre que vous voulez retenir, demandez-vous : «Comment cela sonne-t-il ? A quoi cela ressemble-t-il ? Cela me rappelle-t-il quelque chose de familier ?»

Supposons que vous vouliez retenir le numéro de téléphone 45 39 36 89 qui peut encore s'écrire 4 539 36 89.

1. Regardez l'ensemble des chiffres.

2. Puis divisez le nombre en petits groupes de chiffres. Le plus facile est de commencer par des groupes de 2 chiffres car c'est ainsi que sont donnés le plus souvent les numéros de téléphone, mais on pourrait séquencer différemment. On obtient 45 39 36 89. Que peut-on faire avec ça ?

3. Suivez votre imagination pour faire des associations personnelles. Laissez-vous guider en y consacrant un peu de temps. Soyez souple. Dans le cas choisi, cette succession de nombres en appelle à l'histoire de France :

- 45 : la fin de la Seconde Guerre mondiale
- 39 : son début
- 36 : le Front populaire
- 89 : la Révolution française.

Quatre dates majeures de notre passé collectif, nous sommes chanceux mais dans d'autres situations moins évidentes rien n'interdit de faire appel aux dates de naissance, aux âges, aux numéros des adresses, à l'indicatif des départements. Vous avez peut-être un fils de 45 ans et une fille (ou une bru) de 39, un bon ami dans l'Indre et peut-être qu'en 89 vous allez prendre votre retraite. Comme par définition nous sommes dans le domaine des associations personnelles libres, à vous de trouver celle qui vous sera propre. Pensez aux départements, ils sont très utiles en la matière.

Notez que si l'on s'intéressait à un nombre de 7 chiffres (cas de l'ancienne numérotation) on aurait alors : 539 36 89 et il faudrait caser un 5 devant le 39 (du début de la guerre). Je visualise alors ma main écartée avec les 5 doigts tendus, comme pour arrêter ou éviter la guerre. On peut alors remarquer que les autres dates progressent en sens chronologique inversé, c'est-à-dire en remontant le temps (ce qui est d'ailleurs aussi le cas dans la division en 4 paquets de 2 chiffres). Bref cela nous donne :

    5 : les doigts de ma main pour arrêter la guerre
    39 : le début de la Seconde Guerre Mondiale
    36 : le Front populaire
    89 : la Révolution française

Tout cela peut paraître un peu compliqué mais le point important est que ça marche car, ce faisant, vous passez du temps à élaborer une association de nombres qui est unique pour vous. De cette manière les nombres acquièrent un peu de «personnalité» et laissent une meilleure trace mnésique. En associant des nombres avec des images personnelles, on amorce le rappel. Cherchez des associations d'histoires et vous les trouverez. Comme W. Somerset Maugham le disait «L'imagination se développe avec l'entraînement et contrairement à une opinion répandue, l'imagination est plus féconde chez l'homme mûr que chez le jeune.»

Visualisation pure

Concentrer son attention sur la visualisation peut suffire pour retenir la plupart des nombres courts. Marquez une pause, prenez un cliché mental du nombre. Visualisez le nombre en graffitis rouge vif sur fond de mur blanc ou encore en caractères néon jaune dans un ciel noir. Faites-le clignoter dans votre esprit pendant au moins 15 secondes. Renvoyez alors le nombre à son point d'origine, vous constaterez qu'il est facile de le projeter dans son contexte, par exemple s'il s'agit d'une adresse : près de la porte, sur le bâtiment ou pour se rappeler

Les nombres

l'étage, sur l'ascenseur. En répétant le nombre à haute voix, on facilite encore la rétention mnésique en ajoutant un autre mode de perception sensorielle.

SYNTHÈSE RAPIDE

1. L'association d'images est une technique qui se généralise facilement. Appliquée aux nombres elle se révèle très efficace.

– Il s'agit de convertir les nombres abstraits en symboles concrets. Choisissez le système avec lequel vous vous sentez le plus à l'aise.

– Essayez vos associations spontanées libres.

2. Une attention concentrée et une simple technique de visualisation peuvent suffire à assurer une bonne mémorisation spécialement si vous n'aimez pas trop les systèmes. Mais essayez-les de toute façon car comme beaucoup de choses dans la vie, il faut apprendre à les aimer.

EXERCICES

EXERCICE 1

Fixez-vous pour but de vous souvenir de la plaque d'immatriculation de votre voiture et de celles de vos meilleurs amis et parents, en procédant par un numéro à la fois. Essayez plusieurs méthodes différentes car de cette manière vous verrez celle qui marche le mieux pour vous. Ainsi apprenez un nombre avec la méthode des dix dessins, un autre avec celle des associations libres et un autre encore avec le code visuel.

EXERCICE 2

Essayez de retenir votre numéro de sécurité sociale avec la méthode de votre choix.

EXERCICE 3

Essayez de retenir le numéro de téléphone de vos amis avec la méthode des associations libres. Si vous calez sur le premier, essayez une autre méthode ou un autre numéro. Donnez à votre imagination l'occasion de se manifester : trouver des associations prend du temps et demande de la pratique.

EXERCICE 4

Essayez de vous souvenir de numéros de téléphone importants comme ceux des membres de votre famille, de votre médecin, de votre réparateur TV, des services d'urgence de votre ville... Choisissez pour cela votre méthode préférée ; exercez-vous et revoyez-les souvent. Utilisez aussi les numéros appris, si vous le pouvez.

EXERCICE 5

Essayez de vous souvenir des prix des produits dans les magasins avec la méthode de visualisation. Marquez une pause et faites un cliché mental du prix noté sur l'étiquette.

Les nombres 215

Visualisez bien les deux ensemble, élaborant quelques commentaires sur la valeur. Si vous voulez augmenter la difficulté de l'exercice, faites une comparaison avec un article similaire.

EXERCICE 6

Choisissez des nombres que vous rencontrez au hasard de la vie et fixez-vous pour objectif de les apprendre par la méthode de votre choix. Par exemple les numéros des adresses dans les rues, le nombre d'étages de certains bâtiments, le nombre de lampes d'une pièce, le nombre de pierres d'un bijou, etc. C'est également un objectif très utile de décider d'apprendre les codes postaux des différentes personnes auxquelles il nous arrive d'écrire ainsi que les différentes dates de naissance des membres de la famille et des amis proches.

EXERCICE 7

Essayez de vous souvenir de vos numéros de compte chèque courant bancaire, de votre livret d'épargne, voire votre Codevi ou votre plan-épargne-logement avec la méthode de votre choix.

EXERCICE 8

Essayez de retenir les numéros de votre permis de conduire et de votre passeport avec votre méthode favorite. Ultérieurement vous pourrez essayer avec les mêmes genres de numéros pour les membres de votre famille.

EXERCICE 9

Choisissez votre méthode préférée pour apprendre définitivement votre code secret pour le distributeur automatique d'argent de votre banque.

LES LANGUES ETRANGÈRES 13

> *« Toute la sagesse de l'homme n'appartient à aucune langue en particulier et aucun langage n'est capable d'exprimer toutes les formes et tous les degrés de l'intelligence de l'homme. »*
>
> Ezra POUND

Les langues étrangères sont difficiles à apprendre pour beaucoup car elles paraissent n'avoir aucun rapport avec la langue maternelle. Il y a une énorme quantité de nouvelles formes qui doivent être mémorisées et aucune trame de référence n'est là pour les réunir. On peut faciliter cet apprentissage en mettant à profit les capacités d'observation et d'organisation. Un bon exemple en est le livre de C. Peter Rosenbaum *Italian for educated guessers* qui est un manuel pour autodidactes cultivés. En analysant les formes, Rosenbaum démontre comment chacun peut retrouver les principes susceptibles de l'aider à retenir l'italien avec un minimum de bachotage. La simple observation peut vous transformer en un « étudiant curieux qui devine ». C'est un défi à la portée de tout le monde si l'on en croit les résultats.

Comme dans d'autres domaines de la connaissance, il faut comparer les nouvelles acquisitions avec tout ce que nous avons déjà appris. La mise en place d'un véritable pont entre notre culture propre et celle à laquelle appartient la langue étrangère correspond précisément à cet apprentissage. Nous allons voir comment la visualisation, l'éveil sensoriel, l'attention sélective, l'association d'images et le canevas d'une petite histoire servant de lien peuvent faciliter l'étude des langues étrangères. Même si vous êtes anxieux en cherchant vos mots dans votre désir de parler cette langue, vous oserez davantage vous exprimer et de ce fait vous parlerez couramment plus rapidement.

La visualisation court-circuite la traduction et fournit une représentation concrète immédiate. Il suffit de visualiser l'objet (ce que l'on omet généralement de faire en apprenant des langues étrangères) et de répéter le mot aussi précisément que possible. Ou encore on peut visualiser une situation et jouer la scène avec les véritables mots et gestes. Par exemple en anglais «Le soleil brille» se traduit par «The sun shines». Court-circuitez les mots français et concentrez-vous sur la visualisation du soleil qui brille en anglais tout en répétant «The sun shines». Prenez conscience des sonorités des mots «sun» et «shines» comme des mots brillants qui diffusent les rayons du soleil ; les mots anglais paraissent plus voilés, un peu comme le soleil de Grande-Bretagne et on peut aussi y voir une allégorie du flegme britannique. Tout cela n'est que pure spéculation, tout à fait subjective, nous le savons très bien, mais ce sont ces petits commentaires qui personnalisent les mots nouveaux, leur conférant une histoire qui participe à notre propre vie et qui consolide la trace mnésique. En procédant de la sorte, on utilise son imagination alors que tous les sens sont en éveil.

L'attention sélective vient ensuite. Dans ce cas on se concentre sur la signification et sur la structure des phrases. Un gros plan sur un mot ou une expression idiomatique va procurer plusieurs éléments d'information avec des références aux connaissances que vous possédez déjà. Vous commencerez alors à ouvrir de nouveaux fichiers dans votre mémoire pour ranger toutes ces nouvelles connaissances de manière efficace. C'est ce que les personnes qui parlent plusieurs langues ont appris à faire. Un bon enseignant peut vous montrer comment comparer deux langues et étudier leurs différences, en dégageant les éléments communs qu'il est facile d'acquérir. On peut prendre en exemple la racine d'un mot et rechercher ce que vous en connaissez déjà. La racine constitue le noyau central de l'idée. Par exemple, en anglais, le mot « mankind » est plus facile à apprendre si vous l'analysez tant soit peu ; il s'agit de la réunion de «man» et de «kind». Il suffit alors de visualiser une carte du monde couverte de toutes sortes d'hommes (*man*), de toutes les races, de tous les types (*kind*). Placé dans un contexte spécifique, le mot «kind», bien qu'étant un terme générique abstrait, prend alors une signification différente concrète plus facile à mémoriser. On peut ensuite le corréler à la traduction française, le genre humain, en notant que le mot *man* en anglais a le même sens double que le mot homme en français, c'est-à-dire mâle de l'espèce humaine, et humain.

LA SONORITÉ ET LA SIGNIFICATION

Prenez l'habitude de vous demander si le son du mot étranger évoque un mot dans votre langue maternelle. Notez les sonorités communes aux deux mots, puis recherchez s'il existe d'autres ressemblances entre les deux. «Mankind» par exemple possède la racine «man» dont le son me rappelle la «manne» céleste. La double consonne et le e muet imitent le son du suffixe anglais «-an.» Quant à «kind» il évoque «Caïn» et l'interjection «aïe» pour diphtonguer la voyelle française. La recherche des ressemblances débouche naturellement sur celle des différences comme nous venons de le constater. Si nous décomposons les deux racines nous retrouvons, dans un ordre inversé, «genre» et «humain». Il ne reste plus qu'à étudier les terminaisons des mots : «human gender» : en français nous rajoutons un i au premier mot et nous enlevons un d au deuxième (un prêté pour un rendu), puis nous permutons leur ordre : de la sorte «human» devient «humain» et « gender» devient «genre». Au passage on ne peut s'empêcher de noter que la main est un trait spécifique du genre humain et nous avons de la sorte tramé une association d'images qui associe deux mots différents dans un contexte simple.

Lorsque vous entendrez un nouveau son ou un nouveau mot, essayez donc de saisir la bonne prononciation en trouvant un mot dans votre langue qui vous semble similaire ou très proche. Il y a des gens qui font ça de manière quasi-automatique ce qui aide considérablement leur mémoire. Cela ne marche pas à tout coup, et dans le meilleur des cas, il est sûr qu'on aboutira seulement à une approximation. Cependant toute personne novice qui se lance dans l'étude des langues étrangères trouvera cette approximation tout à fait satisfaisante. Un point de référence même grossier ou approximatif est toujours mieux que rien ! Par exemple le mot anglais «the file» (en français «la fiche»), s'il s'écrit comme la file (d'attente), se prononce un peu comme la faille (géologique). Vous pouvez pousser plus loin les connections et imaginer un fichier anglais plein de fiches qui est tombé dans une faille de l'écorce terrestre. Cela peut paraître bien curieux ou même un peu fou mais cela fonctionne comme un indice visuel : voyant un fichier tombé au fond d'une faille, vous direz immédiatement avec la bonne prononciation : «faille-file».

Le vocabulaire est la première pierre d'achoppement dans l'apprentissage d'une langue étrangère ; elle résulte d'un choc phonétique. Nous devons exercer notre oreille à des sons inhabituels puis apprendre à les prononcer ; après quoi il faut attribuer une signification à ces sons pour enfin étudier la grammaire ou la structure de ce nouveau langage. Cette structure reflète le mode de pensée des habitants du pays où se parle cette langue. C'est la clé pour comprendre leur comportement et leurs points de vue, leur manière d'être au monde. Les méthodes modernes d'apprentissage d'une langue étrangère que l'on appelle «directes», ou encore méthodes de l'immersion complète, plongent l'élève dans le milieu linguistique étranger. Aucun mot de la langue maternelle n'est jamais prononcé pour éviter le recours à la traduction, exercice qui est réservé à un stade ultérieur. (Pour bien traduire il faut connaître les deux langues à fond.) On met l'accent sur la répétition de structures idiomatiques. Les laboratoires de langue permettent à l'élève de s'entraîner jusqu'à ce qu'une structure soit parfaitement assimilée. Cette technique se fonde sur l'imitation et la répétition. Cela ne peut qu'être le complément d'un cours fondamental dans lequel les règles de grammaire et de prononciation sont expliquées et trouvent des applications dans des textes. La compréhension, l'analyse, l'intégration et l'association sont les opérations mentales qui garantissent une rétention à long terme. L'aisance dans l'usage des expressions et des constructions ne s'acquiert qu'avec la pratique. Cette facilité d'élocution peut être artificiellement entretenue avec des exercices sur magnétophone mais les expressions sont alors stéréotypées. Il peut être aisé de réciter tout de go un dialogue prédéterminé que l'on a travaillé, mais il est bien plus difficile d'improviser une conversation spontanée ou de fournir des réponses rapides à des questions imprévues. Bien que l'on puisse introduire le plus de variété possible dans les exercices, seule une véritable conversation avec un interlocuteur parlant sa langue maternelle constitue un test valable de votre facilité d'expression.

Il y a deux étapes importantes dans l'apprentissage d'une langue étrangère : l'une passive et l'autre active. Elles correspondent à la reconnaissance (un aspect passif, non-volontaire de la mémoire) et au rappel (une démarche active qui fait appel à des indices et qui de ce fait est plus difficile). Dans le premier stade vous comprenez ce qui est dit et ce qui est écrit au point d'être parfaitement familiarisé avec les sons, les mots et les structures syntaxiques. Dans le stade suivant, vous prenez une part active, parlant et écrivant avec aisance et pensant directement dans la langue étrangère. De passif vous devenez actif. Cependant cette aisance ne demeurera qu'au prix d'une pratique ininterrompue. Ainsi quand les occasions d'utiliser une langue étrangère disparaissent, vous aurez l'impression de la perdre. La vitesse et le degré de disparition de vos connaissances dépendent de la manière dont vous les avez acquises. Si vous avez de solides bases de compréhension d'une langue et de ses structures, cela revient très vite, dès que vous êtes à nouveau plongé dans un milieu qui pratique cette langue. Toutefois sans support théorique ou formel, cela s'avère beaucoup plus difficile. Ainsi par exemple deux enfants ayant la même éducation passent 5 ans en Amérique du Sud entre 4 et 9 ans. Ultérieurement Jane choisit de perfectionner ses connaissances au lycée en apprenant la grammaire et en consacrant

Les langues étrangères 221

du temps à la lecture alors que Joe se refusait à cette démarche. Dix ans plus tard, seule Jane peut prétendre connaître l'espagnol car Joe a presque tout oublié. Il peut encore comprendre mais il va trouver qu'il est plus difficile de réapprendre les structures indispensables au dialogue. L'investissement émotionnel est aussi important : lier des amitiés avec des étrangers redouble la motivation et ajoute un élément affectif à l'étude.

En fonction du traitement que nous faisons subir aux informations que nous voulons garder en mémoire, la probabilité de les retrouver facilement sera plus ou moins grande. Les meilleurs enseignants sont aussi compétents en pédagogie que dans les domaines spécifiques qu'ils enseignent. Enseigner l'art de penser c'est enseigner aussi l'art de se souvenir. Par le processus d'opérations mentales nous sommes capables de retrouver les éléments de base que nous pouvons alors adapter à ce que nous sommes en train d'apprendre.

Enrichir son vocabulaire est un jeu savant semblable à un vaste puzzle. Après un temps de réflexion vous découvrez comment la nouvelle pièce peut s'articuler avec les précédentes qui sont déjà en place et vous savez alors quelle place lui attribuer dans l'ensemble du tableau. Vous avez appris comment faire travailler vos sens, les mettre en état d'alerte pour une meilleure observation ; dans cette nouvelle situation il faut écouter de manière attentive et prendre conscience de ce qu'ils vous signalent, de la manière dont ils vous affectent, et des impressions qu'ils vous laissent. Cette étape très simple peut vous éviter bien des déboires par la suite. Par exemple vous pouvez réaliser que certains sons vous paraissent déplaisants et difficiles à reproduire, comme le son allemand «ch» dur (dans : ach ! ach so !) : il se prononce comme un «r» très guttural, sorte de raclement de gorge. Il vous faudra alors consacrer plus de temps à quelque chose qui provoque en vous une résistance. Recherchez les associations qui existent avec votre langue maternelle et précisez les différences qui subsistent néanmoins : notre «r» s'en rapproche mais en fin de mot il est beaucoup plus discret que le son allemand. Répétez une série de mots en exagérant la gutturale «ach ! doch hoch loch !.» Vous pouvez trouver la prononciation correcte soit par pure imitation si vous avez l'oreille fine, soit en étudiant plus précisément la manière dont il est prononcé par une bouche germanique. Si vous savez lire les signes phonétiques, le dictionnaire peut vous aider.

De nos jours, la profusion de méthodes audiovisuelles avec des disques ou des cassettes rend cet apprentissage possible même en restant à la maison. Vous pouvez utiliser ce genre de matériel avec succès à condition de respecter quelques règles de base. Demandez-vous comment sonne le son dans votre propre langue. Puis concentrez-vous sur le nouveau son et analysez-le en l'explicitant. Par exemple le «o» espagnol est une voyelle ouverte très différente du «o» français qui est une voyelle fermée. En espagnol il faut relâcher les lèvres et ouvrir la bouche alors qu'en français il convient de serrer les lèvres pour former un rond le plus petit possible. Les remarques phonétiques que vous ferez vont vous aider et vous remarquerez alors les subtilités de la prononciation ; elles vous deviendront plus perceptibles si vous analysez soigneusement les sons et que vous les comparez avec les sons que vous connaissez déjà. En progressant vous découvrirez les différentes familles de langues : les langues anglo-saxonnes (anglais, allemand, flamand), les langues latines (français, italien, espagnol, portugais), les langues scandinaves (danois, suédois, norvégien) et ainsi de suite.

Une fois que vous connaissez une langue étrangère, l'apprentissage de la suivante est facilité par la recherche d'analogies, de ressemblances et de points communs pour ranger les mots en catégories déjà établies dans votre mémoire. Vous réaliserez alors que seules les différences constituent des éléments nouveaux à apprendre. Dans ce système classer un élément semblable est une sorte de prise de conscience de quelque chose que vous connaissez déjà et devez seulement intégrer dans un contexte nouveau. L'enregistrement sera facilité à condition de respecter un temps de pause pendant lequel vous noterez l'analogie. Par exemple le «o» italien est le même que le «o» espagnol. Cependant comme nous l'avons vu, il est différent du «o» français et il s'éloigne encore plus du «o» anglais. En réalisant bien ces particularités propres à chaque langue, vous remarquez alors qu'il y a deux «o» en anglais, ou plutôt qu'il existe un «o» britannique et un «o»

Les langues étrangères

américain. Aucun des deux n'est une voyelle pure car ils sont diphtongués, c'est-à-dire qu'ils sont colorés par une autre voyelle, comme dans «boat» (o-ou). Les Britanniques ont tendance à exagérer le son «o» que les Américains sont plutôt enclins à atténuer. Vous voyez de la sorte combien peut être riche d'enseignements une observation élémentaire !

Pour apprendre des expressions idiomatiques, des verbes et d'autres mots, il faut prendre l'habitude de les analyser d'abord comme nous l'avons fait, puis de les intégrer dans une petite histoire qui les mettra en situation. Ce processus marche bien pour un ensemble de 10 à 15 mots mais il est préférable de commencer à s'exercer avec 5 mots seulement. Supposons que vous soyez un étranger apprenant le français. Voici une liste de vocabulaire nouveau tiré d'une lecture de texte. Avant tout vous devez vous assurer que vous avez compris la signification de chacun d'entre eux dans le contexte dont il est issu. Puis vous allez le mettre dans un nouveau contexte, votre propre histoire. Rédigez alors un court paragraphe qui intègre tous ensemble ces nouveaux mots. Plus c'est bref, mieux c'est. Par exemple :

avoir conscience
se poursuivre
de sorte que
turbulent
sécheresse
plus on est de fous, plus on rit
une taupe
aurait pu si
téléfilm

Commencez par lire la liste et concentrez-vous sur les mots les plus difficiles. C'est le cas de «téléfilm». Une fois que vous avez trouvé une idée pour intégrer ce mot, vous êtes prêt à commencer et l'histoire va venir toute seule. Faites alors confiance à votre imagination. Gardez présent à l'esprit que le propos de cet exercice est de rendre ces différents mots suffisamment vivants dans un contexte qui illustre clairement leur signification. Ecrire «Hier soir il y avait un téléfilm» n'est pas suffisant. Il faut absolument préciser de quoi il s'agit :

«Hier j'ai regardé un téléfilm, ce genre de production à petit budget, peu de décor, souvent tourné en intérieur, avec des cadrages prévus pour le petit écran. C'était un mélodrame montrant une famille bien française qui n'avait pas conscience des dangers causés par un enfant turbulent. Lors d'une période de sécheresse, la terre se craquelait et les taupes en profitaient pour sortir. Elles auraient pu être assoiffées si l'enfant n'avait pas laissé un seau d'eau dans le jardin de sorte qu'elles puissent venir boire. Il y en avait chaque jour davantage et l'enfant de dire : «Plus on est de fous, plus on rit !» Le jardin devint vite un vaste champ de bataille où les taupes se poursuivaient sans cesse.»

Ce type d'exercice peut se faire à tous les niveaux : les débutants utiliseront des phrases simples et des structures élémentaires. Il est intéressant de voir à l'intérieur d'un groupe de plusieurs personnes la grande variété d'histoires différentes qui prennent corps à partir d'un même ensemble de mots. Au cours de la correction de l'exercice, la signification des nouveaux mots apparaît clairement au vu des différents contextes. On demande alors à chaque élève de réécrire la version corrigée de son texte et de bien l'apprendre. La révision améliore la fixation dans la mémoire et préserve la signification dans le contexte qui lui est propre.

Il m'apparaît que cette méthode est une des plus efficaces pour l'acquisition d'une langue. Vous pouvez encore la rendre plus performante en visualisant la scène et en récitant le texte à voix haute en même temps que vous l'apprenez. Vous pouvez faire cet apprentissage seul mais il est préférable d'avoir quelqu'un pour corriger vos erreurs. Ne répétez jamais des erreurs ! Une fois ancrées, elles sont très difficiles à déloger. Si vous apprenez une langue, vous avez probablement un professeur ou vous connaissez quelqu'un qui peut vous aider. N'hésitez pas à vous faire corriger !

L'écriture aide la mémoire de bien des façons. C'est une activité créatrice qui intègre simultanément plusieurs fonctions mentales différentes. Puisque nous retenons mieux quelque chose que nous associons au reste de nos acquisitions antérieures, il convient de mettre à profit cette constatation pour apprendre de manière plus efficace. On peut utiliser des éléments visuels comme des photos, des bandes vidéo ou des schémas pour court-circuiter la traduction qui fera alors partie des exercices réservés à un stade plus avancé. En regardant l'illustration, il faut directement fixer les traces mnésiques dans la langue étrangère. Par exemple il est bien préférable d'apprendre directement par l'image l'expression idiomatique anglaise «Let's shake hands», que de passer par sa traduction littérale : «Secouons-nous les mains» puis par sa transposition en français «Serrons-nous la main». Les traductions données de la sorte par René Goscinny dans «Astérix chez les Bretons» sont tout à fait démonstratives à cet égard et prouvent, s'il était besoin, combien il est préférable de prendre en bloc les expressions dans leur contexte visuel plutôt que de les traduire par le truchement de chacun des mots pris isolément. On n'oublie pas l'image du petit Astérix le Gaulois, littéralement «secoué» par son cousin d'Angleterre qui lui agite vigoureusement la main de haut en bas.

La grammaire est plus facile à apprendre si vous dessinez des schémas qui illustrent les différentes formes d'une règle. Associée au principe de base qui consiste à replacer toujours un mot dans son contexte, cette méthode se révèle très efficace. Vous effectuerez mentalement des navettes entre la perspective générale et tel ou tel détail ; vous pourrez alors personnaliser ce nouvel ensemble d'informations autant que faire se peut. On a montré que la stratégie d'organisation la plus universellement efficace est la recherche active par l'élève de ses propres schémas, principes ou autres relations significatives dans les domaines qu'il étudie. C'est pourquoi, conjointement aux règles déjà établies, vous devez construire vos propres connections. Par exemple dans les langues d'origine latine, le verbe «espérer» est suivi d'une proposition dont le verbe est au subjonctif mais à cet égard le français est une exception. Contrairement aux autres verbes exprimant un souhait ou un désir, le verbe espérer est suivi de l'indicatif. Il suffit pour s'en souvenir d'imaginer que seuls les Français sont assez sûrs d'eux-mêmes pour prendre leurs désirs pour des réalités. Quand un Français dit «J'espère qu'il viendra», il est sûr qu'il en sera ainsi. Avec cette image à l'esprit, il n'est plus guère possible de faire une erreur de mode après le verbe espérer. Dans des exemples similaires, c'est à vous de faire vos propres associations d'idées ; ce sera à la fois plus efficace et plus amusant pour vous.

L'humour est particulièrement difficile à comprendre car il prend souvent sa source dans des jeux de mots. Essayer de traduire une plaisanterie dans une langue étrangère est bien souvent une tentative ardue au résultat douteux car on perd toujours quelque chose du contenu ou de la forme. Cependant, par une appréhension directe des mots étrangers, et de leur double sens, on peut apprécier l'humour étranger. Par exemple, le professeur qui dit à la classe qui s'agite : «La seule cloche qui compte ici, c'est moi !» Ou la répartie classique au restaurant : «Je suis le ravioli» ou «la moule». Ou encore : «C'est assez, dit la baleine, je me cache à l'eau.»

Tous ces différents principes devraient vous aider à apprendre d'autres langues avec plus de plaisir et de facilité mais de grâce s'il vous arrive d'oublier quelque chose dont vous n'avez jamais l'usage, ne vous accablez pas de reproches : c'est tout à fait normal. La mémoire répond à nos besoins pratiques et elle est stimulée par notre environnement. Relisez plutôt le paragraphe sur le système de stockage de la mémoire dans le chapitre 2 «Comment la mémoire fonctionne». Personne ne peut se rappeler volontairement ce qui dort au plus profond de sa mémoire et auquel il ne fait jamais référence. Une langue que vous avez «oubliée» ou perdue va vous revenir après quelques jours d'immersion. Détendez-vous en sachant que vous l'avez apprise aussi bien que possible.

Lire et écouter des disques et des cassettes est un bon moyen de maintenir présent dans le fichier actif de votre mémoire des langues que vous vous êtes efforcé d'apprendre.

> **SYNTHÈSE RAPIDE**
>
> **1.** La visualisation court-circuite la traduction : pensez, regardez et ressentez les choses dans la langue étrangère en ne disant que les mots étrangers.
>
> **2.** Apprenez le vocabulaire et la prononciation en associant les nouveaux sons à ceux qui font déjà partie de votre langue maternelle.
>
> **3.** Ecrivez les nouveaux mots dans un contexte en élaborant une courte histoire (pas plus d'un paragraphe).
>
> **4.** Comparez les structures en regroupant les ressemblances, en isolant les différences et en vous fixant sur les acquisitions les plus récentes qui doivent être rangées dans un nouveau fichier.
>
> **5.** Soyez sensible aux sons, aux nuances (par exemple les sons des voyelles) et aux expressions idiomatiques. L'éveil ouvre les portes de la mémoire parce qu'il aide la concentration et favorise l'organisation des processus mnésiques.

EXERCICES

EXERCICE 1

Les associations d'images facilitent le rappel des mots des langages techniques et scientifiques ou des langues étrangères. Choisissez des noms de rues ou des noms de lieux. Tout d'abord écoutez attentivement et recherchez une signification particulière dans votre langue maternelle. Puis analysez les différentes parties du mot et construisez une courte histoire qui donne un cadre pour activer votre mémoire. En dernier lieu, dites le mot à haute voix plusieurs fois (avec la bonne prononciation si possible) en même temps que vous visualisez la signification. Par exemple voici le nom d'un village en Allemagne : Klosterreichenbach. Supposons que vous ne connaissiez rien de la langue de Goethe. Ecoutez la sonorité de ce mot et découpez-le en parties : Klo-Sterr-Ei-Chen-Bach, cela ressemblerait à Clos-stére-et-chêne-Bach. Comme une longue charade qu'il ne reste plus qu'à visualiser : imaginez une clôture qui entoure un stère de bois de chêne gardé par le musicien (allemand) Bach avec sa perruque blanche et ses hauts-de-chausse. Pour un même mot il peut y avoir de nombreuses solutions.

Note : pour des langues qui utilisent d'autres alphabets (comme le cyrillique, l'arabe, l'hébreu, etc.), il suffit d'écrire le mot phonétiquement puis d'en rechercher une signification dans sa propre langue.

EXERCICE 2

Apprenez des mots de vocabulaire en intégrant ces mots dans le contexte d'une histoire comme nous l'avons expliqué ci-dessus. Commencez avec 5 mots, puis 10 puis 15 enfin. Essayez de faire vérifier votre prononciation par quelqu'un dont c'est la langue maternelle ou par un professeur.

EXERCICE 3

Améliorez votre prononciation en développant votre écoute et vos capacités d'analyse comme il a été suggéré plus haut dans ce chapitre. Sélectionnez un certain nombre de mots qui vous semblent difficiles. Obtenez la prononciation exacte et analysez alors les sonorités ; trouvez des sons similaires dans votre propre langue, visualisez-les, etc.

EXERCICE 4

En suivant ces conseils répétez des phrases utiles que vous pourrez mettre à profit au cours d'un voyage à l'étranger. L'écoute de bandes magnétiques de textes dits par des acteurs dont c'est la langue maternelle, vous aidera à vous plonger dans l'univers sonore de cette langue étrangère. Par exemple certains chanteurs articulent remarquablement bien et vous profiterez de la musique par la même occasion. (En fait la ligne musicale derrière les paroles va également dresser tout un système d'associations multiples - le rythme, le tempo, les sons, leur arrangement - qui va faciliter le stockage et le rappel des mots). En anglais Barbara Streisand ou Frank Sinatra sont de bons exemples de ce type.

Les langues étrangères 229

EXERCICE 5

Préparez un voyage à l'étranger (même dans un avenir lointain ou hypothétique) en lisant des journaux de ce pays. Commencez au minimum un mois avant votre départ.

EXERCICE 6

Une fois à l'étranger, diminuez votre appréhension et rafraîchissez votre mémoire en consacrant plusieurs jours juste à l'écoute. C'est-à-dire qu'il ne faut être trop ambitieux et vouloir parler avec précision en trouvant d'emblée tous les mots clés les premiers jours de votre arrivée. Acceptez vos hésitations et vos balbutiements : ils sont inévitables et tout à fait normaux. Un bon moyen d'élargir rapidement le champ de votre vocabulaire pour la communication courante est de regarder la télévision ou d'écouter la radio. (Je procède de la sorte chaque fois que je me rends à l'étranger et je constate que mon langage actif revient beaucoup plus vite car je reprends contact avec un nombre bien plus important de mots différents que ceux que je rencontrerais par les simples conversations spontanées qu'il m'arrivera de soutenir.) Un dernier conseil : ne soyez pas trop sélectif dans votre choix de programmes. Ce qui compte à ce stade, c'est la langue courante. Les émissions de variétés, les films, les feuilletons ou les «séries américaines» malgré leur superficialité, ont un dialogue plus facile à saisir que les nouvelles, données très rapidement dans un langage souvent artificiel.

EXERCICE 7

Maintenez vivante à l'esprit la langue étrangère que vous avez apprise en lisant régulièrement des textes ou des livres. Des journaux ou des revues dans un domaine qui vous intéresse feront l'affaire pour garder le contact.

LA DISTRACTION 14

> «*L'habitude diminue l'attention consciente qui gère nos actions.*»
> William JAMES

QUELS SONT LES REMÈDES A LA DISTRACTION ?

Etre distrait signifie que votre esprit est «dis-trait» c'est-à-dire «tiré en sens divers» selon la définition du dictionnaire étymologique Larousse. Vous êtes tiraillé entre divers stimuli et vous passez d'une chose à l'autre sans vous en rendre compte. Vous êtes distrait précisément au moment où vous devriez marquer un temps d'arrêt pour réfléchir à ce que vous êtes en train de faire. La manière de combattre avec certitude la distraction est de prendre conscience des interférences qui s'interposent entre vous-même et le but que vous vous êtes assigné. Il suffit alors de repousser cette interférence en continuant ce que vous faisiez et en refusant d'accorder la moindre attention à quoi que ce soit d'autre.

Avoir de la suite dans les idées

Supposons que vous soyez en train de lire le journal dans le salon et que vous ayez besoin de vos lunettes ; elles sont dans la chambre à coucher. En traversant le salon vous remarquez une tache sur le tapis. Sur ces entrefaites arrive votre chat qui miaule. Vous le caressez puis vous allez dans la cuisine lui donner à manger. Tout à coup vous réalisez que votre but initial n'était pas de nourrir le chat ! Mais que faisiez-vous donc ? C'est seulement en remontant le temps, en reconstituant l'enchaînement de ces contretemps que vous retrouverez votre point de départ, le salon, le journal, et que, par association, vous vous rappellerez que vous aviez alors besoin de vos lunettes qui sont dans la chambre à coucher. Si vous voulez éviter un autre cycle de distractions du même genre, il faut faire un effort conscient pour fixer vos pensées sur votre objectif premier.

Marquez une pause sur l'idée d'aller chercher vos lunettes. Visualisez-les et pensez à l'endroit où elles se trouvent. En anticipant la scène qui va suivre, vous allez garder votre esprit occupé par votre but. Si une interférence surgit alors, ignorez-la. Un moyen infaillible est sans doute de vous répéter à vous-même : «Chercher mes lunettes» jusqu'à ce que vous les ayez en mains. Ne vous arrêtez pas en chemin. Avoir de la suite dans les idées est une méthode très simple qui est remarquablement efficace si vous l'appliquez systématiquement.

Quand on prend de l'âge, il devient progressivement difficile de réagir de manière efficace face aux interférences. Plutôt que de faire plusieurs choses à la fois, il faut résolument choisir d'en mener une seule à son terme. Refusez de vous laisser distraire et de digresser, perdant ainsi votre objectif de vue. Ayez de la suite dans les idées, et vous vous souviendrez de l'essentiel en écartant les interférences.

Avez-vous parfois des difficultés à vous souvenir où vous avez garé votre voiture ? Alors marquez une pause au moment où vous choisissez votre place et regardez attentivement autour de vous. Notez les repères, visualisez la chaussée et votre emplacement. Lisez le nom de la rue ou du magasin le plus proche. C'est la seule manière de garder à l'esprit une image précise de l'endroit où vous vous trouvez. La plupart des gens font vraiment attention à quelque chose quand l'oubli aurait des conséquences très fâcheuses : aux aéroports ou dans les parkings gigantesques des centres commerciaux. Prenez l'habitude d'écrire le numéro de votre place sur le ticket que vous gardez avec vous. Cela vous tranquillisera l'esprit. En vous concentrant au retour, rassuré par la possibilité de vérifier votre ticket en cas de défaillance, vous verrez que vous retrouverez votre place sans avoir besoin de faire appel à vos notes. Pour assurer un enregistrement encore meilleur, visualisez les couleurs des zones où se trouvent les escaliers, les ascenseurs et les tapis roulants. Repérez tout ce qui peut servir à vous orienter : un immeuble qui se trouve dans tel angle de vue ou un système de ventilation. Prenez conscience de ce que vous voyez sur le chemin de la sortie. Avant d'entrer dans l'ascenseur ou de quitter la zone des parkings, retournez-vous et prenez un cliché mental de l'endroit avec la perspective que vous aurez au retour. Une des raisons pour lesquelles les gens ont du mal à retrouver leur chemin est le fait qu'ils ne reconnaissent pas leur route quand ils retournent sur leurs pas. De fait, une route ou une rue ont un aspect très différent selon le point de vue d'où l'on se place : c'est pourquoi certaines routes pittoresques valent la peine d'être prises dans les deux sens. De plus, quand vous êtes très occupés, pressés ou pris par une discussion, il est probable que vous n'enregistrez rien de ce que vous voyez parce que votre esprit est ailleurs. Pour être sûr d'enregistrer davantage, développez vos dons d'observation : faites une pause, prenez un cliché mental des points de références et réfléchissez. Vous noterez immédiatement des résultats en vous souvenant des directions et des endroits beaucoup plus facilement. Tout cela aiguisera considérablement votre sens de l'orientation.

Utilisation des associations d'images

C'est maintenant le moment d'appliquer le principe de l'association d'images aux oublis et autres trous de mémoire que l'on rencontre dans la vie quotidienne. Vous rappelez-vous combien cette méthode s'est révélée efficace pour les noms et visages ou pour les loci ? Eh bien elle possède encore de nombreuses applications. Si vous avez tendance à oublier où vous avez posé quelque chose, éparpillant les objets un peu partout, voilà la solution.

D'abord, arrêtez-vous un instant (j'appelle ça «la pause photo») : regardez l'objet qui vous intéresse et l'endroit où vous le posez. Cette prise de conscience volontaire est l'étape élémentaire la plus importante car elle vous évite de faire un geste automatique qui alors échapperait à votre conscience. Vous allez de ce fait enregistrer précisément le geste en question. Puis faites une association d'images entre les deux éléments. Pour porter remède à des oublis répétés faites des associations d'images avec les objets que vous rencontrerez autour de vous chaque fois que vous aurez besoin de vous rappeler quelque chose. Un monsieur de 75 ans avait l'habitude d'oublier son porte-documents partout où il allait. Cela le gênait considérablement et l'obligeait à passer chaque fois un bon moment à le chercher. Je lui ai suggéré d'associer l'image de son porte-documents avec le siège de sa voiture. Il se mit donc à le visualiser sur le siège du passager juste à côté du conducteur (sa place habituelle), élaborant ainsi une association d'images consciente des deux objets ensemble. Il développa aussi le réflexe de regarder le siège à son côté avant de mettre en route sa voiture. Si le siège était vide, il fallait retourner chercher le porte-documents qui manquait à l'appel. De la sorte il réduisit le dérangement en se souvenant de son oubli sur place.

Un autre exemple est celui d'une femme qui oubliait toujours son sac à main sur le comptoir des magasins. On lui conseilla alors de développer le réflexe de vérifier ses mains systématiquement avant de quitter un endroit. Elle se mit à associer sac et mains, les visualisant ensemble. Le temps d'arrêt est l'élément primordial qui fait toute la différence. Elle apprit à faire des pauses, prenant clairement conscience de finir une chose avant d'en entreprendre une autre. Elle associa ultérieurement ses mains avec tout ce qu'elle pouvait porter : sac, vêtement, etc.. Elle signala par la suite ne plus avoir égaré son sac comme cela lui arrivait si souvent auparavant. L'association d'images est une technique simple mais très efficace.

En appliquant moi-même cette technique très utile j'ai observé d'autres apports supplémentaires : elle vous empêchera de perdre des choses. Ainsi un soir, avant de quitter le restaurant où nous dînions, je vérifiai mes mains. J'avais bien mon sac mais mon bracelet n'était plus là. Je regardai autour de moi et le trouvai sur le sol où il était tombé probablement quand j'avais enlevé mon manteau. Et pourtant j'avais passé toute la soirée sans même me rendre compte qu'il manquait à mon poignet. Je l'aurais sûrement perdu sans ce réflexe conditionné de l'association d'images.

Un dernier exemple suggère comment se souvenir des jours de la semaine. «Quel jour est-on aujourd'hui ?» est une question que l'on se pose fréquemment. Pour y répondre, trouvez un événement particulier qui survient spécifiquement chacun des jours de la semaine et associez chaque événement avec son jour :

Lundi : ramassage du verre de récupération
Mardi : programme dramatique à la télé
Mercredi : promenade
Etc.

De la sorte, au lieu de rechercher un lundi ou un mardi abstraits, quand vous voudrez savoir quel est le jour de la semaine, il suffira de penser à l'événement particulier de chaque jour, ou de la veille : «Ai-je entendu le camion de ramassage du verre de récupération ce matin ?». Construisez votre calendrier personnel d'événements qui reviennent régulièrement dans votre vie quotidienne. Vous pouvez aussi utiliser les programmes de télévision ou n'importe quelle sorte d'activité tant soit peu structurée. Cela peut être une réunion d'amis tout les mardi pour jouer au bridge, une activité sportive, un cours... Vous verrez combien il est facile d'avoir ses repères dans le temps en procédant de la sorte.

Une autre manière de faire consiste à utiliser des symboles pour chacun des jours. Faites une association d'images entre un symbole et un objet que vous portez tout le temps comme votre alliance par exemple. Passez une minute chaque matin à visualiser votre alliance avec le symbole propre au jour de la semaine en question. Marquez toujours ce fameux temps d'arrêt et réfléchissez à cette association. Chaque fois que vous regarderez votre alliance, vous verrez l'association d'images la plus récente que vous avez mise en place. Voici une liste de symboles visuels dont la consonance rappelle les jours de la semaine. Elle utilise l'étymologie de certains jours de la semaine, en incorporant le suffixe «-di» qui signifie «jour» en latin. Bien sûr vous pouvez au choix reprendre celle-ci partiellement ou *in extenso*, ou fabriquer votre propre liste.

Lundi : la lune (on dit que lundi est le jour de la lune)
Mardi : Mars, la planète (ou la mare aux canards)
Mercredi : la mer (les creux d'une mer démontée)
Jeudi : les jeux (marelle, corde à sauter, ou les échecs et les cartes)
Vendredi : dis «qu'il ne faut pas vendre la peau de l'ours.» (ou le ventre léger après un repas de poisson.)
Samedi : l'Oncle Sam d'Amérique avec sa barbiche et son chapeau haut-de-forme
Dimanche : Dix manches, une à chaque doigt

J'espère qu'à ce stade vous prenez plaisir à utiliser des systèmes mnémotechniques. Si ce n'est pas encore le cas, prenez patience et continuez à mettre en application le principe des associations d'images. L'appétit vient en mangeant.

L'utilisation de points de repères visuels

Oublier quelque chose dans le four ou dans la machine à laver est toujours frustrant et cela peut parfois conduire à de véritables catastrophes. Utiliser un minuteur vous aidera bien sûr si vous n'êtes pas trop dur d'oreille, faute de quoi il faut rester à proximité immédiate de ce dernier ou mieux encore en avoir un portatif ! L'autre moyen est de placer près de vous un objet qui va vous rappeler ce que vous devez faire. Par exemple si vous devez penser au gâteau qui est dans le four, mettez une simple cuiller en bois sur le tabouret de la salle de bain avant de commencer votre toilette après avoir enfourné votre préparation ou bien s'il ne faut pas oublier la lessive, placez une boîte de poudre à laver sur la table de la cuisine ou directement sur le poste de télévision. Même si vous n'entendez pas le minuteur, vous y penserez automatiquement en voyant la cuiller ou la boîte de poudre.

Placez ces repères visuels dans des endroits bien visibles où vous ne risquez pas de les manquer. Prenez bien garde que l'habitude émousse très vite la nouveauté si bien que de nouveaux éléments s'intègrent rapidement à votre environnement et qu'il faut changer ces repères ou leurs places car après quelque temps vous ne les remarquerez plus, même s'ils sont juste sous votre nez. Par exemple il me fallait utiliser un produit pour la peau deux soirs de suite chaque semaine. Tout d'abord choisir toujours les mêmes jours de la semaine évitait déjà en grande partie les omissions. Bien qu'ayant placé le flacon en évidence sur le lavabo, je m'habituai vite à le trouver à cette place et l'oubliai par deux fois bien qu'il fût en plein dans mon champ de vision. Je décidai de le mettre au beau milieu de l'évier, sûre qu'alors je ne risquerai pas de l'oublier.

Si vous vous déplacez beaucoup, vous pouvez avoir recours à une «mémoire de poche». Vous mettez dans votre poche des petits objets, véritables relais d'objets plus encombrants ou de tâches à effectuer sans faute. Par exemple vous pouvez déchirer un petit bout de la boîte de détergent à lessive et le glisser dans votre poche. Il est pratique d'avoir sur soi un calepin pour prendre des notes. Ecrire la date ou la cocher sur votre agenda aide à la fixer dans votre esprit. Mais encore faut-il prendre l'habitude de fouiller suffisamment souvent dans sa mémoire de poche sans quoi on ne fait qu'enterrer ces indices visuels !

Vous arrive-t-il de plus en plus souvent d'oublier si vous avez bien fermé la porte d'entrée, éteint l'électricité de la cave, arrêté le gaz ou coupé l'eau dans le jardin ? Il peut s'agir d'un manque de confiance en vous-même : vous avez quelques doutes pour savoir si vous avez bien fait les choses. Quand vous vérifiez d'ailleurs, en général tout est en ordre. Voici une moyen éprouvé de résoudre ce genre de problèmes : essayez de réaliser ce que vous faites au moment où vous le faites et pas juste après ; c'est encore une affaire de prise de conscience. Visualisez-vous en train de faire le geste en question et formulez un petit commentaire mentalement : «Je suis en train de fermer ma voiture, toutes les portes sont fermées et le frein à main est mis.» A nouveau c'est ce petit instant de pause dans l'action qui est important. Interrompez votre conversation ou le cours de vos pensées si vous êtes seul et faites un court monologue pour être sûr que vous enregistrez consciemment ce que vous êtes en train de faire présentement. Il n'est pas complètement idiot de se parler. Tout le monde se parle à tout

La distraction

moment, mais inconsciemment et silencieusement. La prise de conscience fait une différence fantastique dans l'enregistrement des souvenirs. Il suffit de constater que parmi les innombrables impressions que l'on subit tout au long d'une journée, ce sont essentiellement les épisodes conscients qui persisteront en mémoire. En pensant à ceux-ci et en élaborant un commentaire à leur sujet, vous laissez une trace mnésique consciente, c'est-à-dire de qualité. En essayant de vous souvenir si vous avez effectivement fermé votre voiture, vous vous revoyez parfaitement en train de la fermer. Ne dit-on pas spontanément d'ailleurs quand on veut persuader un interlocuteur, ou soi-même, de la véracité d'un fait : « Je me revois très bien en train de... » Vous vous entendrez même refaisant le petit commentaire sur votre geste. L'imagerie mentale est un allié puissant. N'hésitez pas à y avoir recours. Associée à l'éveil conscient, elle vous donnera la certitude qui vous est nécessaire pour avoir l'esprit en paix.

La même méthode vous délivrera de l'anxiété d'avoir égaré des objets. Quand on est très occupé ou distrait ou encore pressé, on a tendance à faire les choses sans y penser, automatiquement. L'esprit est en fait déjà fixé sur ce qu'il va faire après et de la sorte on n'accorde pas assez d'attention à une action présente que l'on classe déjà dans le passé. Bien que ce comportement s'explique parfaitement, il faut reconnaître qu'il n'amène pas grand-chose de bon. Vous perdez plus de temps à rechercher les objets égarés qu'à essayer de retenir où vous les laissez.

J'avais ainsi l'habitude de cacher précipitamment toutes les choses de valeur comme l'argent et les bijoux chaque fois qu'un réparateur, un installateur ou quelqu'autre étranger avait l'occasion de rentrer dans mon domicile. En entendant la sonnette de la porte d'entrée, je ramassais en vitesse tout ce qui traînait plus ou moins en vue pour le cacher un peu n'importe où, à proximité immédiate le plus souvent. Il m'est impossible de dire le nombre de fois où je pestais pour avoir égaré ou perdu (je ne savais plus), quelque chose. Mon époux adoptait alors une attitude bien plus décontractée en disant calmement : « Tu vas le retrouver un jour ou l'autre car tu sais très bien que tu ne perds jamais rien.» Il avait raison, et c'était d'autant plus agaçant et frustrant de ne pas retrouver quelque chose dont j'avais besoin au moment où j'en avais besoin. Finalement, je décidai d'appliquer ce que je prêche aux autres !

Tout d'abord j'arrêtai de me presser. Après tout, à quoi bon se précipiter ? Les gens peuvent bien attendre quelques instants à la porte. Puis, je demandai à toutes mes connaissances de laisser le téléphone sonner au moins 6 fois pour me permettre de finir calmement ce que j'étais en train de faire à ce moment là. Enfin, je pris l'habitude de m'arrêter et de visualiser chaque objet là où je le mettais, en me faisant un petit commentaire d'association d'images : «Je mets mes boucles d'oreilles en or, mes chaînes et ma bague en améthyste dans ma trousse de toilette.» Cela ne prend que quelques secondes mais en repensant «bijoux» ultérieurement, l'association d'images surgit dans mon esprit. Je vis littéralement les différents articles dans ma trousse de toilette. Depuis que j'ai intégré cette pause dans mon existence, je suis beaucoup plus confiante et il est maintenant très rare que j'égare ou que je «perde» quelque chose. La plupart de mes étudiants constatent la même chose dès qu'ils maîtrisent ces techniques. Il apparaît même très surprenant comment quelques secondes de concentration et un peu d'organisation peuvent à ce point aider la mémoire et changer la vie. Essayez et vous verrez.

Comment retrouver une idée qui vous échappe ? La solution est simple : en reconstituant les différentes étapes d'une conversation ou d'une explication, et en recherchant des repères visuels. Si vous étiez en train de lire, il suffit de relire la page précédente. Si vous étiez en train de marcher, retournez un peu en arrière ou retracez mentalement le chemin que vous venez de parcourir. Si vous étiez en pleine discussion, pistez les propos qui viennent d'être échangés. Le changement de sujets amorce souvent de nouvelles idées avec une déperdition au niveau des associations logiques. Les associations personnelles spontanées en revanche sont à l'origine des digressions, qui sont elles-mêmes la principale raison pour laquelle «on perd le fil de ses idées». Visualisez les propos en vous rappelant clairement qui a dit quoi, et reconstruisez de la sorte l'enchaînement des idées. Soyez ouverts et attentifs, vous trouverez alors un indice visuel qui vous mettra sur la piste de cette idée perdue. En développant votre don d'observation, vous allez enregistrer vos souvenirs de manière beaucoup plus précise et le rappel suivra la même évolution. Il ne sert à rien de vous lamenter et de vous en vouloir quand votre mémoire flanche : ce qu'il faut c'est se détendre et retrouver des repères visuels ou autres.

Tuyaux pour un rappel rapide

Partez à la pêche aux indices. C'est un jeu de devinettes dont les réponses joueront le rôle de souffleur par la reconnaissance : le tour est de poser des questions en espérant que l'une d'entre elles va décrocher une indication. Cela agit comme une véritable assurance contre la pauvreté ou l'absence d'association d'images. Au lieu d'attendre que des indices viennent à vous, il faut les rechercher activement. Posez d'abord des questions générales puis des questions plus précises, plus spécifiques, déterminées par le contexte (qui porteront sur le temps, l'endroit, l'ambiance, le sujet, les gens, etc.). Le principe de faire appel à des catégories pour provoquer des associations peut s'appliquer à n'importe quoi. Appelez les questions et vous vous rappellerez.

De l'ordre et de la méthode

Il n'y a rien de mieux pour pallier la distraction que l'ordre et le rangement. Si vous avez une fâcheuse tendance à égarer vos clefs, prenez la décision une fois pour toutes de leur donner une place fixe : près du téléphone, par exemple. Quand vous sortez, prenez de même l'habitude de les placer toujours dans la même poche de votre veste ou de votre sac. Choisissez deux places, l'une chez vous, l'autre sur vous, et tâchez de vous y tenir. Prenez garde de bien les mettre là de manière consciente jusqu'à ce que cela devienne un véritable réflexe conditionné. Bien qu'en général il soit souhaitable d'éviter les automatismes car ils excluent le temps de réflexion et la prise de conscience, ils sont parfois utiles dans le cas d'actions répétitives. D'ailleurs l'un n'exclut pas l'autre...

LES «TRUCS» DE B.F. SKINNER

A l'âge de 78 ans, B.F. Skinner fit à l'Association Américaine de Psychologie une conférence ayant pour titre « Conseils d'organisation intellectuelle au troisième âge». Voici un résumé de ses réflexions extrêmement pertinentes.

«Sitôt dit sitôt fait»

La maxime morale «Ne remettez pas à demain ce que vous pouvez faire le jour même» aide à la fois l'efficacité et la mémoire. Faire quelque chose au moment où on y pense supprime la possibilité qu'on l'oublie en la remettant à plus tard. Les oublis quotidiens surviennent et s'accumulent en particulier aux périodes de notre vie où nous sommes préoccupés ou très absorbés par notre travail, un deuil, un divorce ou en proie à d'autres émotions fortes. Voici un exemple typique du genre d'oubli vraiment agaçant car il peut survenir à tout moment : vous oubliez de prendre votre parapluie en sortant bien que vous y ayez pensé et décidé de le prendre en entendant la météo du jour aux informations. Vous en aviez l'idée mais vous n'êtes pas allé jusqu'au bout de sa réalisation en plaçant par exemple votre parapluie en travers de la porte d'entrée comme rappel visuel. Entraînez-vous alors à faire les choses au moment où vous y pensez. En anticipant l'oubli vous planterez des indices de rappel qui le rendront impossible. Donc, si vous le pouvez, payez vos factures le jour même où elles arrivent ; acquittez-vous de vos renouvellements aux associations, clubs, aux abonnements de revues dès qu'on vous le signifie. Ecrivez à un ami quand vous pensez à lui ou à elle. Décrochez le téléphone et appelez le réparateur sur le champ. Perdez cette habitude néfaste de différer les choses. Votre mémoire ne s'en trouvera que mieux et vous ferez disparaître ce fond de culpabilité traînante qui accompagne la temporisation répétée. Rappelez-vous La Fontaine : «Un tien vaut mieux que deux tu l'auras.» Alors cueillez l'idée dès qu'elle éclôt. Appliquez tout ce que vous avez appris et ajoutez ce grand principe de base : faites en sorte de placer un repère mnésique au moment où vous y pensez. Plus tard il sera peut-être trop tard.

Faites appel au souffleur !

Il nous arrive à tous, jeunes ou moins jeunes, de chercher nos mots, spécialement quand nous sommes fatigués, énervés ou anxieux. Mais c'est surtout quand on prend de l'âge que la répétition trop fréquente de ces épisodes devient gênante parce qu'on leur accorde trop d'importance ou de signification. C'est un fait reconnu que les mots du vocabulaire deviennent moins accessibles avec l'âge. Dans sa conférence, Skinner incite ses contemporains à avoir recours à un «souffleur intelligent». Il vous faut poser des indices verbaux comme vous plantiez des indices visuels. Par exemple avant de vous rendre à une réunion, pourquoi ne pas revoir la liste des noms des gens que vous allez y rencontrer. Avant le concert, lisez ou relisez le programme. Lorsqu'un mot vous échappe dans la conversation, utilisez des «formules vides», dans les deux sens du mot, c'est-à-dire sans beaucoup de signification pour le contenu du message mais dont on peut mettre à profit le répit de temps qu'elles offrent pour se ressaisir. Ce sont des formules dilatoires du genre : «Comme je le disais…» «A ce stade, il est très intéressant de noter que ….» La paraphrase qui consiste à reprendre avec d'autres mots ce qui vient d'être dit joue le même rôle de «temporisateur». «Si j'ai bien compris votre question (ou votre point de vue), vous vous demandez….» «Belle marquise d'amour vos beaux yeux…d'amour vos beaux yeux belle marquise….» Ce disant, vous laissez le temps au rappel de s'opérer dans le calme et à son propre rythme. Vous pouvez aussi planter des indices de rappel pour des mots sur lesquels il vous arrive souvent de trébucher : le nom d'une plante appelée «Anthurium» (décorant mon salon) m'échappait régulièrement. Je décidai de visualiser une fourmi (*ant* en anglais) grimpant le long de la fleur caractéristique. Cette association d'images me revient chaque fois que je vois la plante, déclenchant le rappel du nom.

Répétition

Si vous devez dire quelque chose de précis au téléphone, répétez votre message avant de décrocher le combiné. Faites appel à la visualisation ou accompagnez votre formule de gestes si vous le souhaitez. Formuler votre propos à haute voix rehaussera encore la puissance déjà fameuse de la mémoire cinestésique. Réfléchissez aussi quelques instants à la manière dont votre interlocuteur va réagir. Vous risquerez moins de perdre le contenu du message qui doit absolument passer. Si c'est trop complexe ou détaillé, écrivez-le et prenez vos notes à côté du téléphone. Evidemment la répétition est un atout quand vous devez faire un discours ou même prononcer quelques mots en public. En répétant, vous vous désensibiliserez peu à peu vis-à-vis de l'appréhension de l'épreuve. Quand votre mode d'expression devient réflexe, la bataille est gagnée comme on l'apprend dans les cours d'art dramatique. Vous ne risquez plus alors de perdre votre texte ni de changer votre interprétation et de ce fait vous êtes sûr de la qualité de votre performance.

Le repos de l'esprit

Pour obtenir une efficacité maximale, votre esprit doit être frais et dispos quand vous entreprenez une tâche. Pensez-y comme si c'était un muscle : il ne peut travailler qu'en alternance avec des périodes de décontraction. Skinner parle ainsi de l'usage productif de la détente. En fait il s'agit plus d'un changement d'activité que d'inactivité. Bien que cela dépende beaucoup des caractères, des habitudes, donc des individus, certaines activités comme la pêche, le tricot, la peinture amènent tout naturellement à se détendre tandis que d'autres ne le font absolument pas. Jouer aux échecs ou lire un essai de philosophie politique n'est pas conseillé pour un intellectuel qui cherche une récréation au cours d'un travail très soutenu. Pourtant de telles occupations peuvent être tout à fait appropriées quand on est à la retraite, en vacances ou quand on n'est pas sollicité intellectuellement en permanence. En prenant de l'âge on se fatigue plus vite et il faut apprendre à adapter son rythme personnel. «Il peut être nécessaire de s'estimer satisfait avec seulement quelques heures de travail par jour» comme l'a souligné Skinner.

Il ne tient qu'à vous d'organiser votre vie de manière à avoir une stimulation intellectuelle sans surmener vos facultés mentales. Quand vous avez l'impression que vos idées s'embrouillent, que vous faites trop d'erreurs ou que vous fatiguez, arrêtez-vous. Il faut alors entreprendre quelque chose de radicalement différent : aller se promener, lire un ouvrage facile, regarder la télévision ou pourquoi pas faire un petit somme réparateur. Cela vous sera très profitable. Un universitaire éminent avait l'habitude de faire une petite sieste de 10 minutes quand il se sentait trop fatigué après quoi il était capable de reprendre son travail aussi frais qu'une rose. Il ne paraissait jamais fatigué et sa productivité était hors pair. Tel «Le courtisan» de Castiglione, son «esthétique de la négligence» consistait à projeter une compétence naturelle totalement étrangère à l'effort ou à l'huile de la lampe.

Comprendre la distraction

Pour ceux qui veulent en savoir plus sur le pourquoi et le comment des omissions, des oublis et autres absences, je recommande la lecture d'un livre très intéressant de James Reason et Klara Mycielska qui s'intitule en anglais «Absentm'nded ?» (ou Le distra't). Avez-vous remarqué qu'il y avait une omission dans le titre ? Le point semble avoir perdu son «i» ! En fait la plupart des gens ne remarquent pas cette coquille voulue car l'esprit compense et complète les manques. Ceci est très pratique quand on lit un quotidien plein d'erreurs de typographie mais ça ne l'est pas quand on relit une lettre ou un manuscrit. Les Professeurs Reason et Mycielska ont conduit des travaux sur les défaillances de mémoire et les erreurs d'inattention. Ils ont constaté que ces ratés survenaient :

– quand on fait des gestes ou des actes involontaires et automatiques,

– quand on est distrait ou préoccupé,

– dans un milieu extérieur familier et prévisible,

– chez les gens qui sont très sensibles au stress,

– chez les personnes âgées car elles sont plus vulnérables aux interférences.

Les habitudes et le fait qu'une tâche devient familière diminuent le degré d'attention consciente. Que faut-il faire puisque les réflexes conditionnés et l'habitude sont à la fois utiles et dangereux ? Il semble raisonnable de laisser passer les petites étourderies mentales. Nous acceptons le risque d'incidents mineurs en espérant que nous échapperons aux erreurs majeures. Une chose est certaine : le risque de catastrophes est considérablement réduit si l'on développe les réflexes d'attention contrôlée. Ils vont prévenir la plupart des défaillances importantes et réduire leur fréquence. Les vérifications de routine, comme la fermeture correcte de la porte d'entrée par exemple, doivent être accomplies consciemment et non mécaniquement ou automatiquement. Plus nous sommes des gens d'habitudes plus nous sommes condamnés à des erreurs mentales. Souriez quand vous vous surprenez à pousser le chariot d'une autre personne dans un supermarché mais faites en sorte de ne pas laisser vos phares allumés ! Méfiez-vous des gestes familiers que vous croyez parfaitement sûrs.

La routine diminue le besoin d'attention. Associée au stress, à l'anxiété, à la fatigue elle peut amener à des erreurs désastreuses. Chaque fois que vous entreprenez quelque chose d'important, mettez-vous en situation d'éveil, contrôlant ainsi votre attention : «Un homme averti en vaut deux....». Cependant un excès d'attention tout comme l'inattention peut causer des erreurs. Par exemple si vous conduisez votre voiture, le regard rivé sur le compteur de vitesse, vous risquez de quitter la route, ou pire de brûler un feu ou de ne pas voir à temps le camion qui déboîte brusquement devant vous. En d'autres termes en vous polarisant sur un détail vous risquez parfois de ne pas voir l'ensemble du tableau. C'est comme cela que l'on passe à côté de l'essentiel. La solution est d'enregistrer de manière consciente chaque étape d'une opération importante. Comme William James le faisait remarquer : «Une chose que l'on note va rester en mémoire alors que celle qui échappe à notre attention n'y laissera aucune trace.»

Les erreurs de distraction sont plus dues à une approche rationnelle imparfaite qu'à une démarche irrationnelle. En étudiant systématiquement les causes des accidents de transport (train, métro, avion), Reason et Mycielska ont remarqué qu'ils résultaient tous d'une évaluation erronée. Par exemple lors d'un accident d'avion à l'aéroport de Teneriffe, le pilote d'un avion KLM a supposé que la piste d'atterrissage était dégagée alors que la visibilité était quasi-nulle. Pourquoi a-t-il agi de la sorte au lieu d'attendre que la tour de contrôle lui donne l'autorisation, on ne le saura jamais. Ou peut-être a-t-il cru entendre l'ordre qu'il attendait à tout instant ?

Les erreurs de perception sont fréquentes, surtout quand on est stressé ou fatigué. Il arrive alors d'entendre ce qu'on s'attend à entendre ou ce que l'on voudrait entendre. Une rame du métro londonien s'est ainsi écrasée contre le mur du terminus d'une ligne. Il est vraisemblable que le conducteur a fait une erreur de perception en abordant la dernière courbe à l'entrée de la station. Elle était tellement semblable à une autre courbe précédente qu'il a confondu les deux : pendant une fraction de seconde il a simplement supposé qu'il était ailleurs. Perdre le fil du temps ou le déroulement de l'espace est une source très fréquente d'erreurs et ces erreurs augmentent avec l'âge. Au lieu de supposer que tout est en ordre, il vaut mieux vérifier, plutôt deux fois qu'une, surtout quand on est fatigué ou inquiet.

Un dernier exemple est celui du mystère du triangle des Bermudes, où l'on a signalé la disparition d'un escadron d'avions d'entraînement de l'US Air Force. L'enquête a conclu que les avions étaient tombés en panne sèche et s'étaient écrasés en mer en raison d'une erreur de cap. Le chef d'escadre avait dû prendre comme repère une île à la place d'une autre préférant faire confiance à ses perceptions plutôt qu'à ses instruments. Personne n'aurait osé défier son autorité en contrecarrant ses assertions car il s'agissait de pilotes inexpérimentés. On a observé d'autres accidents d'avions similaires où les copilotes n'ont pas osé intervenir dans des moments cruciaux pour corriger l'erreur du pilote. Les psychologues ont établi que seule une relation beaucoup plus étroite entre les membres des équipages pourrait réduire le nombre de pareils accidents.

Une dernière remarque à propos des accidents : la plupart d'entre eux sont dus à un manque d'attention ou à un défaut de jugement ou les deux à la fois. Si vous avez pris des cours de sécurité routière, vous y avez probablement appris que les accidents de la route surviennent essentiellement dans les voisinages familiers des conducteurs, c'est-à-dire dans un rayon de 30 km autour de leur maison, là où précisément ces chauffeurs connaissent bien les routes et que leurs défenses ou leurs mécanismes d'alerte sont mis en veilleuse. Il faut savoir repérer les autres situations qui interfèrent avec l'attention, ce qui est le cas quand on est en colère, énervé, en retard, somnolent, fatigué, distrait ou sous l'influence de produits comme l'alcool par exemple. Méfiez-vous des fois où vous vous trouvez dans une de ces situations. Si vous ne pouvez pas consacrer votre attention totale à une tâche, mieux vaut la remettre à plus tard. Les accidents de la mémoire, tout comme les autres, sont parfois impossibles à éviter. Toutefois en intégrant la pause-réflexe dans ses habitudes on en évitera la plupart ; exemple : regarder à droite et à gauche avant de démarrer à un feu vert vous empêchera d'être percuté par un véhicule brûlant un feu rouge. De même vous serez capable de retrouver ou de planter des indices de rappel en vous donnant cette seconde de répit : **la pause**.

Sur un plan tout à fait différent que nous avons déjà mentionné que se passe-t-il quand on perd le fil de la conversation ? Cela arrive à tout le monde mais c'est surtout le fait des rêveurs, des individus narcissiques plus intéressés par ce qu'ils pensent eux-mêmes que par ce que pensent ou disent les autres, et des personnes âgées. Celles-ci ont tendance à perdre la faculté de contrôler la succession des tâches quotidiennes plus ou moins routinières. Elles utilisent alors les informations récentes de manière moins appropriée et se limitent à un plus petit nombre de sujets qu'elles affectionnent particulièrement même si ces sujets n'ont plus de rapport avec le cours présent de la conversation. Dans une étude menée par Patrick Rabbitt à Oxford, on a demandé à deux groupes de sujets, les uns jeunes et les autres âgés, d'écouter une conversation entre plusieurs personnes enregistrée au magnétophone. Les personnes âgées retenaient un moins grand nombre d'éléments quand il y avait plus d'un seul interlocuteur. Leurs réponses étaient moins bonnes que le groupe d'individus plus jeunes quand ils essayaient de se rappeler les propos de chacun. Les personnes âgées ont une excellente mémoire de ce qu'eux-mêmes ont dit mais il semble qu'ils n'aient que peu de souvenirs de ce qui a précédé leurs propres paroles. Il en va de même dans le groupe des individus jeunes quand ceux-ci sont anxieux ou préoccupés pour quelque raison que ce soit.

Ainsi donc, il faut faire un effort tout particulier pour vous accrocher au fil conducteur de la conversation si cela en vaut la peine pour vous et ça, c'est à vous d'en décider. Il peut s'agir d'écouter un débat télévisé ou de voir une pièce de théâtre dont vous voulez reparler ultérieurement ou tout simplement de participer activement à une conversation intéressante. Intervenir pour faire des commentaires est une excellente manière de garder une idée ou un propos en mémoire. Si vous vous adressez directement à la personne qui vient de développer tel ou tel aspect de la question, vous lui attribuerez facilement ses propos. Cependant dans l'échelle des oublis, n'est-il pas plus important de se souvenir de ce que l'on a dit soi-même, car il est toujours possible de demander aux autres de répéter ce qu'ils viennent de dire. Personne ne peut garder un souvenir précis et complet de tout ce qui se dit. Il est donc rassurant de constater qu'en vieillissant on se rappelle quand même l'essentiel : ses propres pensées. La mémoire répond aux besoins pratiques de la vie quotidienne.

En règle générale il est normal d'oublier de temps à autre, pourvu que ces oublis ne soient pas trop fréquents. Nous prenons l'option d'écarter provisoirement certains éléments au profit de ce qui accapare notre attention sur le moment. Le mieux est d'accepter un équilibre entre contrôle relatif et tendance naturelle à se laisser aller aux interférences agréables. La vie perdrait de son charme si on devait tout le temps tout programmer, y compris soi-même ; il n'y aurait jamais aucun imprévu, aucune surprise. Imaginez à quoi cela ressemblerait si chacun se souvenait des moindres détails du passé. Il n'y aurait pas d'oubli possible et les rancoeurs que nous accumulerions l'emporteraient peu à peu sur nos impressions positives. Il est difficile d'oublier sur commande, mais on peut faire en sorte de se souvenir de ce qui est important pour soi, à condition toutefois d'aider un tant soit peu sa mémoire. Maintenant que vous avez appris comment vous pouvez aider la vôtre, allez-y et faites confiance à ces nouvelles techniques que vous avez acquises.

Le moment est arrivé de mettre en perspective vos défaillances occasionnelles de mémoire. Avez-vous toujours été distrait, «dans les nuages» ? Essayez de vous rappeler des épisodes d'oublis qui vous ont gêné, créant une situation embarrassante pour vous. Avez-vous toujours eu tendance à vous décharger de certaines responsabilités sur vos amis, votre conjoint ou vos collègues de travail ? Etiez-vous d'ordinaire très occupé, voire débordé et surmené ? Surcharger sa mémoire est aussi mauvais que de l'abandonner à la jachère ; dans les deux cas vous êtes perdant. A l'inverse vous gagnerez à coup sûr en l'occupant à bon escient et intelligemment. C'est l'objet de l'entraînement à cette méthode.

SYNTHÈSE RAPIDE

En vue de combattre la distraction, vous pouvez faire appel à plusieurs exercices basés sur le temps de **pause**, la **prise de conscience** et l'**association d'images**.

A. Quels sont les remèdes à la distraction ?

1. Ayez de la suite dans les idées (n'entreprenez qu'une seule chose à la fois)

2. Faites des associations d'idées (et plus encore des associations d'images)

3. Utilisez des repères visuels (votre mémoire de poche)

4. Mettez les choses dans des endroits fixes (une place pour chaque chose et chaque chose à sa place)

5. Rappelez-vous les «trucs» de Skinner :

– Sitôt dit sitôt fait : plantez des indices de rappel au moment où vous y pensez

– Faites appel au souffleur qui sommeille en vous

– Répétez, au sens théâtral du mot, ce qu'il vous importe de retenir

– Reposez-vous l'esprit

B. Comprendre la distraction

1. «L'habitude diminue le niveau d'attention consciente»

2. Méfiez-vous :

– des gestes automatiques

– du stress

– de la fatigue

– des interférences, (distractions, digressions)

– de l'environnement familier

– des fausses évidences

3. Vérifiez deux fois plutôt qu'une les choses importantes

EXERCICES

EXERCICE 1

Identifiez votre genre de distraction avec des exemples précis, et fixez-vous pour objectif de résoudre un problème à la fois. Donnez-vous une semaine par élément. Essayez d'appliquer les principes énoncés dans ce livre et observez ce qui se passe. Vous allez devenir plus réceptif, plus patient et vous allez développer des stratégies mentales plus nombreuses et plus variées.

EXERCICE 2

Entraînez-vous à aiguiser vos facultés d'éveil en marquant un temps d'arrêt avant de vous rendre quelque part. Regardez autour de vous, réfléchissez où vous allez, à ce dont vous avez besoin et vérifiez que vous avez bien tout. Vous terminerez une action avant d'en commencer une autre. (Par exemple, vous ne laisserez plus jamais vos gants dans un taxi !)

EXERCICE 3

Essayez de prendre conscience de vos gestes automatiques. Au début vous ne noterez ces gestes qu'après les avoir accomplis mais peu à peu vous serez capable de vous prendre sur le fait et même de vous stopper à temps.

EXERCICE 4

Quand vous êtes fatigué ou énervé, faites deux fois plus attention à ce que vous faites. Le mieux est encore de remettre cette tâche à plus tard à moins que vous ne deviez à tout prix la terminer de suite.

EXERCICE 5

Chaque fois que vous pensez à quelque chose qu'il faut absolument ne pas oublier, essayez de le faire sur le champ. Si ce n'est pas possible, placez un indice qui vous avertira au

La distraction 251

moment et à l'endroit où vous aurez besoin de vous en souvenir. Utilisez simultanément des indices visuels et auditifs.

EXERCICE 6

Avant de partir à une soirée, une réunion, une sortie en ville, un spectacle, révisez les noms des personnes que vous allez rencontrer et visualisez-les dans le contexte auquel vous les associez. Si vous êtes bien préparé, vous vous sentirez beaucoup plus à l'aise, plus confiant et vous vous souviendrez d'un plus grand nombre d'informations pertinentes. (En parler à quelqu'un qui vous accompagne permet de le faire naturellement.)

EXERCICE 7

Faites-vous un point d'honneur de vous rappeler les directions la prochaine fois que vous vous rendrez dans un nouvel endroit. Prenez des repères et des clichés mentaux sur le chemin de l'aller et revoyez-les plusieurs fois dans votre esprit.

EXERCICE 8

Vérifiez 2 fois toutes les instructions particulièrement importantes. Passez en revue mentalement les différentes étapes avant de passer réellement à l'acte. (Par exemple préparez-vous soigneusement avant de vous lancer dans une recette de cuisine.)

EXERCICE 9

Si vous avez tendance à faire plusieurs choses à la fois, il faut établir des priorités et essayer de faire une chose après l'autre.

EXERCICE 10

Si vous êtes désespérément distrait, si par exemple il vous arrive encore assez souvent de mettre des chaussettes dépareillées, prenez l'habitude d'observer une pause, de regarder autour de vous et de vous poser des questions. Cela vous aidera à développer votre sens d'observation de ce qui vous entoure.

CONCLUSION

Dans ce livre vous avez découvert différentes manières d'appréhender votre mémoire et de l'améliorer. Maintenant vous savez comment identifier les attitudes mentales et les changements psychosociaux susceptibles d'affecter le fonctionnement mnésique. La fonction de la mémoire n'est plus un mécanisme mystérieux et vous êtes en mesure de séparer les problèmes d'attention des problèmes de rétention. Vous ne risquez plus de blâmer votre mémoire quand c'est votre attention qui est en faute. Vous avez aussi appris à élever votre degré de concentration en stimulant votre état d'éveil, votre disponibilité, votre relaxation et votre attention sélective. Vous vous êtes entraîné à utiliser tous vos sens pour élaborer des images claires des choses que vous vouliez retenir. Vous vous êtes exercé à vous assurer d'un enregistrement performant des souvenirs au moyen d'une observation associée à une analyse précise et pertinente des éléments à retenir. Finalement vous avez utilisé des associations pour placer des indices en vue d'un rappel facile des visages, des noms, des listes, des chiffres, et de n'importe quoi d'autre dont vous aviez besoin de vous rappeler. Vous avez vu comment en intégrant vos ressources sensorielles, émotionnelles et intellectuelles vous avez repris le contrôle de votre mémoire.

La participation active et organisée au moment de l'enregistrement aussi bien qu'au moment du rappel est la seule assurance contre l'oubli. Gardez donc toujours présent à l'esprit les principes fondamentaux de l'entraînement mnésique :

Conclusion

- pause
- détente
- éveil
- sélection
- concentration
- images mentales
- commentaires avec émotions et associations personnelles
- recherche de questions
- organisation en catégories, principes, structures, etc.
- révision
- utilisation de l'information pour la garder vivante dans vos fiches actives

Nous arrivons à la fin de l'entraînement, mais cette fin n'est qu'un début : ce livre a mis en exergue des procédés mentaux que nous utilisons plus ou moins consciemment lorsque nous nous souvenons, et il en a proposé de nouveaux que vous intégrerez à votre vie quotidienne avec la pratique. L'effort initial ne se fera plus sentir lorsque vous aurez acquis ces nouvelles stratégies et vous en trouverez facilement de nouvelles, pour peu que vous en cherchiez. En relisant le livre dans quelques mois vous découvrirez peut-être des points sur lesquels vous aviez passé à la première lecture en raison de la quantité de choses nouvelles à assimiler.

Souvenez-vous que l'activité mentale est essentielle au bon fonctionnement de la mémoire. Si vous marquez votre désir d'activer vos fonctions mnésiques, vous réussirez et votre succès aura des répercussions sur votre qualité de vie. A vous de vous motiver et de continuer sur votre lancée. Nos recherches confirment l'hypothèse qu'avec la pratique des stratégies on améliore les performances de la mémoire, comme c'est le cas de toute autre compétence : sports, jeux, arts ou marottes. Six mois après l'entraînement ceux qui ont continué à utiliser les stratégies ont encore amélioré leur niveau.

Outre la satisfaction évidente de se souvenir, la maîtrise de la mémoire libère du pénible sentiment d'impuissance et ouvre la voie à un bonheur plus grand : bonheur de mieux savoir sentir, apprécier, évaluer le monde autour de soi par l'éveil que la méthode a déclenché. Fixer le souvenir par le traitement de l'information c'est aussi vivre l'instant plus intensément.

J'espère que vous avez apprécié cet interlude. Continuez à appliquer les principes que vous avez appris. Intégrez-les peu à peu dans votre vie quotidienne et entretenez les bonnes habitudes que vous avez pu prendre. Pliez-vous au rythme de votre existence mais stimulez toujours votre curiosité et votre intérêt pour la vie. En jardinier avisé, vous pouvez maintenant cultiver le jardin de votre mémoire avec plaisir et satisfaction.

Composition : ALMA ÉDITIONS — 92150 SURESNES

Aubin Imprimeur
LIGUGÉ, POITIERS

IMPRESSION - FINITION

Dépôt légal : février 1993
Dépôt légal de la 1re édition : 3e trimestre 1989
N° d'impression L 42254
Imprimé en France